Nechama Birnbaum

Das Mädchen mit dem roten Zopf

NECHAMA BIRNBAUM

Das Mädchen mit dem roten Zopf

Roman nach der wahren Geschichte einer Auschwitz-Überlebenden

Aus dem amerikanischen Englisch von Ulrike Seeberger

Mit 16 Schwarz-Weiß-Abbildungen

PIPER

Mehr über unsere Autorinnen, Autoren und Bücher:
www.piper.de

Wenn Ihnen dieser Roman gefallen hat, schreiben Sie uns unter Nennung des Titels »Das Mädchen mit dem roten Zopf« an *empfehlungen@piper.de,* und wir empfehlen Ihnen gerne vergleichbare Bücher.

ISBN 978-3-492-06384-5

Titel der englischen Originalausgabe:
»The Redhead of Auschwitz«, Amsterdam Publishers, Amsterdam 2021

Redaktion: Ulrike Gallwitz
Illustrationen/Fotos: Aus der Privatsammlung der Autorin Nechama Birnbaum.
Satz: psb, Berlin
Gesetzt aus der Adobe Caslon Pro
Druck und Bindung: CPI Books GmbH, Leck
Printed in the EU

Dieses Buch ist meiner Mutter gewidmet,
die auch ein Rotschopf ist und obendrein
die mutigste Frau, die ich kenne.
Es ist auch meinen Töchtern (Rotschöpfen im Geiste)
gewidmet, die das Beste sind, was mir je geschehen ist.

*Und er war bräunlich, mit schönen Augen und
von guter Gestalt.*

1 Samuel, 16,12

*»Ich werde nicht sterben, sondern leben …«, sagt der Psalm
und fährt fort: »… um die Taten des Herrn zu verkünden.«
Manchmal ist diese Weigerung, das Beharren auf
der Heiligkeit des Lebens selbst, eine Tat Gottes.*

Rabbi Lord Jonathan Sacks

TEIL I

1

Crasna, 10. Mai 1944

Warum sollen die Heiden sagen:
Wo ist denn ihr Gott?
Unser Gott ist im Himmel;
er kann schaffen, was er will.

Psalm 115,2–3

Schließlich war es wohl der Klang der Trommeln, der mein Leben von allen Klängen, die ich je hören werde, am meisten verändert hat. Doch als die Trommeln das erste Mal dröhnen, bemerke ich es kaum. Das dumpfe Geräusch dient nur als Hintergrund für die Geschichte, die in meinen Gedanken abläuft. Ich weiß, dass meine Gedanken abschweifen, und ich genieße die Freiheit, sie loszulassen. Neben mir plätschert der Bach, die Libellen summen, und die in weitem Bogen herabhängenden Zweige der Trauerweide tanzen in der Brise. Es ist ein leises Orchester voller Klänge, die mich in einen Traum wiegen, wo nichts mehr wichtig und alles gut ist. Doch dann: »Bum!« Wieder diese Schläge. Diesmal dringen sie zu mir durch. Trommeln? Warum schlägt jemand mitten am Tag auf die Trommel?

Ich wende mich, dem Geräusch folgend, nach rechts und sehe zwei ungarische Soldaten vorbeimarschieren. Einer trägt eine Trommel an einer Schnur wie eine Kette um den Hals und hämmert mit Nachdruck darauf. Der zweite hält in der einen Hand eine Trompete, in der anderen ein Megafon.

»Alle Juden zum Stadtplatz!«, ruft er. »Achtung! Achtung! Alle Juden zum Stadtplatz!«

Wieder diese Ungarn. Sie versuchen immer, in unserem Städtchen die Kontrolle zu übernehmen, um zu beweisen, dass sie wirklich etwas zu sagen haben. Das haben sie aber nicht. Mein Crasna liegt an der Grenze zwischen Ungarn und Rumänien, und die beiden Länder kämpfen um uns wie zwei Kleinkinder, die sich um ein Spielzeug zanken. Ich würde auch für mein Städtchen kämpfen. Es ist wunderschön. Zerklüftete Berge ragen am Horizont auf wie riesige Festungen, und der Bach umarmt den Ort wie ein Wassergraben eine Burg. Man sollte meinen, der Bach würde uns beschützen, doch vor vier Jahren haben uns die Ungarn in ihre dreckigen Pfoten bekommen. Seither ist hier alles ein bisschen anders, auch wenn wir uns inzwischen daran gewöhnt haben.

Auf dem Stadtplatz tummeln sich Dutzende von Menschen. Es sieht aus wie am Vorabend eines Festtags, doch anstatt an den kleinen Marktständen einzukaufen, haben sich die Leute rings um ein Podium versammelt, das man vor der Kirche errichtet hat. Auf einer kleinen Bühne steht ein Gendarmerie-Offizier und hält ein Megafon in den Händen.

»Achtung, alle Juden! Achtung, alle Juden!« Er schreit es ins Megafon. Beinahe der ganze Ort ist hier, nicht nur die Juden. Ich sehe meine jüngere Schwester Lea mit ihren Freundinnen in der Ecke stehen. Ich sehe meinen Bruder Jecheskel mit ein paar von seinen Freunden aus der Jeschiwa*. Ich entdecke die beste Freundin meiner Mutter, Emma Kokisch, aber Mama sehe ich nicht.

»Ich habe Achtung gesagt!«, brüllt der Offizier.

Das Gemurmel verebbt.

»Alle Juden müssen jetzt nach Hause gehen und eine Tasche packen. Nur mit Kleidung und Essen. Ihr müsst unbedingt all eure Wertsachen zu Hause lassen.« Er lächelt. »Sie müssen offen und gut sichtbar daliegen. Sonst passiert was, und ihr wollt lieber gar nicht wissen, was. Geht nach Hause, packt, macht euch fertig. Ihr brecht schon bald auf. Fangt jetzt gleich an. Ihr müsst bereit sein.« Er setzt das Megafon ab und verlässt das Podium. Erneut hebt das Gemurmel auf dem Platz an, aber diesmal klingt darin Verwirrung mit. Ich schlucke schwer, als mir Übelkeit in den Hals steigt.

Ich gehe nach Hause, und Lea gesellt sich zu mir, als ich auf unseren Hof trete. Sie hat die Augenbrauen besorgt in die Höhe gezogen, und in ihren dunklen Augen liegt Furcht.

* Jüdische Oberschule mit ausschließlich männlichen Schülern

Lea ist siebzehn Jahre alt, genau siebzehn Monate jünger als ich und mindestens siebzehn Mal so schlau.

»Was war das denn?«, fragt sie, während wir den Hof überqueren.

»Ich weiß nicht, aber ich habe ein sehr ungutes Gefühl.«

Wir gehen in unsere Wohnung. Mama ist schon da, hält einen Topf in der Hand, den sie wohl vom Ofen draußen hereingebracht hat. »Wo warst du? Und wieso hast du ein ungutes Gefühl?«

»Hast du die Trommel nicht gehört, Mama?«, fragt Lea. »Sie haben alle Juden auf den Stadtplatz gerufen. Ein Gendarmerie-Offizier hat gesagt, dass wir all unsere Habseligkeiten zusammenpacken sollen und unsere Wertsachen bei den Offizieren abgeben müssen, die herumgehen.«

»Die ganze Stadt war da!«, sagt Jecheskel. Er tritt sich die Füße ab und bürstet über die Ärmel seiner Jacke, ehe er hereinkommt. Mit dreizehn wird er allmählich erwachsen, ist aber auch immer noch ein Junge.

»Ich kann nichts hören, wenn die Ofentür so rappelt. Ich habe Brot gebacken, das müssen wir wohl auch einpacken.«

»Was meinst du, was wollen die von uns?«, frage ich.

»Ich weiß es nicht«, antwortet Mama. »Aber es kann nichts Gutes sein.«

Lea und Jecheskel und ich schauen uns verdutzt an. Plötzlich geht Mama ohne ein weiteres Wort zum Flurschrank und zieht einen Koffer vom obersten Regalbrett. Sie nimmt die Kleider, die im Schrank hängen, und legt sie auf den

Tisch. Ein leises, unheilvolles Dröhnen ist zu hören. Der Soldat trommelt wohl noch irgendwo in der Ferne, und wir merken, dass wir uns rasch nach dem Rhythmus seiner Schläge bewegen.

»Die schöneren Sachen zieht ihr an«, sagt Mama. »Wir sollten gut gekleidet sein, wo immer wir auch hingehen. Oh, und nehmt eure Strickjacken mit.« Sie reicht uns die restlichen Kleidungsstücke aus dem Schrank. Lea und ich stapeln sie gehorsam auf dem Tisch, falten sie zusammen und legen sie in den Koffer. Ich sehe, dass meine Hände zittern. Es fühlt sich so seltsam an, zu packen und nicht zu wissen, wohin wir aufbrechen. Vor einer Stunde waren wir noch nirgendwohin unterwegs.

»Mama, dein Verlobungsring!«, rufe ich. Er ist die einzige Wertsache, die wir haben. Mein Vater hat ihr diesen Ring gekauft, als er ihr den Heiratsantrag gemacht hat. Und er ist zwar nun schon dreizehn Jahre tot, doch jeden Tag beobachte ich Mama dabei, wie sie den Ring anschaut. Ich kann mir nicht vorstellen, untätig zuzusehen, wie Mama das Einzige aufgibt, was ihr von unserem Vater geblieben ist, nur damit die Ungarn es mitnehmen.

»Mein Ring?«, fragt Mama und blickt auf ihre Hand hinunter. »Die meinen doch nicht, dass ich den Verlobungsring hierlassen muss?«

»Ich denke schon«, erwidert Lea. »Die haben gesagt: ›Sonst passiert was.‹« Ihre Stimme ist ganz kleinlaut.

Mama reißt die Augen weit auf. Sie schluckt schwer.

»Das haben die gesagt?«, fragt sie.

Plötzlich bin ich voller Wut. Die Ungarn haben meiner Mutter die Arbeit und das Haus weggenommen. Aber diesen Ring, der ihr so viel bedeutet, werden sie nicht bekommen.

»Gib ihn mir schnell«, sage ich und strecke ihr die Hand hin. »Ich nähe ihn ins Schulterpolster meiner Strickjacke ein.«

Mama streift den Ring vom Finger und reicht ihn mir. Ich nehme ihn und setze mich an unsere Nähmaschine. Alles scheint mir unwirklich, als ich mich daranmache, unsere einzige Wertsache in meiner Kleidung zu verbergen. Ich trenne die Naht an der Schulter meiner Strickjacke auf. Mama hat mich stets ermahnt, ich solle schneller arbeiten, so schnell wie Lea. Jetzt unter Druck arbeite ich so schnell und tüchtig wie meine Schwester. Ich schneide das Schulterpolster auf, stecke den Ring in das Kissen und nähe das Polster wieder zu. Meine Nähte sind perfekt, aber Mama schaut nicht hin. Sie geht unruhig im Zimmer auf und ab, legt mit großer Präzision Dinge in unseren Koffer: Mehl aus dem Schrank, ein Stapel kleiner Handtücher und die Laken von unseren Betten passen alle ordentlich hinein.

»Geht und zieht euch an«, sagt sie und reicht uns unsere Kleider. »Gebt mir die Sachen, die ihr jetzt anhabt, damit ich sie einpacken kann.«

Mein Kleid ist dunkelblau und eierschalenfarben, aus dem feinsten Leinen, das Mama aus England bestellt hat. Die tiefen Falten sind messerscharf, weil ich sie gebügelt habe, bis sie perfekt waren. Meine Schwester mag in unserer Familie die begabte Schneiderin sein, aber ich kann so hervorragend bügeln, dass man sich an den Falten unserer Kleider schneiden könnte.

Ich ziehe das Kleid unter meinem Rock hoch. Erst als es mich völlig bedeckt, lege ich den Rock ab. Nun ziehe ich das Kleid weiter hoch bis unter die Bluse, schließe die Knöpfe und streife die Bluse ab. Lea und ich reichen Mama unsere abgelegten Sachen und schauen zu, wie sie diese gefaltet in den Koffer legt.

»Zieht eure Strickjacken an«, sagt Mama und deutet darauf. Ungeduldig trommelt sie mit den Fingern auf den Holztisch.

Mein Herz schlägt wild, will mir fast aus der Brust springen. Ich ziehe mir die Strickjacke über die Schultern. Der Ring, den ich im rechten Schulterpolster verborgen habe, fühlt sich an, als wöge er tausend Pfund. Der Schweiß rinnt mir unter den Achseln. »Mama«, sage ich endlich. »Ich glaube, ich kann den Ring doch nicht mit mir herumtragen.«

»Nimm ihn raus, Mamale*.« Sie schaut mich nicht an. Das Trommeln ihrer Finger auf dem Tisch wird lauter.

Ich reiße mir die Strickjacke herunter. Mit einem einzigen Schritt bin ich wieder an der Nähmaschine. Ich schlitze das Schulterpolster auf und ziehe den Ring heraus. Wortlos gehe ich nach draußen zum Klohäuschen. Die Sonne scheint auf den Diamanten und lässt ihn in allen Regenbogenfarben aufblitzen. Ich öffne die Tür des Klohäuschens und werfe Mamas Diamantring mitsamt seinem schimmernden Regen-

* Jiddisch: kleine Mama

bogen mit aller Kraft in das Loch. Wenn meine Mutter ihn nicht haben kann, dann sollen die Ungarn ihn auch nicht kriegen.

Ich weiß nicht, woher mein Entschluss gekommen ist, das zu tun. Doch als ich wieder ins Haus gehe und mich neben Mama, Lea und Jecheskel setze, überkommt mich eine seltsame Ruhe. Wir warten.

Da wird die Tür gewaltsam aufgerissen, und zwei Gendarmerie-Offiziere marschieren mit erhobenen Gewehren herein. Noch nie zuvor hat jemand ein Gewehr auf mich gerichtet. Ich blicke in das kleine Loch vorn am Lauf und auf das wütende Gesicht des Offiziers dahinter und spüre, wie mir die Angst tief in die Eingeweide sackt.

»Raus! Nehmt euren Koffer mit!«

Mama steht auf und nimmt unseren Koffer. Ich beobachte sie wie im Traum, wie sie ihn zur Tür hinausschleppt. Die Soldaten gehen in unserem Zuhause herum, schauen unter die Betten und unter den Tisch.

»In diesem Rattenloch gibt's keine Wertsachen. Aber die Leute durchsuchen wir lieber. Vielleicht haben sie was am Körper versteckt«, sagen sie zueinander. Dann rufen sie uns zu: »Raus! Macht, dass ihr rauskommt!«

Ich stolpere mit meinen Geschwistern zur Tür hinaus. Die Rosenbergs und die Brachs, die beiden jüdischen Familien, mit denen wir den Hof teilen, stehen schon da. Ein paar andere Männer und Frauen sind vors Haus gekommen und schauen zu: eine, die gestern Eier von uns geborgt hat, und eine andere, deren Kinder ich letzte Woche gehütet habe. Doch jetzt sehe ich, dass sie lächeln, als der Soldat mich mit seinem Gewehr vorwärtsdrängt. Ich bin verwirrt und schäme mich.

»Gut, stellt euch alle zusammen da drüben hin!«, kommandiert einer der Offiziere. Er stößt Herrn Rosenberg mit seinem Gewehr vorwärts. Herr Rosenberg stolpert nach vorn. »Kommt jetzt her!« Der Offizier winkt Lea, Mama und mich heran. »Stellt euch hierher!«

Wir machen, was man uns sagt. Uns starrt ein Gewehrlauf ins Gesicht, da haben wir keine andere Wahl. Herr und Frau Rosenberg stehen nebeneinander. Ihre Kinder umringen sie rasch.

»Hört gut zu!« Jetzt spricht der Offizier, der Herrn Rosenberg gestoßen hat. »Wir müssen uns davon überzeugen, dass ihr keine Waffen tragt. Denn das wäre ja dumm von uns, und dumm sind wir gewiss nicht. Wir müssen ein paar von euch nach Waffen absuchen.« Er geht zu Herrn Brach, der die Hände hebt, um zu zeigen, dass sie leer sind. »O nein, um dich kleinen Juden machen wir uns keine Sorgen«, sagt der Offizier. »Durchsuchen müssen wir die Damen.«

Ein paar von den Jungs, die zuschauen, fangen zu lachen an. Der Offizier wendet sich ihnen zu. »Dann wollen wir diese feinen Dämchen mal gründlich durchsuchen, damit wir sehen, ob sie was verstecken, stimmt's?«

»Und ob!«, ruft ein Junge.

Der Offizier legt einem der Brach-Mädchen, das Luzie heißt, die Hand auf die Schulter. Sie zittert unter seinem Griff.

»Komm her, kleine Dame«, sagt der Offizier. »Wir müssen uns davon überzeugen, dass ihr keine Waffen versteckt.« Er zerrt sie zur Seite. Dann packt er ihre Schwester Miriam und zieht auch sie fort. Schließlich führen sie die Rosenberg-Zwillinge Suri und Idi über den Hof und kommen zurück, um Lea, Mama und mich zu holen. »Wir durchsuchen euch jetzt«, sagt der Soldat, der am nächsten bei den Rosenberg-Zwillingen steht. »Da sollten besser keine Revolver oder gar Gewehre verborgen sein!« Darüber müssen die gaffenden Leute lachen, die untätig herumstehen. Ein Gewehr am Körper verstecken? Da könnte man genauso gut gleich ein Kalb verbergen, und das wissen sie.

»Das könnt ihr nicht machen«, hebt Herr Rosenberg an.

Der Offizier fährt zu ihm herum. »Nein? Kann ich nicht? Dann schau gut hin!« Er wendet sich wieder den Frauen zu. »Ausziehen, meine Damen!« Niemand rührt sich. »Jetzt sofort!« Die Nachbarn, die uns beobachten, drängen sich langsam ein wenig näher.

Ich erstarre. Ich kann nicht glauben, dass mir das geschieht. Ich habe das Gefühl, als sähe ich die Szene verschwommen durch ein Fenster. Ich habe mich noch nie vor irgendjemandem nackt ausgezogen, nie. Nicht einmal Lea und ich haben uns voreinander ausgekleidet, obwohl wir unser Leben lang ein Zimmer und ein Bett geteilt haben. Selbst in unserer Einzimmerwohnung haben wir instinktiv stets darauf geachtet, uns jede für sich an- und auszuziehen. Jetzt wirbelt der Hof um mich herum wie eine Krähe mit klatschenden, schlagenden Flügeln. Ich höre Gelächter und

Schreie und das Weinen eines Säuglings. Ich sehe die harte, runde Öffnung des Gewehrlaufs, den der Gendarmerie-Offizier auf mich richtet. Wie im Traum knöpfe ich mein Kleid auf. Als die Luft auf meine Haut trifft, ist mir, als würde ich in einen eiskalten Brunnen getaucht. Ich höre noch mehr Gelächter im Hintergrund, doch ich kann nur an meinen Arm denken, der jetzt nackt und bloß ist. Ich nestele an meinen Knöpfen herum. Schreckliche Scham flutet über mich hinweg, als sich das Kleid von meinem Körper löst und zu Boden fällt. Ich mache einen Schritt aus dem Kleid heraus. Um meinen Bauch ist immer ein Flanellschal gewickelt. Seit meinen Kindertagen leide ich an schrecklichen Magenkrämpfen, die mit Übelkeit und Schwäche einhergehen. Dagegen hat nur der Flanellschal geholfen, und deswegen wickle ich ihn mir jeden Tag vor dem Ankleiden um den Bauch. Jetzt wickle ich ihn langsam ab.

»Beeilung!«, schreit jemand von hinten, und ein paar Jungen lachen und kreischen. »Beeilung, du Judenmädel!«

»Hast du nicht gehört? Wir haben gesagt, du sollst dich beeilen!« Der Offizier hält sein Gewehr an meine Hüfte.

»Schaut euch das an. All die nackten jüdischen Dämchen. Oh, schaut sie euch nur an!«

»Ha, schaut sie euch jetzt mal an!«

Die Stimmen aus der Menge werden lauter, und mein Gesicht fühlt sich glühend heiß an. Die kalte Luft ringsum kneift mir in die nackte Haut. Ich schaue zu Boden.

Ein Soldat kommt zu mir herüber und legt seine Hände auf meinen Körper. Er hebt meine Arme hoch und tätschelt meine Unterarme ab. Er lässt seine Finger hinter meinen Ohren und an meinem Körper entlanggleiten. Ich werfe einen verstohlenen Blick auf ihn, und das Grinsen auf seinem Gesicht treibt mir die Tränen in die Augen. Sie bleiben aber dort hängen, rollen nicht herab.

»Beim Rotschopf ist nichts!«, ruft er. »Die hat nichts Gefährliches an sich.« Er geht zur nächsten Frau in der Reihe. Ich höre mehr Gelächter. Mein Körper ist Freiwild für alle. Er gehört mir nicht mehr.

Als die Leibesvisitation endlich vorbei ist, dürfen wir uns wieder anziehen. Ich schlüpfe in mein vorhin noch wunderschönes, gebügeltes Kleid, das jetzt zerknittert und schmutzig ist.

»Uns nach! In einer Reihe!«, befiehlt ein Soldat, der dickste von allen.

»Auf Wiedersehen!«, ruft ein Mann aus dem Hof und lacht, als wir fortgehen.

Wir ordnen uns hinter den Rosenbergs und den Brachs ein und folgen alle den Soldaten. Irgendetwas flüstert mir ein, ich solle nicht mitgehen, ihnen nicht folgen, da bleiben, wo ich bin – doch während meine Füße trotz dieses Protestes in meinem Kopf weitergehen, wird mir klar, dass ich keine andere Wahl habe. Die habe ich zusammen mit meinem Kleid abgelegt. Sie ist jetzt in den Händen der Soldaten, die uns betatscht haben.

Sie führen uns zum Stadtplatz. Als wir dort ankommen, bemerken wir grüne Anhänger aus rissigem Holz, vor die man alte Pferde gespannt hat. Alle Juden aus unserem Ort sind da versammelt, und dazu noch viele Zuschauer. Die Gendarmerie-Offiziere pferchen unsere Freunde und Nachbarn in die Anhänger, werfen Koffer über ihre Köpfe hinweg. Koffer und Menschen türmen sich höher und höher. Die Zuschauer starren uns an, als wären wir ein Zirkus, und verstärken mit ihrem Spott und Gelächter das Chaos noch. Dann bemerke ich, dass einige Zuschauer weinen. Ich sehe Emma Kokisch; ihr Gesicht ist gerötet, und die Tränen strömen ihr über die Wangen. Ihr Mann hält sie am Arm.

»Seht euch bloß an, was mit den Juden passiert. Jetzt tragen sie den Kopf nicht mehr so hoch, was?«, ruft ein Mann aus der Menge.

Die Soldaten drängen uns näher zu einem der Wagen.

»Ha! Schaut euch den Mann da an, wie der auf seinem Koffer hockt! Der hütet bestimmt noch einen Schatz! Den soll er mal schön rausrücken!«, ist eine andere Stimme zu vernehmen.

»Jetzt lernen die Juden endlich mal, wie man mit anderen teilt!«, kreischt ein anderer, und das wird mit Gelächter quittiert.

Ich beobachte aus nächster Nähe, wie Leute auf den Wagen klettern und versuchen, ihre Koffer unter sich zu schieben und sich darauf zu setzen.

»Schaut euch an, was die mit den Juden machen! Schaut euch an, was die mit den Juden machen!«, sagt eine Frau. Ihre Stimme klingt schockiert, aber auch freudig erregt.

Ich werfe einen letzten Blick zurück, ehe ich auf den Wagen klettere. Hier auf diesem Stadtplatz habe ich den

König hochleben lassen, zusammen mit allen anderen aus unserem Ort. Ich kann das Schulhaus sehen, wo ich gelernt und getanzt und gespielt habe. Niemand hat sich je darum geschert, dass ich Jüdin bin. Ich habe meine Kindheit hier auf diesem Stadtplatz verbracht, meine Freundinnen getroffen und für Mama eingekauft. Hier war immer mein Zuhause, doch in einem einzigen Augenblick hat es sich in etwas anderes verwandelt. Etwas, das ich nicht mehr erkennen kann.

»Vorwärts! Weiter!« Ein Gendarm schiebt mich unsanft mit seinem Gewehr zum nächsten Wagen. Als ich weitergehe, fällt mir plötzlich etwas ein, und ich drehe mich zu Mama um. »Ich habe vergessen, die Tür abzuschließen!«

Der Gendarm lacht mir ins Gesicht. Ich rieche seinen Atem. Er stinkt nach Fleisch und Zigaretten. »Keine Sorge, Schätzchen«, sagt er. »Jetzt brauchst du die Haustür nicht mehr abzuschließen.« Er schiebt Mama in den Wagen hinauf, und sie stolpert vorwärts. Jecheskel wirft ihr unseren Koffer zu. Sie findet einen Platz dafür zwischen zwei Leuten, die bereits im Wagen sitzen. Mama sackt auf dem Koffer zusammen, sieht aus, als würde sie gleich ohnmächtig. Jecheskel steigt zu uns auf den Wagen, dann auch Lea.

»Was geht hier nur vor?«, fragt Lea Mama. Ihr Blick bohrt sich in Mamas Augen, sucht dort verzweifelt nach einer Antwort.

»Jetzt ist der Krieg wirklich zu uns gekommen«, antwortet Mama mit einem Kopfschütteln. »Wahrscheinlich bringen sie uns zu irgendeinem Arbeitseinsatz. Dann arbeiten wir, und wenn der Krieg vorbei ist, kommen wir nach Hause.«

Ich höre ihre Worte, aber sie ergeben keinen Sinn.

Jecheskel nickt. Er hebt den Koffer von irgendjemandem über seinen Kopf.

Der Wagen macht einen Ruck, und wir fahren los, entfernen uns langsam vom Stadtplatz.

»Na, wo ist euer Gott jetzt?«, kreischt jemand aus der Menge. »Wo ist euer Gott, auf den ihr so stolz seid? He?« Ein paar Frauen lachen. Manche klatschen Beifall.

Das Letzte, was ich sehe, während mich ein altes Pferd von dem Städtchen wegkarrt, das ich liebe, ist eine schwarze Kamera, die auf mein Gesicht gerichtet ist. Dann flammt ein Blitzlicht auf. Ein Mann ist hinten auf den Wagen geklettert. Er beugt sich herein und macht mit seiner Kamera Bilder von uns. Ein Bild, zwei, dann drei. Schließlich springt er herunter und steht auf der Straße, schaut auf seine Ausrüstung, als wäre es ein Tag wie jeder andere. Die Räder des Wagens drehen sich schwer, als die Pferde vorwärtsdrängen, ihre Last hinter sich herziehen. Ich halte mich an Mama fest, und nun beginnt das Warten, während unser Transport aufbricht, wohin auch immer wir fahren.

2

Crasna, April 1935. Neun Jahre alt

Sie sollen loben seinen Namen
im Reigen;
mit Pauken und Harfen
sollen sie ihm spielen.

Psalm 149,3

Ich bin kein Mädchen, von dem die Leute glauben, sie würden es je auf der Bühne sehen. Ich habe rotes Haar, und manche sagen, solches Haar verdiene es nicht, im Rampenlicht zu stehen. Meine Haut ist blass, und ich kränkele fast immer. Deswegen bedeutet es mir so viel, als mich die Lehrerin auswählt und ich in der Schulaufführung mittanzen soll. Durch das Tanzen habe ich einen Ort entdeckt, wo ich mehr als irgendwo sonst ich selbst sein kann. Tanzen, das ist nicht nur etwas für die Bühne – obwohl ich da, ehrlich gesagt, am allerliebsten tanze. Die Bühne ist zwar eine Welt des Scheins und Vortäuschens, aber die Blumen, von denen ich mir vorstelle, dass sie mir zu Füßen geworfen werden, wenn ich mich verbeuge, sind genauso wirklich wie die besten Noten, die meine kleine Schwester auf ihrem Zeugnis stehen hat. Meine Mutter hat Arbeit in der Jeschiwa und kocht dort für die Studenten. Weil man dort so sehr auf sie angewiesen ist und sie ihrerseits diese Arbeit braucht, um ihre Kinder zu ernähren, sitzt sie nie im Publikum, aber trotzdem ist es schön, den lauten Applaus zu hören, als ich mit meinen Tanzschritten fertig bin.

In meinem Kopf höre ich ständig einen Rhythmus, zu dem die ganze Welt tanzt. Der Wind selbst ist der Choreograf, nutzt die Luft, um mit ihr Musik und Bewegung hervorzubringen. Er schiebt die Strömung im Bach an, sodass sie sich kräuselt, pfeift und gluckert. Noch ehe ein Bogen die Saiten einer Geige berührt hat, die jemand gerade aus dem Kasten genommen hat, streicht schon der Wind darüber. Er quetscht sich in die Luftröhre von Menschen und Tieren und wieder heraus. Die Musikanten auf dem Stadtplatz schnaufen in raschen Zügen Luft in ihre Lungen und zwängen sie dann durch die Mundstücke ihrer Trompeten und Tubas, bis die Luft mit einem neu gedeuteten Klang, der in den Ohren aller Zuhörenden dröhnt, wieder herausströmt. Ich stelle mir einen Meisterdirigenten vor, der mit gespreizten Händen den Wind hierhin und dorthin befiehlt, bis die ganze Welt eine wirbelnde Masse von Tanz und Gesang ist. Deswegen fühlt es sich schon seit meinem ersten Tanzunterricht für mich so natürlich an, meinen Körper zu bewegen und zu tanzen, wenn Musik erklingt.

Selbst bei unserer morgendlichen Routine spüre ich Bewegung und Rhythmus, die alles durchdringen. Mama, die die Milch zu Butter stampft (rums, rums, rums), Lea, die das warme Sauerteigbrot aufschneidet (ratsch, ratsch, ratsch), und Jecheskel, der seine Füße nacheinander in die Schuhe schiebt, die ich ihm hinhalte (Schritt, Druck, Schritt, Druck). Es ist ein Tanz, wenn wir den Tisch für unser Frühstück decken. Teller hin, Messer hin, Gabel hin, setzen! Brot nehmen, Käse darauf verteilen, abbeißen, schlucken! Rasch essen wir das noch warme Brot, lassen es uns durch die Kehle rutschen, bis sich unsere Bäuche warm und voll anfühlen. Es schwingt ein Rhythmus mit, wenn wir uns so viele Gurken, wie wir nur können, auf die Gabeln häufen und in den Mund stopfen, während Mama den Takt vorgibt mit ihrer Bitte: »Beeilt euch, ja?« Wie die Tür aufschwingt, als wir gerade unsere Mahlzeit beenden, und die Jungen aus der Jeschiwa, die für Mamas hausgemachtes Frühstück bezahlen, hereinmarschieren und sich zum Essen setzen, auch das folgt einem bestimmten Rhythmus. Genauso die Art, wie wir jeder einzeln Mama zum Abschied einen Kuss geben und zur Schule gehen: um die Ecke, über die Brücke, Jecheskel abliefern und dann rennen!

Ich fand immer, dass es das Beste am Leben ist, wenn man darin den Rhythmus und die Musik entdeckt, und heute wird der beste Tag im Schuljahr sein – der Tag, auf den ich mich schon lange freue! Heute erfahren wir endlich, welcher Gruppe wir für die große Abschlussvorstellung zugeteilt werden. Klar, wir würden weiter hart arbeiten und jeden Tag lernen müssen, aber das Hauptereignis, um das sich alles dreht wie die Erde um die Sonne, ist das Fest, bei dem wir alle auftreten. Wir sind die einzige Schule in Crasna außer der Jeschiwa, also hat oder kennt jeder ein Kind in der Schule, und alle werden zur Vorstellung kommen. Wir hatten vor ein paar Wochen ein Vortanzen, und danach haben die Lehrerinnen (die genau wissen, wie sie bei allen Mädchen Talente entdecken können) uns in verschiedene Gruppen gesteckt.

Als ich in die Schule komme, drängt sich eine riesige Schülertraube um das Schwarze Brett. Während ich langsam näher rücke, die Zettel lese und nach meinem Namen suche, klopft mein Herz wie die große Basspauke. Ich finde meinen Namen genau da, wo ich es gehofft hatte, unter den Großbuchstaben TANZ.

Wir müssen noch eine Stunde Rechnen durchleiden, dann teilen wir uns endlich in Gruppen auf. Ich finde das Klassenzimmer, in dem sich die Tanzgruppe trifft. Es füllt sich rasch mit Mädchen und Jungen aus allen Klassen. Die Englischlehrerin, Fräulein Elias, steht vor uns und klatscht in die Hände. »Mädchen und Jungen, willkommen zu eurem ersten Tanzunterricht im Jahr!« Ein paar größere Mädchen klatschen aufgeregt in die Hände. Ich schätze mich glücklich, dass ich mit all diesen älteren Mädchen zusammen sein darf.

»Ihr habt alle vielversprechende Ansätze in der Tanzkunst gezeigt«, fährt Fräulein Elias fort. »Ich freue mich sehr, dass ich euch allen einzeln helfen darf, euer Talent zu entdecken und daran zu arbeiten. Wir üben jeden Tag. Für mich ist Tanz die schönste Art, das zum Ausdruck zu bringen, was tief im Inneren schlummert. Ich kann euch also zwar Techniken zeigen, doch die wahre Schönheit muss von euch kommen. Deswegen bringe ich euch heute keine speziellen Schritte bei, die wir für das Fest lernen müssen. Heute spielt ihr damit, wie sich Tanzen für euch anfühlt.« Sie deutet auf den Jungen mit der Trommel und seinen Partner, einen Jungen mit einer Trompete, die beide seitlich auf der Bühne stehen. Der Trommler fängt auch gleich an, mit den Händen auf die Trommel zu schlagen. Rums, rums, rums. Schlag, schlag, schlag. Fräulein Elias legt die Hände an die Brust und breitet dann die Arme weit aus. »Tanzt!«, ruft sie. »Es gibt nur eine Regel: Seid nicht schüchtern. Ich möchte euch alle tanzen sehen.«

Die älteren Mädchen fangen an, sich im Takt der Musik zu wiegen. Manche wirbeln herum. Ich schließe die Augen, damit ich nicht sehen muss, wie jemand mich anschaut, und gehe auf die Zehenspitzen. Mit den Armen an der Seite schwinge ich mich herum. Die Musik wird schneller, dröhnt mir in den Ohren. Ein Gefühl breitet sich in meiner Brust aus, flutet durch meinen ganzen Körper. Während ich mich so wiege und herumschwinge, erblickt genau in diesem Moment etwas in mir das Licht der Welt. Der Rhythmus des Lebens und des Tanzes wird in mir lebendig.

Einmal hat mir mein Sejde* gesagt, dass es eine andere

* Jiddisch: Großvater

Welt gibt, in der sich alle Seelen aufhalten, bis sie auf die Reise in unsere Welt ausgesandt werden.

»Weißt du, welche Sprache die Seelen in dieser Welt sprechen?«, fragte er mich.

»Jiddisch?«, vermutete ich.

»Seelen haben keine Münder, sie können nicht sprechen.«

»Wie können sie dann eine Sprache haben?«

»Die Seelen sprechen in der Sprache der Musik«, erklärte mir Sejde. »Sie reden in Takten und Saiten und Trommeln und Harfen.«

»Wirklich?«, fragte ich und versuchte gleichzeitig, mir diese wunderschöne Sprache vorzustellen.

»Natürlich! Deswegen beruhigen sich Säuglinge, wenn man ihnen Musik vorspielt. Sie erinnern sich. Deshalb spricht uns Musik so viel mehr an als alles andere.«

Als mir Fräulein Elias sagt, ich solle tanzen, begreife ich endlich, was Sejde gemeint hat. Wenn Musik die Sprache der Seele ist, dann ist Tanz die Art und Weise, wie mein Körper mit diesen Seelen hier auf Erden redet.

»Bewegt euch zum Rhythmus!«

Ich breite die Arme aus, genau wie Fräulein Elias es gemacht hat, als sie eben zu tanzen begonnen hat. Ich wirbele herum und schleudere meine Füße im Takt der Trommel in die Höhe.

»Sehr gut.« Fräulein Elias klatscht in die Hände, als die Musik aufgehört hat. »Das war wunderschön getanzt.«

Als wir am Ende des Tages die Schule verlassen, bin ich

immer noch ganz berauscht vom Tanzunterricht. »Komm, wir spielen am Bach«, schlage ich vor.

»Wir laufen um die Wette!«, ruft Lea.

Wir rennen an den Häusern vorbei, am Markt mit dem Mehl und den Hühnern und den Eiern, an den Geschäften und der Kirche. Wir rennen so schnell den Hang hinunter, dass wir uns beinahe überschlagen. Der süße Duft des Grases und des Sonnenscheins erfüllt mir Nase und Brust. Die Wolken hängen niedrig im blauesten aller blauen Himmel. Wir kommen an unserer Lieblingsstelle am Bach zum Stehen, wo das Wasser von einem kleinen Tümpel über die Steine herunterrauscht. Die Büsche am Bachufer bersten vor kleinen Sträußchen weißer Blumen, die sich über den Wasserlauf neigen. Dutzende von Schmetterlingen flattern um die Blüten. Die Bäume flüstern einander durch ihre Zweige allerlei zu, und die Vögel singen, während sie von den Ästen auf die Steine und dann wieder zurück auf die Äste hüpfen. Vom Bach weht ein kühler Dunst herauf, der mir das Haar ein wenig streichelt. Unsere Freundinnen Gitta und Rejsel spielen schon im Wasser. Lea schleudert die Schuhe von den Füßen und springt hinein. »Erste!«, ruft sie. Sie ist jünger als ich. Das Rennen in die Welt habe ich gewonnen, aber in fast allem anderen ist sie gewöhnlich viel schneller als ich. Ich springe hinter ihr hinein, und wir spielen im Bach, bis die Sonne am Himmel ganz rosig wird und sich ausbreitet wie Erdbeermarmelade auf weißem Joghurt.

Als wir nach Hause kommen, gibt es zum Abendbrot Huhn. Für jeden von uns ist nur ein kleines Stückchen da, aber Mama weiß, wie sie eine Mahlzeit mit vielerlei Dingen strecken kann, sodass wir nie hungrig sind. Außer dem Huhn gibt es Kartoffeln – kugelrund mit dem Duft von Aprikosen und triefend vom Saft des Hühnchens. Dann ist da noch geschnittenes Gemüse in einem Salat und Farfel* dazu. Ich kann all das gar nicht schnell genug herunterschlingen.

Nach dem Essen kommt noch Sejde zu seinem allabendlichen Besuch. Sejde ist Mamas Vater und eigentlich auch irgendwie mein Vater, denn unseren eigenen Vater haben wir nicht mehr. Sejde wohnt zehn Minuten von uns entfernt und kommt jeden Abend eine Weile zu uns. Ich liebe niemanden auf der ganzen Welt mehr als ihn.

»Wo sind meine Mädchen?«, ruft er, als er sich herunterbeugt, damit er durch die Tür passt. Lea erreicht ihn als Erste. Er hebt sie hoch und wirft sie in die Luft. Mit seinen großen, starken Armen kann er alles heben.

»Und du, junge Dame«, sagt er mit ernster Miene, als er sich zu mir wendet. »Bist du nicht schon zu alt, um von einem alten Sejde wie mir hochgehoben zu werden?«

Ehe ich antworten kann, steht Lea wieder auf dem Boden, und ich berühre beinahe die Zimmerdecke! »Und mein Prinz!«, sagt er zu Jecheskel, der kichert, als Sejde ihn kitzelt und hoch in die Luft hält.

Wir setzen uns hin, um zusammen Tee zu trinken. Mama bringt den dampfenden Kessel und Tassen. Sejde sitzt am Kopfende des Tisches (nachdem er in die Schränke geblickt

* Kleine Nudeln, traditionelle Speise der Aschkenasim

und nachgeschaut hat, ob wir noch genug Mehl, Öl und Eier haben). Er sieht aus wie ein König mit seinem langen grauen Bart und den tiefblauen Augen. Ein Zauberkönig, der aus einem Kelch von flüssigem Gold trinkt.

»Wie war dein Tag, Chaja Necha?«, fragt er Mama.

»Er war gut, das Übliche.«

»Ich durfte heute vor der ganzen Klasse lernen«, sagt Jecheskel.

»Mein Talmid Chacham*«, sagt Sejde.

»Wir haben heute angefangen, die Tänze für das Fest zu üben«, sage ich

»Wie war's?«

»Wirklich schön.«

»Du wirst bestimmt eine großartige Tänzerin.«

Ich strahle.

»Lea hat die Höchstnote in der Mathematikprüfung bekommen«, sagt Mama. »Sie war die Beste in der Klasse.«

Lea errötet und lächelt.

»Meine kleine schlaue Enkelin«, sagt Sejde zu ihr. »Ich bin so stolz auf dich.« Er schaut auf die Uhr. »Oh, es ist schon spät. Ich muss nach Hause zur Bobe**.«

Ich laufe und hole seinen Hut.

»Danke, Schätzchen«, sagt er. Er küsst uns alle und macht die Tür auf. Wir schauen aus dem Fenster zu, wie er die Straße hinaufgeht.

* Hebräisch: Talmudgelehrter

** Jiddisch: Großmutter

Mama nimmt ihr Buch heraus. Jecheskel setzt sich hin und übt Lesen, wie der Rebbe es ihm gesagt hat. Lea und ich machen uns an dem Geschirr zu schaffen.

»Ich bin mit Abtrocknen an der Reihe«, sage ich.

»Irgendwie bist du immer mit Abtrocknen an der Reihe«, sagt Lea, aber sie taucht die Teller in den Holzbottich und beginnt mit Schrubben.

»Das stimmt nicht. Weißt du nicht mehr, dass ich gestern gespült habe?«

»Nein, das war vorgestern, aber egal.«

Ich zucke mit den Achseln und nehme ein sauberes, gefaltetes Handtuch, wische einen Teller trocken und stelle ihn auf das Regal, genau in die Mitte, wie Mama es mag.

Und da ist wieder der Rhythmus, der Rhythmus eines Tages, der sich zur Nacht neigt. Ein Tag, der mit wilden Trommelschlägen begann, geht nun mit dem leisen Schwipp-Schwapp des Wassers im Bottich und dem Klirren der Teller zu Ende, die aufeinandergestapelt werden. Ich höre das Rascheln von Buchseiten, die umgeblättert werden, und das Klingeln des Bestecks, das poliert und weggelegt wird. Alle Geräusche, die am Morgen aufgeblüht sind und geschäftig gelebt haben, die den ganzen Tag über hervorgerufen wurden, werden nun sachte wieder zu Bett gelegt. Das vermisse ich am meisten, wenn die Musik sich ändert und nichts mehr gleich bleibt.

3

Ziegelei Klein im Ghetto von Cehei, 10. Mai 1944. Achtzehn Jahre alt

Ich hielt mich, als wäre es mein Freund
und Bruder
Ich ging traurig wie einer
der Leid trägt über seine Mutter.
Sie aber freuen sich über meinen Schaden
und rotten sich
Es rotten sich die Hinkenden
wider mich ohne meine Schuld
Sie zerreißen
und hören nicht auf.

Psalm 35,14–15

Ich sitze auf dem Boden des Karrens und spüre, wie die Holzbretter unter mir vibrieren. Ich weiß, dass ich etwas empfinden sollte, aber es ist, als wäre mein Hirn eingefroren. Ich sehe, was geschieht, aber es ist, als beobachtete ich, wie es jemand anderem geschieht. Ich sehe meine Mutter auf dem Boden sitzen, Jecheskels Kopf an der Schulter. Ich will mich nicht daran erinnern, dass ich zusehen musste, wie sie sich ausgezogen hat. Die Gesichter der Leute, die zugeschaut haben, wie man uns auf den Karren schubste, blitzen vor mir auf, doch ich schließe die Augen und versuche, das Bild abzuschütteln. Wir haben uns mit unseren Nachbarn immer gut vertragen. Ich habe bemerkt, wie einige von ihnen weinten, als man uns auf die Karren scheuchte, aber ich kann nicht fassen, dass einige gelacht haben. Haben sie uns ihre Freundlichkeit die ganze Zeit nur vorgespielt? Je mehr ich zu verstehen versuche, was geschieht, desto mehr fühlt es sich an, als würde mein Gehirn gleich explodieren. Ich kann nicht begreifen, dass alle aus unserer kleinen jüdischen Gemeinde hier auf diesen Karren sind und so erschöpft und abgerissen aussehen. Wir haben nichts falsch gemacht. Wir haben unsere Steuern gezahlt, wir sind in die Schule gegangen, wir haben Kleider für alle genäht, die zu uns kamen. Und alle haben unsere Kleider geliebt.

Das Vibrieren der Bretter unter mir wird schwächer, und die Pferde kommen zum Stehen. Die Klappe des Karrens geht auf, und wieder steht eine Gruppe von Gendarmen vor uns.

»Die Juden stinken!«, sagt einer von ihnen. Manche Kinder und älteren Männer hätten unterwegs eine Toilette gebraucht, aber natürlich war da keine. Sie hatten hier auf dem Karren ein Malheur, es ging nicht anders. Ich bin inzwischen an den Geruch gewöhnt; er ist ein Teil von mir geworden. Obwohl es sich anfühlt, als wären wir schon tagelang unterwegs, weiß ich, dass es eigentlich nur ein paar Stunden waren.

»Raus! Raus!«, schreit ein anderer Soldat.

Wir stehen alle auf und entwirren uns. Ich klettere vom Karren und lande auf der Person vor mir. Wir wühlen nach unseren Koffern. Die Gendarmerie-Offiziere richten ihre Gewehre auf uns. Ich bibbere. Ich sehe einige meiner Freundinnen, aber sie weichen meinem Blick aus. Die Soldaten umringen uns.

Ich versuche, mich umzuschauen, um zu sehen, wo wir sind, doch die Pferde und Karren haben dichten roten Staub aufgewirbelt, der noch in der Luft schwebt. Er brennt mir in den Augen, und ich merke, wie mir die Tränen kommen, aber sie reichen nicht aus, um den Staub wegzuschwemmen. Wenn ich den Mund aufmachte, würde ich ihn schlucken, also kneife ich die Lippen zusammen. Menschen drängen sich um mich – manche kommen von den Karren, aber viele waren bereits da. Endlich legt sich der Staub, und zwischen den Schultern der Leute kann ich sehen, dass wir uns auf einem Gelände voller Backsteine befinden. Ich erblicke ein Holzschild: ZIEGELEI KLEIN IN CEHEI. Was machen wir in einer Ziegelei? Vor uns scheinen Hunderte von Menschen mit Ziegelsteinen in den Händen herumzulaufen. Die Frauen tragen Kopftücher, und die Männer haben Bärte. Da steht ein Fabrikgebäude, aus dem seitlich eine Betonplatte herausragt. Dann sind da noch ein paar Holzbauten ohne Wände. Es verlaufen Gleise durch den Hof. Ich blicke auf.

Wir sind in einem Tal, und die Berge, die uns umgeben, stehen voller Gendarmerie-Soldaten, die ihre Gewehre auf uns gerichtet haben. Wir sitzen am tiefsten Punkt der Erde in der Falle. Eine Ratte huscht an meinen Füßen vorüber. Ich rühre mich nicht, als ihr haariger Körper an meinem Knöchel vorbeistreicht. Der Himmel verzieht sich zu einem wütenden Grau, und die Luft wird kalt. Die Pferde mit ihren Karren werden weggeführt. Leute beginnen zu murmeln, versuchen zu raten, warum wir hier sind.

»Es ist gut, dass wir während des Kriegs nicht in unserem Dorf sind. Während der Kämpfe sollten wir nicht dort sein«, sagt jemand.

»Ja, sie sondern uns ab, bringen uns an einen Ort abseits der Gefechtszone«, meint ein anderer. »Leute aus allen Orten rings um das Kampfgebiet sind hier.«

»Wir müssen nur Landarbeit machen, bis das alles vorbei ist, hat der Rabbi gesagt«, meldet sich eine andere Stimme zu Wort.

»Mama, was meinst du, was machen wir hier?«, flüstert Lea.

»Es ist Krieg«, sagt Mama. »Wir müssen ein bisschen arbeiten, aber dann gehen wir wieder nach Hause. Wir müssen einfach tun, was die uns sagen.«

Die Soldaten geben den Leuten vorn in unserer Gruppe Anordnungen, aber ich verstehe nichts.

»Ihr müsst euch einen Platz zum Schlafen suchen!«, höre ich endlich einen Soldaten sagen. Ich schaue zu der Fabrik und den grob gezimmerten Unterständen daneben. Vielleicht können wir dort schlafen? Aber dort wimmelt es bereits von Menschen. Die Nacht zieht herein.

»Sucht euch einen Schlafplatz, ihr faulen Juden!«, ruft ein anderer Soldat.

Ich sehe Leute, die improvisierte Zelte aufschlagen. Wir schauen zu, wie sie Stoffe aus ihren Koffern ziehen und so aufspannen, dass sie darunter schlafen können. Wir sehen, wie Leute aus unserer Gruppe losziehen und ihre Koffer hinter sich herzerren. Diejenigen, die bereits bei unserer Ankunft in der Ziegelei waren, fangen an, aus ihren Kleidern provisorische Zelte zu konstruieren. Manche suchen sich Schlafplätze in den hölzernen Unterständen. Ringsum öffnen Menschen Koffer, zerren Decken und Kleidung heraus und bauen daraus Zelte.

Wir beobachten, wie sich immer mehr Menschen über das ganze Ziegeleigelände verteilen. Die Männer aus jedem Haushalt fangen mit dem Zeltbau an, während die Frauen und Kinder auf dem Boden kauern.

»Wir haben niemanden, der für uns ein Zelt aufschlägt«, sagt Lea.

»Wir brauchen niemanden«, erwidert Mama.

Jecheskel zerrt den Koffer ein bisschen näher an eine Stelle, wo bereits eine Familie ihr Zelt baut. Wir folgen ihm. Er setzt den Koffer ab, und Mama spitzt die Lippen und klappt den Koffer auf. Sie zieht eine Decke und ein Leintuch heraus. Ich nehme unsere Kleider und halte mir die glatte Seide ans Gesicht, ehe ich sie zu einem größeren Stück Stoff zusammenknote. Lea und Jecheskel haben einen langen Stock gefunden und reichen ihn Mama, die das Leintuch darüberbreitet. Lea zieht das Gummiband aus ihrem Haar und sichert damit das Laken, sodass es zwar flattert und sich losreißen will, aber weiter am Stock hängen bleibt. Unser neues Zuhause.

Ich bin müde vom Aufruhr des Tages. Ich will nur zu Hause sein, meinen Kopf in mein warmes Bett legen und mich unter die Decke kuscheln und schlafen – und dann aufwachen und merken, dass all dies ein böser Traum war. Da erschreckt mich eine barsche Stimme.

»Hier könnt ihr nicht bleiben«, sagt ein Soldat.

»Was?«

»Hier könnt ihr nicht bleiben«, wiederholt er. Er reißt das Laken vom Stock. Es fällt auf den schlammigen Boden. »Los, weiter!«

»Wir sind beinahe fertig, Herr Soldat«, sagt Mama. »Ich verstehe nicht, wieso wir nicht einfach schnell alles fertig machen und uns dann hier ausruhen können …«

»Du hast überhaupt nichts zu verstehen, du Dreckschwein!« Er packt Mama vorn am Kragen. »Wie kannst du es wagen, mir Widerworte zu geben, du Jüdin? Ich hab gesagt, ihr könnt nicht hierbleiben, also bewegt euch, ehe ich euch Beine mache.«

Ich hebe schnell das Laken vom Boden auf, und Jecheskel zieht den Koffer zu sich hin.

»So ist's besser«, sagt der Soldat mit beinahe süßer Stimme, und ich bebe innerlich. Er verschränkt die Arme und schaut lächelnd zu, wie wir unsere Siebensachen zusammenpacken. Wir gehen rasch dicht nebeneinander fort, unser

Zelt auf dem Rücken. Wir sehen unterwegs, dass auch andere Familien aus ihrem improvisierten Zuhause verscheucht werden. Die Soldaten scheinen sich zu amüsieren. »Weiter, weiter!«, höre ich sie aus allen Richtungen rufen, während müde Männer ihre Zelte wieder zerlegen. Mir schießen vor Wut Tränen in die Augen.

»Was schert es sie, wo wir bleiben? Das schert sie nicht! Sie wollen uns nur verscheuchen.«

»Ich weiß es nicht, aber bitte macht keinen Ärger!«, mahnt Mama.

Wir kommen an eine Stelle, die ein wenig weiter von den meisten anderen Leuten entfernt ist. Wir suchen noch mehr Stöcke und stapeln sie auf unserem Koffer. Lea knüpft noch ein paar von Jecheskels Hemden an die Leine aus drei Kleidern, die ich schon gemacht habe. Als wir beinahe fertig sind, steht wieder ein Soldat bei uns.

»Weiter, weiter!«, sagt er. Er wedelt mit der Hand, scheucht uns fort wie Mücken. »Hier könnt ihr nicht bleiben, weiter jetzt!« Das beschämt mich. Warum können wir nicht hierbleiben? Meine Scham schlägt in Wut um. Ich balle die Fäuste, aber ich habe wirklich keine andere Wahl, beginne also, die Kleider wieder herunterzunehmen, und folge Mama, die bereits weiterzieht.

Wir finden einen dritten Platz und schlagen rasch unser improvisiertes Zelt auf. Als wir fertig sind, schauen wir uns um und warten darauf, dass wieder ein Soldat kommt und uns sagt, wir müssten weitergehen, aber ringsum ist alles wunderbar ruhig.

»Mama«, sage ich, bin aber zu müde, um den Satz zu Ende zu sprechen. Wir legen uns nebeneinander hin, und obwohl ich über alle Maßen erschöpft bin, kann ich nicht schlafen, weil mein Herz so rast. Mein Kopf liegt hart auf dem schlammigen, rissigen Boden.

Am Morgen scheint mir die Sonne geradewegs in die Augen. Ich bin zu Hause in meinem Bett. Ich bin zu Hause! Ich bin zu Hause! Dann flutet alles wieder zurück, und in einem Augenblick vollkommenen Entsetzens erinnere ich mich, und ich trete um mich, als kämpfte ich gegen diese Wirklichkeit an, als versuchte ich, ihre starken Hände von meinen Handgelenken zu lösen. Widerwillig schlage ich die Augen auf. Ein Soldat steht über unserem Zelt. Er hat ein Gewehr in der Hand und beobachtet Lea, die sich im Schlaf zu einer Kugel zusammengerollt hat. Ihr Haar ist schlammverkrustet, und sie hat ihr Gesicht beinahe im Boden vergraben. Ich rüttle sie wach. Jecheskel und Mama schlafen auch noch. Der Soldat stößt sein Gewehr gegen Mamas Kopf. Mit einem Ruck erwacht sie, steht rasch auf und zieht sich das Kleid zurecht.

»Ihr fangt jetzt alle sofort mit der Arbeit an«, sagt er. »Meldet euch in der Fabrik.« Er deutet dahin, wo bereits eine große Menschengruppe zusammensteht. Soldaten mit Maschinengewehren umringen uns, als wären wir gefährlich und müssten in Schach gehalten werden. Der Soldat dreht sich um und will schon weggehen, doch er bleibt noch einmal stehen. »Und hier könnt ihr nicht bleiben.« Mit einer einzigen ausladenden Bewegung wirft er die Äste um, die unser neues Zuhause stützen, und unsere Kleider sinken in den Schlamm.

Wortlos hebt Mama alle Sachen auf, legt sie in den Koffer und schnallt ihn zu.

»Dieser Krieg ist bald vorbei«, sagt sie.

Jecheskel legt ihr die Hand auf die Schulter, und sie gehen zusammen zur Fabrik. Lea und ich folgen dicht hinter ihnen. Wir erreichen das Ziegelgebäude. Vor der Fabrik liegen Haufen über Haufen von Backsteinen auf dem Erdboden. Menschenhorden stehen um sie herum. Ein Gendarmerie-Offizier deutet mit seinem Gewehr auf einen der Haufen auf dem staubigen Boden.

»Tragt die hier zu dem Gelände da drüben.« Ich schaue an die Stelle, auf die er deutet. Es scheint mir, als wären Meilen zwischen dem Ort, wo wir uns befinden, und dem, wo ich Leute sehe, die ihre Ziegellast ablegen. Ich habe noch nichts gegessen, und meine Arme fühlen sich an wie Wackelpudding. Ich lange nach unten, um ein paar Steine hochzunehmen, und sacke sofort über ihnen auf die Knie.

»Steh auf, du fauler Rotschopf!«, ruft der Soldat.

Taumelnd komme ich mit meiner Last auf die Beine. Ich mache einen Schritt und stolpere, mache dann, so schnell ich kann, gleich den nächsten. Die Ziegelsteine drohen mich zu Boden zu ziehen. Schweiß strömt mir über den Rücken. Ich gehe, so schnell ich kann. Ich kann nicht glauben, dass ich das mache. Endlich erreiche ich das andere Ende des Feldes und lasse meine Ziegelsteine fallen. Ich habe noch kaum Luft geholt, da befiehlt mir schon ein Soldat, gleich wieder zur Fabrik zurückzugehen und weitere Ziegelsteine zu holen. Ich mache kehrt und wanke zu dem Ziegelhaufen zurück.

Langsam steigt die Sonne am Himmel auf und brennt nun auf uns herunter. Ringsum auf den Bergen stehen Soldaten. Hoch da oben in der frischen Luft folgen sie uns mit ihren Gewehren. Wir stecken in einem Brunnen aus Staub fest. Der Nachmittag ist schon halb vorüber, als mein Magen knurrt. Ich habe seit gestern nichts gegessen. Nicht seit dieser Albtraum begonnen hat.

»Ich gehöre nicht hierher«, flüstere ich immer und immer wieder vor mich hin.

Ein schriller Pfiff ertönt.

»Essen gehen!«, ruft ein Soldat.

Ich schaue mich um. Nirgends ist Essen zu sehen. Da bemerke ich, dass Leute bei ein paar offenen Öfen an der entferntesten Ecke Schlange stehen. Ich hole Mama und Jecheskel, und wir warten geduldig, bis wir ein paar Kartoffeln kochen können, die Mama in den Händen hält.

»Wo hast du die denn her?«, frage ich.

»Die hatte ich eingepackt«, antwortet Mama. »Ich habe noch mehr im Koffer. Macht euch keine Sorgen.«

Jetzt sind wir am Feuer an der Reihe, und Mama legt die Kartoffeln hinein. Sie sind kaum eine Minute in der Glut, als ein Soldat zu uns herüberkommt. Bei seinem Anblick zieht sich die Menge rings um den Ofen zurück.

»Weitergehen!«, sagt er. »Ihr seid jetzt hier fertig.« Er schlägt nach uns, als wären wir Fliegen.

Seine Grausamkeit schnürt mir den Hals zu. »Macht,

dass ihr hier wegkommt, ehe ich euch auf der Stelle erschieße. Was braucht ihr denn so lange?«

Mama packt die Kartoffeln, und wir gehen fort, so schnell wir können. Wir finden ein ruhiges Plätzchen, und Mama verteilt die Kartoffeln.

»Sie sind köstlich, Mama«, sagt Jecheskel.

Sie lächelte ihm schwach zu.

Die Kartoffeln sind sehr hart zu kauen. Ich scheine nicht genug Speichel zu haben, um sie herunterzuschlucken.

Während wir so am Boden sitzen und unsere Kartoffeln essen, fängt es an zu nieseln. Ich will losrennen und mich unterstellen, aber da bemerke ich, dass es keinen Ort gibt, an den wir gehen könnten. Also bleiben wir, wo wir sind.

Als der Regen heftiger wird, befehlen uns die Soldaten zurück an die Arbeit. Wassertropfen rinnen mir in die Augen, ich kann nichts mehr sehen, und die Ziegelsteine sind sehr schwer. Sie rutschen mir immer wieder aus der Hand. Schlamm klatscht an mein Kleid. Ich stelle die Ziegel eine Sekunde ab, um mich abzuwischen, packe sie jedoch gleich wieder, als mir ein Soldat mit dem Stock auf den Rücken schlägt. Mein Körper bewegt sich, doch mein Gehirn funktioniert nicht mehr. Ich sehe, wie Jecheskel einen Eimer Mörtel über das Feld schleppt, der doppelt so groß ist wie er. Ich beobachte, wie Mama, gebeugt unter dem Gewicht von Zement auf ihrem Rücken, in winzigen Schritten auf die andere Seite des Feldes geht. Ich schaue zu, wie Lea sich Mörtel auf den Rücken lädt, sich nicht darum schert, dass ihr Gesicht von Schlamm bedeckt ist. Ich sehe es, aber so nehme ich die beiden nicht wahr. Vielmehr sehe ich meine Mutter, wie sie mit ihrer Freundin stickt und sich mit ihr über den letzten Roman streitet, den sie gelesen haben. Ich sehe Lea, wie sie ihr wunderschönes Haar flicht. Ich sehe Jecheskel, der uns alle zum Lachen bringt. Ich kann nicht sehen, was sie gerade tun. Ich bin in einem Traum gefangen. Vor zwei Abenden bin ich als normales achtzehnjähriges Mädchen eingeschlafen und habe von einer Hochzeit geträumt, doch seither hat man mich vor meinen Nachbarn und den Soldaten nackt ausgezogen, ich habe mein Zuhause verloren, und man zwingt mich, Ziegelsteine über ein verregnetes, schlammiges Feld zu schleppen. Ich möchte mit Mama reden, doch es sind überall Soldaten, und schon bald bewegen wir uns auseinander. Die Sonne geht vollends unter, aber wir arbeiten weiter.

»Ich gehe von hier nach Hause zurück«, flüstere ich vor mich hin. »Ich gehöre hier nicht hin.«

Der Regen lässt nach, und ich laufe hin und her, hin und her zwischen der Stelle, wo ich die Ziegel hole, und der, wo ich sie hinbringe. Ich gehe, ohne zu denken, und dann hängt da plötzlich vor mir ein kleiner Junge an einem Baum. Ich schrecke zurück. Zwei Soldaten stehen bei ihm. Während der Junge nach Luft ringt, lachen sie, dass ihre fetten Bäuche auf und ab tanzen. Er kickt mit den Füßen und kann nicht atmen. Sie lachen noch lauter. Er verdreht die Augen und verliert das Bewusstsein. Ich möchte sie beide schlagen und den Jungen packen, doch ich zittere am ganzen Körper und muss mich übergeben. Die Männer treiben hier ihre

Spielchen mit einem kleinen Jungen. Sie haben die Gewehre griffbereit am Gürtel. Ich drehe mich um und beginne zu laufen, aber die Ziegel trage ich noch in der Hand. Ich stolpere und sehe, wie sie dem Jungen Wasser ins Gesicht spritzen. Er wacht auf und beginnt wieder mit den Beinen zu strampeln. Ich rappele mich auf und gehe weg, so schnell ich kann. Als ich zu dem Feld komme, wo wir die Ziegelsteine abladen sollen, kann ich kaum noch gehen. Ich versuche, an die Stelle zu kommen, wo wir die Ziegel abladen sollen, doch ich falle hin und lasse die Ziegel los. Ich stehe mühsam auf, nehme die Ziegel wieder hoch und mache noch ein paar Schritte, doch ich sacke erneut zusammen.

»Was ist los, Rotschopf?«, ruft mir ein Soldat zu. »Hast du nicht laufen gelernt?«

4

Crasna, 1935. Neun Jahre alt

Ein Vater der Waisen
und ein Helfer der Witwen
ist Gott
in seiner heiligen Wohnung.

Psalm 68,5

Ich war neun Monate alt, als ich laufen lernte. Mama hat gesagt, mein Vater sei so stolz auf mich gewesen, dass er mich mit nach draußen nahm und mir stundenlang zuschaute, wie ich herumspazierte. Eines Tages bin ich hingefallen und habe mir ziemlich wehgetan. Danach habe ich mich geweigert, auch nur einen einzigen weiteren Schritt zu machen. Immer und immer wieder haben alle versucht, mich zum Laufen zu bringen, aber ich war ein störrisches Kind, ich wollte einfach nicht. Jedes Mal, wenn ich krabbelte, sagte Mama: »Du dummes Mädchen, du kannst doch laufen. Du dummes Mädchen, du kannst doch laufen!« Aber dann waren eines Tages Mama und Tate* mit mir draußen auf dem Hof, und ich stand einfach auf, klammerte mich an meinem Kleid fest, um Halt zu haben, und machte einen Schritt.

»Du dummes Mädchen, du kannst doch laufen!«, sagte ich dabei vor mich hin.

Mama und Tate haben lange darüber lachen müssen. Mama hat erzählt, dass ich noch tagelang herumgelaufen bin und vor mich hingemurmelt habe: »Du dummes Mädchen, du kannst doch laufen.« Es war, als könnte ich nicht glauben, dass ich so lange dazu gebraucht hatte, wieder aufzustehen und zu gehen.

Ich mag es, wenn Mama mir Geschichten aus meiner Kinderzeit erzählt, denn immer kommt mein Vater darin vor. Er ist zwar nicht mehr unter uns, bleibt aber doch noch ein großer Teil unseres Lebens. Mama meint, ich sei meinem Vater wie aus dem Gesicht geschnitten. Vielleicht fällt es ihr deswegen manchmal so schwer, mich anzuschauen. Ich habe rotes Haar und blaue Augen. Mama sagt, mein Haar sei *szöke hajszín***, eher blond als rot, aber das ist wohl Wunschdenken.

Ich weiß, dass mein rotes Haar als hässlich gilt, doch das ist mir gleichgültig. Denn so trage ich wenigstens ein Stück von meinem Vater auf dem Kopf. Manchen wäre das vielleicht peinlich, aber für mich ist es wie eine Krone.

* Jiddisch: Vater

** Ungarisch: von blondem Farbton

Mein Vater ist gestorben, als ich fünf Jahre alt war. Da ich das älteste Kind bin, habe ich die meisten Erinnerungen an ihn. Lea war damals erst vier Jahre alt. Pinkas, unser kleiner Bruder, der gestorben ist, war zwei Jahre alt, und Jecheskel war noch in Mamas Bauch, kann sich also unmöglich an irgendwas erinnern. Allerdings meint er manchmal, die Geschichten, die Mama von ihm erzählt, seien die Erinnerungen in seinem eigenen Kopf. Ich erinnere mich sehr deutlich an den Tag, an dem mein Vater gestorben ist. Es war wie ein Blitz in einem wilden Unwetter, und ich weiß, dass die Erinnerung meine ganz eigene ist. Erst lag er daheim krank im Bett, und dann haben sie ihn in ein Krankenhaus geschickt, das so weit weg war, dass wir ihn dort nicht besuchen konnten. Ich habe eines Tages draußen auf dem Hof gespielt und Sejde, Mamas Vater, gesehen. Er ging langsam auf unser Haus zu und war ein wenig gebeugt. Als er näher kam, sah ich, dass er weinte. Ich hatte ihn noch nie so weinen gesehen. Er musste gar nichts sagen, ich wusste es einfach. Ich rannte die ganzen schiefen Treppenstufen zur Schul* hinauf, wo mein Onkel lernte. Er blickte von dem Sefer** auf und sah mich an, und ich sagte: »Mein Tate ist gestorben.« Er stand auf, hob mich auf seine Arme und rannte mit mir die Stufen hinunter zu Mama.

Mein Vater war Lehrer, aber »nicht nur Lehrer«, wie Mama zu sagen pflegte. Er hatte Schüler von überall im

* Jiddisch: Synagoge

** Hebräisch: Buch, heiliges Buch

Land. Manchmal hatte er Schüler aus so großen Städten wie Budapest. Sie kamen, und er brachte ihnen nicht nur das übliche Wissen bei. Er lehrte sie Charakter, und wie man ein Mensch wird, und es gibt nichts, das wichtiger wäre.

Mama hat gesagt, dass er jeden Morgen den Tisch gedeckt hat, ehe sie aufgestanden ist.

»Warum deckst du den Tisch?«, hat sie ihn immer gefragt. »Das ist Frauenarbeit. Meinst du, ich kann das nicht?«

»Du stillst einen Säugling«, hat er geantwortet. »Du kümmerst dich um alles. Da solltest du nicht auch noch den Tisch decken müssen.«

Manchmal macht es mich traurig, dass ich mich nicht mehr an viel von ihm erinnere und darauf angewiesen bin, dass Mama mir Geschichten erzählt (was sie allerdings oft macht). Ich fühle mich schlecht, wenn ich sein Gesicht vor meinem inneren Auge nur noch verschwommen sehe: struppiger roter Bart, blaue Augen. Doch dieses Gesicht ist sehr durchsichtig und nicht ganz fertig. Aber nie werde ich vergessen, wie ich mich bei ihm gefühlt habe. Er hat mich immer bei der Hand genommen, wenn wir zum Badhaus draußen gegangen sind, um uns zu waschen. Er ließ mich die Kerze ganz allein halten, und dann hat er einen Finger an die Lippen gelegt und mir zugezwinkert. Ich wusste, ich durfte es Mama nicht erzählen, aber mein Vater glaubte, dass ich schon groß genug war, um eine Kerze zu halten. Ich platzte fast vor Stolz, als mir die flackernde Flamme das Gesicht wärmte und den dunklen Raum zum Leuchten brachte.

vorüber. Alles verschwindet aus meinem Blickfeld, während ich mich auf meinen Atem konzentriere und versuche, nicht am Staub zu ersticken. Ich mache einen Schritt nach dem anderen, obwohl die Steine so schwer sind und ich solchen Hunger habe. Ich bin am Boden zerstört.

Plötzlich sehe ich eine Frau, die vor mir in der Luft hängt. Ich starre sie eine Sekunde lang an. Es ist unsere Nachbarin, Herrn Waldmanns Schwiegertochter. Sie stammt aus einer reichen Familie aus dem Nachbarort. Sie war immer so wohlanständig und höflich, und ich war neidisch darauf, wie gebildet sie war. Da stößt sie einen schrecklichen, kehligen Schrei aus. Ich kann nicht begreifen, wie ein solches Geräusch aus einer so wunderschönen Frau kommen kann. Man hat sie am Baum aufgehängt. Sie schwebt da irgendwie verzerrt. Ihre Hände sind nach hinten verdreht, ihre Knie bilden einen außerordentlich seltsamen Winkel. Sie schwebt nur Zentimeter über dem Boden, doch sie hängt am Baum.

Wieder schreit sie, es ist ein schrecklich hohles Geräusch. Zuckungen laufen ihr vom Bauch über den ganzen Körper. Ihr Kopftuch fällt herunter. Die Soldaten stehen um sie herum und lachen ihr ins Gesicht. Einer zündet dem anderen eine Zigarette an.

Die Frau schreit erneut auf, und die Soldaten lachen lauter. Sie wird kreidebleich und verliert das Bewusstsein. Ein Soldat spritzt Wasser auf sie, und sie wacht auf und schreit wieder. Die beiden Soldaten lachen und lassen das Seil los. Mit einem Klatschen fällt sie zu Boden. Ihre Gliedmaßen sind verrenkt, und sie rührt sich nicht. Ich übergebe mich in die Büsche neben mir, und dann trage ich die Ziegel ans andere Ende des Felds, wo sie hingehören.

Als ich in unser kleines Zelt zurückkomme, sehe ich Mama und stürze mich in ihre Arme.

»Ich hab es auch gesehen«, sagt sie.

»Was geschieht hier bloß?«, schluchze ich. »Warum geschieht das alles?«

»Ich weiß es nicht, Mamele«, antwortet sie und streicht mir übers Haar. »Gott wird uns helfen.«

Lea kommt zum Zelt gerannt. Ihr Gesicht ist bleich. »Habt ihr das gesehen?«, fragt sie.

Wir nicken.

Sie setzt sich neben uns, und Mama hält uns beide im Arm. »Schlaft jetzt, Mädchen«, sagt Mama nach einer Weile. »Ich bleibe noch wach und warte auf Jecheskel.«

Ich sage ihr lieber nicht, dass ich gesehen habe, wie die das auch mit kleinen Jungen machen. Keine von uns kann schlafen, bis Jecheskel kommt und wir erleichtert aufseufzen, weil ihm nichts zugestoßen ist.

Am nächsten Tag sehe ich zwei weitere junge Frauen, die an den Händen an einem Baum aufgehängt sind. Ich kenne sie aus unserer Stadt. Auch sie stammen aus reichen Familien. Vielleicht haben die Ungarn was gegen die Reichen. Mich rührt niemand an. Die Gesichter der Frauen sind bleich, ihre Schmerzen scheinen unerträglich zu sein. Ich sehe auch kleine Jungen hängen. Die Gendarmen treiben mit uns ihre kranken Spielchen. Sie hängen uns an den Bäumen auf, bis wir vor Schmerz das Bewusstsein verlieren, und dann wecken sie uns wieder aus der Ohnmacht auf, sodass wir den Schmerz erneut spüren. Schreie hallen im Wald wider.

Gegen Abend versammeln wir uns um den Ofen, um unser Essen zu kochen. Wir treffen unseren Nachbarn, Herrn Waldmann. Er schaut ernst, als er sich mit den Fingern durch den Bart fährt.

Nachdem mein Großvater gestorben war, hat uns Herr Waldmann mietfrei in unserem Haus wohnen lassen. Er wusste, dass wir unsere Rechnungen nicht bezahlen konnten. Herr Waldmann hat mit Sejde gelernt, und jedes Jahr an Sejdes Todestag hat er ein großes Fest in seinem Gedenken gegeben. Mama hat Vanille-Rugelach* gemacht, die so luftig leicht aussahen, als würden sie gleich vom Tisch tanzen.

Seine Tochter steht neben ihm. Sie hat sich ihren Säugling an einem Tuch vor die Brust gebunden. Lea und ich stellen uns auf die Zehenspitzen, um den Kleinen anzuschauen.

»Oh. Hallo, Elijahu«, sagt Lea. Sie zwickt ihn leicht mit Daumen und Zeigefinger in die Wange.

»Ist der groß geworden!«, sage ich.

Lea lächelt ihn an, und er gurrt zurück.

»Oh, ist der niedlich!«, sagen wir beide gleichzeitig. Seine Mutter lächelt uns traurig an. Ich sehe, wie tiefste Verzweiflung über ihr Gesicht huscht. Sie drückt ihren Kleinen fester an sich.

Mama und Herr Waldmann unterhalten sich leise. »Es gibt hier eine Schmiede … rufen den Mann aus jedem

* Jiddisch: Hörnchen, aschkenasische Spezialität

Haushalt dorthin … Ehefrauen müssen zusehen … und dann machen sie dasselbe mit den Frauen …« Mama ringt die Hände. »Man hat Männer auf Tragbahren dort herausgebracht … mit vielen Verbrennungen am Oberschenkel … halb tot …«

Wir schauen weiter auf den Säugling, aber ich weiß, dass Lea versucht, Mama und Herrn Waldmann zu belauschen.

»Vielleicht rufen sie uns nicht auf … kein Mann im Haus …«

Wir hören, wie Mamas Stimme bricht.

»Das ist denen egal, die wollen nur wissen, wo das ganze Geld versteckt ist«, sagt er. »Mich rufen sie als Nächsten auf, und dann muss ich denen meine gesamten Ersparnisse geben. Die wissen, dass ich reich bin.«

»Hoffentlich rufen die Sie nicht«, sagt Mama.

Ein paar Tage später wird Herr Waldmann ins Hauptquartier befehligt. Später tragen ihn seine Söhne auf einer Bahre heraus. Seine Augen sind geschlossen, sein Gesicht ist kreidebleich.

Zwei Tage später stirbt er. Eine Gruppe von Männern und seine Söhne bestatten ihn gleich hier im Ghetto auf einem kleinen Hügel oberhalb der Fabrik. Seine Tochter mit dem Säugling stimmt eine Wehklage an, als er ins Grab heruntergelassen wird. Mama weint mit ihr. Er war ein lieber Freund unseres Sejde, und er hat uns so viel geholfen.

»Ich gehe«, sagt Lea eines Nachts zu mir, als wir weitere Stöcke für unser Zelt sammeln.

Mama ist außer Hörweite.

»Du kannst nicht gehen, Lea, falls du das noch nicht bemerkt hast: Wir sind von Soldaten mit Maschinengewehren umzingelt.«

»Nein, nicht aus dem Ghetto, du Dummchen, zum Büro. Ich lass mich von denen befragen, wenn sie wollen.«

»Bist du verrückt, Lea? Das kannst du nicht! Nicht nach allem, was Herrn Waldmann zugestoßen ist.«

»Was denn sonst? Irgendwann zwingen sie dann Mama, dort hinzugehen, und foltern sie. Sie gibt uns jetzt schon den größten Teil ihres Essens und isst selbst kaum was. Sie hält das nicht durch. Du kannst mich nicht davon abbringen. Ich habe es schon beschlossen. Ich gehe.«

»Nein, du gehst nicht, Lea. Lass es einfach. Vielleicht vergessen die uns.«

»Sehen die aus, als würden sie irgendwas vergessen? Komm schon, Rosi. Wir können nicht zulassen, dass die Mama wehtun.«

»Und ich kann nicht zulassen, dass du in dieses furchtbare Hauptquartier gehst.«

»Ich gehe, und davon kann mich nichts abbringen.«

Ich mache den Mund auf, um ihr zu antworten, aber ich weiß, dass sie recht hat. Mir wird übel, wenn ich nur dran denke, wie sie schnurstracks in dieses Büro wandert. Ich kann sie nicht anschauen.

»Mach dir um mich keine Sorgen«, sagt sie. »Ich verspreche dir, es wird mir schon nichts geschehen.«

Aber natürlich mache ich mir Sorgen. Schließlich legen wir uns zum Schlafen hin. Meine Muskeln brennen, ich kann die Arme nicht mehr heben, nicht einmal, um mich an einer juckenden Stelle am Fuß zu kratzen. Ich bin so müde, aber ich kann nicht einschlafen. Ich liege nur da und schaue meine Familie an, die da am Boden schläft, und ich kann uns nicht mehr als die Menschen erkennen, die wir noch vor wenigen Wochen waren. Wie kann Lea bei alldem schlafen? Morgen marschiert sie schnurstracks in dieses Hauptquartier, wird vielleicht auch auf einer Bahre rausgetragen, mit Verbrennungen an den Beinen. Würden die ihr bei lebendigem Leib Brandwunden zufügen? Es sieht so aus, als wären sie dazu fähig, wenn man bedenkt, wie sie diesen kleinen Jungen aufgehängt haben, wie sie Herrn Waldmann umgebracht haben. Die Sorge schwappt mir durch den Kopf wie schmutziges Spülwasser, schleicht sich in jede Spalte, jede Ecke. Ich bete ohne Unterlass: »Gott, mach, dass ihr nichts geschieht.«

Am nächsten Morgen wache ich auf, und Lea ist weg. Ich kann kaum atmen. Nach ein paar Minuten sehe ich sie, wie sie auf uns zukommt. Sie ist wie ein Engel, der mit ausgebreiteten Flügeln über die schlafenden Familien heranschwebt. Als sie mich erreicht, umarme ich sie fest, um sicher zu sein, dass sie wirklich da ist.

»Ich hab's geschafft«, sagt sie lächelnd.

»O du liebe Güte, geht's dir gut? Was ist passiert? Was wollten die von dir?«

»Sie hatten einen großen Schreibblock und Papiere, und sie haben mich gefragt, wo meine Familie wohnt und wo wir unsere Wertsachen aufbewahren und ob wir irgendwas versteckt haben.«

»Was hast du geantwortet?«

»Ich hab ihnen erzählt, dass wir einen großen Holzbottich besitzen, in dem wir die Kleider gewaschen haben, und dass der aus Walnussholz und deswegen sehr teuer ist.«

»Und was haben die gesagt?«

»Sie haben angefangen zu lachen.«

»Von unserer Nähmaschine hast du ihnen nichts erzählt?«

»Nein! Meine Nähmaschine kriegen die nicht!«

Lea ist eine meisterliche Schneiderin. Wir haben in der Nähe eines Stoffgeschäfts gewohnt und dort viele Meter Stoffe gekauft. Daraus hat Lea die allerschönsten Kleider genäht – anscheinend für jede Frau in der Stadt. Mit ihrem Geschick hat sie unsere Familie am Leben erhalten.

»Du bist ja völlig verrückt! Haben die dir wehgetan?«

»Nein, sie haben unseren Familiennamen in ihren Papieren gesucht, und offensichtlich stehen wir nicht auf der Liste der Reichen. Also haben sie mir nur gesagt, ich solle gehen.«

Ich setze mich hin, lege den Kopf auf die Knie und hole ein paarmal tief Luft. Da gibt es also ein Muster. Sie foltern die Reichen, hängen sie auf, fügen ihnen Brandwunden zu, töten sie.

Mama rührt sich. »Was ist los?«, fragt sie und setzt sich rasch auf.

»Nichts. Lea ist so mutig. Sie ist ins Hauptquartier gegangen und hat denen alles von unseren Wertsachen erzählt.«

»Lea! Ich bin deine Mutter! Dafür trägst nicht du die Verantwortung! Das ist meine Aufgabe! Geht's dir gut?«

»Keine Sorge, Mama. Die wollen nur die reichen Familien.«

»Die sind krank«, sagt sie. »Ich bin froh, dass dir nichts zugestoßen ist, Lea, aber mach das nie wieder. Nie.«

»Ja, Mama.«

Als ich meine Mutter anschaue, begreife ich ihre Liebe zu uns ein bisschen besser. Sie hat alles für uns geopfert. Jeden Tag hat sie sich darum bemüht, dass der Tag für uns gut wird, obwohl sie es ganz allein machen musste. Ich weiß, dass sie ohne Zögern ihr Leben für uns geben würde. Sie hat uns immer vor ihrem eigenen Leid abschirmen wollen. Und sie will nicht schon jetzt von uns geschützt werden.

»Wir schaffen es durch diese Zeit hindurch«, sagt Mama. »Euch Mädchen wird es gut gehen.«

Da kommen die Soldaten zu uns, und ihre gebellten Befehle zerstören unseren liebevollen Augenblick als Familie.

6

Crasna, 1935. Neun Jahre alt

Gott,
mein Herz ist bereit,
ich will singen
und spielen.
Wach auf, meine Seele!

Psalm 108,1

Am Morgen des Schulfests stehe ich früh auf. Ich will schon beim Milchholen einen Vorsprung haben. Ich muss für Mama zuschauen, wie Herr Balan seine Kuh melkt, und dann unsere Milch nach Hause bringen. Ich stecke die Münzen, die Mama mir auf den Tisch gelegt hat, in die Tasche und gehe langsam zu seinem Haus. Es ist noch früh, also muss ich nicht rennen wie sonst meist morgens.

Ich klopfe an die kleine Holztür, und Herr Balan macht auf.

»Guten Morgen, junge Dame!«, ruft Frau Balan vom

Ofen. Sie ist eine dicke, feiste Frau mit einem Lächeln, das genauso dick und feist ist. Herr Balan ist dünn und schaut finster.

»Guten Morgen, Frau Balan!«

»Sehen wir dich heute Nachmittag beim Fest auf der Bühne?«, fragt Frau Balan.

»Ja, ich tanze und trage ein Gedicht vor. Ich musste es auswendig lernen. Ich hoffe, ich bringe nichts durcheinander.«

»Natürlich machst du das nicht«, sagt sie. »Wir halten dir im Publikum die Daumen. Deine Mama kommt nicht, stimmt's? Sie muss arbeiten?«

»Das stimmt.« Es macht mir nichts aus, dass meine Mutter nicht dabei sein kann. Ich verstehe instinktiv, was Mama tun muss, um unsere Familie am Leben zu halten – so viel mehr als alle anderen Mütter, die ich kenne.

»Nun, da muss sie wenigstens nicht ihre Zeit vergeuden«, grummelt Herr Balan.

»Ach, sei nicht albern, Hendrik!« Frau Balan wendet sich mir zu. »Herr Balan hat das Fest schon vor Wochen in den Kalender eingetragen. Er kann es gar nicht abwarten. Er tut so, als hätte er nichts dafür übrig, und doch kommt er heute mit und will es sich anschauen. Gut, ich will euch nicht aufhalten. Ab mit euch, und melkt die Kuh.«

Herr Balan und ich gehen auf den Hinterhof hinaus, wo die Kuh in ihrem Pferch wartet. Gockel und Hühner wuseln uns um die Füße, gackern einen Höllenlärm.

»Ach, pst! Alle miteinander«, sagt Herr Balan.

»Muh«, antwortet die Kuh.

Ich muss kichern.

Herr Balan stellt den dreibeinigen Schemel unter die Kuh, setzt sich hin und packt ihr Euter. Rasch streicht er die Milch in den Eimer. Er schüttet sie in eine Glasflasche und reicht sie mir. Dann wendet er sich wieder der Kuh zu, um sie weiterzumelken.

»Danke, Herr Balan! Die sieht heute aber schön sahnig aus!«

»Na, geh schon«, murmelt er, aber ich weiß, wie stolz er auf die Milch seiner Kuh ist. Ich lege die Münzen vor dem Pferch auf einen Tisch.

Auf dem Heimweg trage ich die Flasche sehr vorsichtig. Es ist ein sanfter Frühlingsmorgen, und die Sonne scheint schon und erweckt alles zum Leben. Ich muss mich beherrschen, dass ich nicht nach Hause tanze. Mama mag es gar nicht, wenn ich auf der Straße tanze. Außerdem würde sie sofort merken, wenn ich nur einen Tropfen verschüttet hätte. Weniger Milch bedeutet weniger Käse.

Nach dem Frühstück gehen Lea und ich zur Schule, so schnell wir nur können. Wir wagen es nicht, zu spät zum Fest zu kommen. Wir gehen schnurstracks in die Aula. Ich verspüre eine freudige Erregung, als wir an den Klassenzimmern vorbeihuschen. Keine Mathematik! Keine Rechtschreibung! Keine Grammatik!

Die Lehrerinnen begrüßen uns am Eingang zur Aula. Sie haben ihre schönsten Kleider angezogen und hübschen Lippenstift aufgelegt. Sogar die knurrige Frau Felder sieht nett aus.

»Mädchen, Jungen, hinter die Bühne bitte«, drängen sie uns und weisen uns weiter. »Sucht euren Platz. Sucht eure Gruppe. Wir teilen dann eure Kostüme aus.«

Wir gehen hinter die Bühne, und die genervten Lehrerinnen und Assistentinnen helfen uns, unsere Gruppen zu finden.

Endlich geht es los! Man hat mich dazu ausgewählt, am Anfang des Fests ein Gedicht vorzutragen. Schon seit Wochen lerne ich es auswendig. Ich bete, dass ich meinen Text nicht vergesse und die gesamte Schule blamiere. Ich warte hinter dem schwarzen Vorhang, und als er sich öffnet, blinzle ich in die hellen Scheinwerfer. Doch nach einer Weile sehe ich Reihe um Reihe von Zuschauern, bis ans hinterste Ende der Aula.

Ich stehe vor dem versammelten Publikum, mache meinen Mund auf, und die Worte strömen heraus wie ein plätschernder Bach, hell und klar. Sie wirbeln herum wie Wasser, das in einem Bachbett fließt, nach rechts und nach links, sich schneller und immer schneller weiterschlängelt. Sie sprudeln wie über Stromschnellen, plätschern dann wie kleine Wellen, die auf einen Abgrund zufließen. Als meine Worte die Felskante erreichen, hole ich tief Luft und komme beinahe ins Stocken, doch dann stürzen und sprudeln die Worte wieder hervor wie in einem Wasserfall. Ich spreche von Gemeinschaft. Ich spreche von Gleichheit für alle. Als ich fertig bin, klatscht die ganze Schule donnernd Beifall, und mir schwillt die Brust vor Stolz und Erleichterung.

Das Schauspiel fängt an, und ich warte mit meiner Tanzgruppe hinter der Bühne. Wir versuchen, so leise wie möglich zu reden, aber als ein Mädchen auf der Bühne seinen Text durcheinanderbringt, müssen wir kichern. Frau Felder kommt hinter die Bühne gerannt und bringt uns mit einem »Pst!« zum Schweigen.

Endlich sind wir mit unserem Tanz an der Reihe. Wir gehen im Gänsemarsch auf die Bühne. Das kleine Orchester in der Ecke der Bühne beginnt zu spielen, und ich spüre die Musik tief in mir. Mein Körper beginnt langsam, der Musik zu antworten. Die Töne heben mich von innen in die Höhe, bis ich auf den Zehenspitzen stehe. Die Geige schlingt ihre Schallwellen um mich, bis ich mich im Kreis drehe. Das Publikum verschwindet und wird gleichzeitig viel heller. Ich mache eine Pirouette auf den Zehenspitzen. Dann füllen mich die scheppernden Becken und die immer schneller werdenden Geigen aus, bis ich explodiere. Ich hebe die Arme und springe hoch in die Luft. Ich fliege. Ich bin lebendig. Ich schleudere einen gestreckten Fuß in die Höhe, dann den anderen. Ich drehe mich langsam, dann schneller und immer schneller, bis alles rings um mich zu einem wilden Wirbel verschwimmt. Doch das macht mir nichts, denn ich tanze aus den tiefsten Tiefen meiner Seele. Ich hebe die Hände wieder über den Kopf, sinke dann auf die Bühnenbretter. Ich springe wieder und wieder. Ich kann nicht aufhören. Das Publikum klatscht, und plötzlich habe ich das Gefühl, mit all diesen Menschen eins zu sein. Ich kann nicht sagen, wo sie aufhören und wo ich anfange. Als die Musik zu Ende ist, hole ich Luft und verneige mich mit meiner Gruppe. Bonbons und Rosen landen zu unseren Füßen.

Während ich mich erneut verneige, bemerke ich einen Mann in der ersten Reihe. Ich zittere. Er starrt mich geradewegs an!

Nach zwei Vorstellungen des Schauspiels ist es schließlich Zeit, nach Hause zu gehen. Unterwegs komme ich am Stoffgeschäft vorbei, wie immer. Seit wir hier wohnen, gehört es Herrn Raizomovich. Manchmal machen Lea und ich auf dem Heimweg eine Pause, um im Laden zu spielen, und er gibt uns Stoffstücke, die wir uns um die Schulter drapieren, um feine Damen aus der großen Stadt nachzuahmen. An jeder Wand im Laden sind so viele wunderschöne Stoffe zu sehen. Reihen um Reihen von Stoffballen lehnen an der Rückwand – in jeder Farbe, jedem Muster. Heute steht Herr Raizomovich an der Ladentür, und sein Gesicht hellt sich auf, als er mich sieht.

»O gut, du bist es, Rosi. Ich warte schon auf dich. Hier ist jemand, den ich dir vorstellen möchte. Komm auf einen Sprung herein, ja?«

Neugierig trete ich ein.

Mitten im Laden steht der Mann, der mich aus der ersten Reihe beobachtet hat. Aus der Nähe sehe ich, dass er kleiner ist, als er von der Bühne her ausgesehen hat. Er trägt eine große Melone auf dem Kopf und hat einen dicken Bauch. Langsam zwirbelt er seinen Schnurrbart zwischen den Fingern. Herr Raizomovich legt mir eine Hand auf die Schulter.

»Rosi, dieser Mann ist den ganzen weiten Weg aus Bukarest hergekommen. Du weißt doch, was das ist?«

Natürlich weiß ich, was Bukarest ist, denke ich für mich. Es ist eine sehr große Stadt. Wer weiß das nicht? Aber ich will nicht unhöflich sein und nicke nur.

Herr Raizomovich fährt fort: »Er ist den ganzen weiten Weg aus Bukarest gekommen, um mir Stoffe für mein Geschäft zu bringen. Und weißt du auch, für wen?«

Ich schüttle den Kopf.

»Für kleine Tänzerinnen wie dich! Er sucht persönlich die Stoffe für die Kostüme seiner kleinen Zöglinge aus. Und ich habe ihm gesagt, dass ich genau das kleine Mädchen kenne, das er berühmt machen kann.«

Der kleine Mann schaut mir in die Augen. »Dann wollen wir mal sehen, ob dein netter Nachbar dich zu Recht so gelobt hat«, sagt er. »Würdest du bitte für mich tanzen, Schätzchen?«

Mein Herz beginnt schneller zu pochen. Ich habe schon von Leuten wie ihm gehört. Von berühmten Tanzmeistern, die kleine Mädchen berühmt machen. Ich kann nicht glauben, dass genauso jemand hier vor mir steht und mich tanzen sehen möchte.

Herr Raizomovich stellt das Radio an, und eine Volksweise ertönt aus den Lautsprechern.

Ich mache einen Knicks.

»Schauen Sie nur, für die Bühne geboren«, sagt Herr Raizomovich zu dem Tanzmeister.

Ich bin aufgeregt, doch ich schließe kurz die Augen und

versuche zu vergessen, dass die beiden im Raum sind und mir zuschauen. Ich lasse die Musik in mein Herz dringen.

Als das Lied vorüber ist und ich fertig bin, lächle ich und knickse erneut.

Der Tanzmeister wiegt sich hin und zurück und klatscht in die Hände wie ein Kind. »Boris!«, ruft er. »Mit der Kleinen hatten Sie recht. Gebt mir drei Monate – drei Monate –, und ich mache eine großartige Tänzerin aus ihr.«

Herr Raizomovich legt dem Tanzmeister eine Hand auf die Schulter und sagt: »Sie haben es Ihrem alten Freund nicht glauben wollen. Ich habe vielleicht selbst kein Talent, aber ich erkenne Talent, wenn ich es sehe.«

»Das stimmt!«, erwidert der Tanzmeister lachend. »Das stimmt wirklich!«

Dann erinnern sie sich daran, dass ich noch immer vor ihnen stehe.

»Geh jetzt, Rosi«, sagt Herr Raizomovich. »Ich rede später noch mit deiner Mutter.«

Ich gehe sehr aufrecht und artig aus dem Laden und versuche nicht zu lächeln. Sobald ich weiß, dass sie mich nicht mehr sehen können, beginne ich zu rennen, und ein breites Grinsen stiehlt sich auf mein Gesicht.

Ich flitze nach Hause. Ich habe beinahe vergessen, dass Mama ja noch in der Jeschiwa ist und kocht. Ich möchte es ihr gleich erzählen, aber ich muss warten und warten und warten. Endlich kommt sie zur Tür herein, und ehe sie noch den Mantel ausziehen kann, sprudeln mir die Worte aus dem Mund.

»Mama! Herr Raizomovich hat mich einem Tanzmeister vorgestellt, und ich habe für ihn getanzt. Jetzt will er mich drei Monate lang ausbilden und eine großartige Tänzerin aus mir machen. Er hat gesagt, dass ich berühmt werde, Mama!«

Mama sieht mich mit einem seltsamen Gesichtsausdruck an, beinahe als versuchte sie, nicht zu lächeln. Sie zieht langsam den Mantel aus und hängt ihn an den Garderobenständer hinter der Tür.

»Mama! Kannst du glauben, was ich dir gerade erzählt habe?«

Sie dreht sich zu mir hin und schaut mich an, immer noch mit diesem seltsamen Gesichtsausdruck. »Chana Rechel Grünstein«, sagt sie und benutzt meinen vollständigen jüdischen Namen. »Wenn du auch nur daran denkst, mit diesem Tanzmeister fortzugehen, dann breche ich dir persönlich beide Beine.«

Ich schaue sie an, und das Herz sinkt mir in die Knie. Ich bin mir nicht sicher, ob sie es ernst meint oder ob sie scherzt.

»Ich rede mit Herrn Raizomovich«, sagt sie. »Dieser Tanzlehrer wird dich nie wieder behelligen.«

Als Sejde am nächsten Tag zu Besuch kommt, hebt er mich in die Höhe und wirbelt mich herum. »So werde ich mit dir bei deiner Hochzeit tanzen!«, sagt er. »Wir werden tanzen und tanzen und tanzen.« Er stellt mich wieder hin und umfasst meine Taille mit einer großen Hand und nimmt meine kleine Hand in seine andere, und wir tanzen Walzer durch den Raum und tun so, als wäre es meine Hochzeit. Mama klatscht im Hintergrund den Takt. Ich lache, als ich mich an seinem Arm festhalte und er uns rund und rund und rund wirbelt.

Danach spricht niemand mehr von dem Tanzmeister. Ich versuche, auch nicht mehr daran zu denken, außer manchmal, ehe ich abends einschlafe. Dann schließe ich die Augen und male mir aus, wie ich irgendwo weit weg auf einer Bühne tanze, vielleicht sogar in Amerika. An einem Ort, wo man sich nicht über Mädchen mit rotem Haar lustig macht, wo ich das Mädchen sein kann, das ich sein soll. Wo es helle Lichter und große Menschenmengen gibt, die applaudieren, und mittendrin wirble ich herum.

TEIL II

7

Ziegelei Klein im Ghetto von Cehei, 31. Mai 1944

Ob tausend fallen
zu deiner Seite
und zehntausend
zu deiner Rechten,
so wird es doch dich
nicht treffen.

Psalm 91,7

Eines Morgens verlassen Lea und ich unser Zelt, gehen zur Fabrik und sehen dort eine große Menschenmenge, die von Gendarmen umringt ist. Auf den Gleisen hinter den Menschen stehen Viehwaggons.

»Wofür sind die denn da?«, frage ich Lea.

»Wer weiß«, antwortet sie mit einem Schulterzucken. »Komm, wir sollten uns nicht verspäten.« Wir gehen zusammen zur Fabrik und nehmen jede einen Haufen Backsteine auf. Ich beobachte, wie Leas vollkommene Hände sich darum schließen. Hände, die aus jedem Stoff ein Designerkleid zaubern könnten. Ich kann nicht glauben, dass sie jetzt so was macht.

Wir legen die Ziegelsteine am anderen Ende des Feldes ab und kehren zur Fabrik zurück, um eine weitere Ladung aufzunehmen. Jetzt sind mehr Soldaten hier, und sie schieben und drängeln beinahe jeden, der sich dort bei den Ziegeln aufhält. Es herrschen Chaos und Verwirrung. Die Soldaten packen Leute bei den Armen und stoßen ihnen in den Rücken. Ein paar Soldaten drängen mich, Lea und einige weitere Mädchen, die mit uns vom Feld zurückgekommen sind, zu der Gruppe, die gerade auf die Viehwaggons zugetrieben wird.

»Los, einsteigen! Schnell! Rein!«, schreien die Gendarmen. Frauen drängeln sich, um mit ihren Säuglingen hineinzukommen. Junge und alte Männer klettern mit Kindern hinauf. Vor meinen Augen werden sie zu einer Menschenmasse, die geschoben und geschubst wird, als alle in dem Viehwaggon verschwinden.

»Einsteigen, Kleine!«, schreit mir ein Gendarm zu. »Moment! Erst muss ich noch nachsehen, ob du Wertsachen hast.«

Er fährt mit seinen rauen Fingern an meinem Kleid entlang und überprüft meinen ganzen Körper. Mir wird bei seiner Berührung übel. Ich will ihn von mir wegschieben, aber er hat das Gewehr an der Hüfte, und vor meinem inneren Auge blitzt das Bild von den Frauen auf, die an den Bäumen hängen. Schließlich schubst er mich weiter, und ich werde Teil dieser Menschenmasse, werde mit allen zusammen in den Viehwaggon gespült. Als ich durch die offene Tür komme, taumele ich gleich zurück zu Mama. Sie ist hier nah bei mir und Lea und sagt uns, dass Jecheskel auch im Waggon ist. Sie versucht, mich aufrecht zu halten, doch die Menschenmenge, die in den Wagen strömt, schwappt wie eine Woge über uns hinweg und trennt uns voneinander. Immer mehr Leute werden in den engen Raum gedrängt. Ich finde einen winzigen Fleck, auf dem ich stehen kann, doch dann werden noch mehr Menschen in den Waggon geschoben, und eine Welle von Armen und Beinen trifft mich und zerrt meinen Oberkörper in die eine und meine Beine in die andere Richtung. Ich taumele nach hinten. Das Mädchen vor mir hat den Rücken zu mir gewandt. Die Menge presst sie so fest gegen mich, dass keine von uns sich regen kann. Ich glaube, ich kann sie stöhnen hören. Ihr Haar ist in meinem Mund, und ich ringe nach Luft. Ich versuche, die Hände zu heben, um mich abzuschirmen, aber mehr und mehr Menschen prallen auf mich. Es ist kein Platz mehr. Wenn nur noch eine einzige weitere Person in den Waggon gequetscht wird, dann fürchte ich, dass er auseinanderbersten wird. Dann wird die Tür krachend zugeschlagen, ein Schloss klickt, und unser einziger Lichtschein ist abgeschnitten. Ich merke, wie mich Panik überkommt. Es ist nicht genug Luft in dem Waggon, und die schwüle Hitze ist erdrückend. Schweiß rinnt mir die Beine hinunter. Das Haar des Mädchens ist jetzt in meinen Augen. Ich will es wegwischen, aber die Menschen rings um mich haben meine Hände zu fest an meine Seite gepresst. Ein Säugling beginnt zu weinen, und dann schließt sich ein anderer an. Schon heulen alle Säuglinge im Viehwaggon miteinander. Mein Herz schlägt rasch. Ich muss hier raus, aber ich bin eingesperrt, so wie mein Herz in meinen Brustkorb eingesperrt ist. Die Waggons rucken, und wir sind unterwegs. Während wir fahren, bete ich, eine Brise möge sich in den Waggon schleichen, aber es kommt keine Luft herein. Ich spüre jemandes Ellbogen in meinem Bauch und den verschwitzten Körper eines anderen an meinem Rücken. Wir rattern durch den Raum, aber wohin, das wissen wir nicht.

»Ich muss mal«, höre ich Jecheskel von irgendwo hinter mir sagen. Ich schaue mich um. Es gibt keine Toiletten, nicht einmal einen Eimer. Nicht dass wir es schaffen würden, dorthin zu gelangen. Ich hoffe, dass wir bald anhalten, aber der Waggon ruckelt weiter und immer weiter. Ich höre jemanden schreien: »Sie ist tot. Gleich neben mir!« Das Herz stockt mir in der Brust. Das Haar des Mädchens klebt an meinem Gesicht, ich kann kaum atmen. Es riecht hier jetzt nach Urin und Kot. Ich merke, wie meine Wangen vor Verlegenheit brennen. Wir rattern in Kurven und Windungen über die Gleise. Die Luft wird stickiger und der Gestank immer schlimmer. Schon bald geht meine Verlegenheit in Schmerz über, denn auch ich verspüre jetzt das dringende Bedürfnis, mich zu erleichtern. Ich schließe die Augen und lasse los. Die Feuchtigkeit rinnt mir die Beine hinunter bis zu den Knöcheln. Eine Träne gleitet über mein Gesicht, will sich auf dem nassen Boden dazugesellen. Gefühlte hundert weitere Stunden vergehen, und meine Füße brennen, weil ich so lange stehen musste, meine Arme sind eingeschlafen und prickeln. Ich bin schwach vor Hunger.

»Mein Kind, mein Kind«, höre ich eine Frau in meiner Nähe wimmern. »Mein Kind … es ist tot.« Ich versuche, laut zu schreien, aber es kommt kein Ton heraus. Es fühlt sich an, als wäre keine Luft mehr in meiner Lunge. Ich bin so schwach, so müde, mein Hirn kann nicht mehr denken.

Ich schlafe ein, und dann dringt plötzlich ein wenig Licht durch die Ritzen. Mein Hals ist ganz steif, und mein Kopf lehnt auf einer Seite. Ich frage mich, wie es wohl Mama und Lea und Jecheskel gehen mag. Sie sind nur wenige Fuß von mir weg, aber sie könnten genauso gut meilenweit entfernt sein, denn ich kann sie nicht erreichen. Ich bin an diesen Ort gefesselt. Ich habe ungeheuren Hunger, mein Magen rebelliert, und ich habe das Gefühl, als müsste ich mich übergeben. Doch ich zwinge das, was noch in mir ist, zurück und schlucke. Ich schließe die Augen. Das Licht verebbt langsam, es ist Nacht. Meine Knie schmerzen und flehen mich an, ihnen eine Pause zu gönnen. Immer wieder schließe ich die Augen, schlafe im Stehen ein.

Mamas Hand schlängelt sich um die Leute herum, die zwischen uns sind, und auf einmal halte ich Brot in den Fingern. Ihre zitternde Hand drückt meine. Ich umfange das Brot fest. Ich weiß nicht, wo sie es herbekommen hat, aber ich weiß, dass ich es nicht essen kann. Neben mir steht ein kleines Mädchen. Sein Gesicht ist grünlich, und seine Augen sind geschlossen, die Lider flattern. Ich öffne ihm mit den Fingern den Mund und lege ein Stück Brot hinein. Das Mädchen reißt die Augen auf. Es macht den Mund auf, will mehr. Ich lege ihm den Rest des Brotes auf die Zunge.

Endlich kommt der Zug mit einem Ruck zum Stehen. Im Waggon ist es totenstill. Dann hören wir ein Klirren und ein Klicken, und die Metalltür wird aufgezogen. Licht und Lärm fluten in den Viehwaggon. Auf das Licht bin ich nicht vorbereitet. Ich muss die Augen wieder schließen. Ein paar Soldaten stehen an der Tür des Waggons. Sie sehen anders aus als die Gendarmerie. Sie sind größer, schlanker, haben helle Haut und starren uns mit ihren blauen, stechenden Augen an. Auf dem Bahnsteig sind Tausende von Menschen. Ich glaube nicht, dass ich je so viele Leute auf einmal gesehen habe. Kinder weinen, und Mütter schreien. Ehe ich auch nur versuchen kann, alles aufzunehmen, werde ich schon von der Person hinter mir aus dem Zug gestoßen.

»Schnell, schnell!«, rufen die uniformierten Soldaten, die mit dem Gewehr in der Hand draußen vor den Waggons stehen. »Raus, in einer Reihe aufstellen!«

Wir befinden uns auf einem Bahnsteig. Ich stehe, aber ich bin nur halb lebendig. Ich habe keinen Hunger mehr. Ich spüre, wie die Welt um mich herumwirbelt. Ich höre Schüsse, und dann ist zum Glück Lea neben mir.

»Die haben auf Perl geschossen«, erklärt sie. »Sie konnte nicht schnell genug aus dem Zug klettern. Ich glaube, sie ist tot.«

Perl Waldmann ist mit einem von Herrn Waldmanns Söhnen verheiratet. Sie hatte als Kind Kinderlähmung, ist also schon immer langsamer gegangen als wir anderen. Aber jetzt ist sie erwachsen und verheiratet, also muss es ihr doch gut gehen – sie kann unmöglich tot sein. Wir finden Mama. Sie hält Jecheskel umklammert.

»Schnell! Bewegt euch!«

Wir gehen an die Stelle, auf die der Soldat zeigt. Als er außer Sichtweite ist, legt Mama ihre Hand an meine Wange. Sie schaut mich an, dann Lea, und wilde Panik zuckt ihr wie ein Blitz übers Gesicht.

»Rosi, Lea. Ihr seid Schwestern. Ihr beide müsst immer zusammenbleiben. Was auch geschieht, eins müsst ihr unbedingt wissen: Das Allerwichtigste ist jetzt, dass ihr zusammenbleibt. Das müsst ihr mir versprechen.«

»Natürlich, Mama«, sagt Lea.

»Ich lasse sie nicht aus den Augen«, erwidere ich.

Mama nickt. »Meine Mädchen, ich möchte, dass ihr einander immer, immer habt. Bleibt zusammen! Nichts beruhigt mich mehr, als zu wissen, dass ihr einander habt. Ihr dürft nie auseinandergehen!« In ihrer Panik spricht sie laut und schnell. »Die Familie hat mich immer am Leben gehalten. Bleibt zusammen!«

Ich ergreife Mamas Hand. »Wir bleiben immer zusammen.«

Unsere Worte beruhigen sie ein wenig.

Ein weiterer Zug rollt an den Bahnsteig heran, auf dem wir stehen. Wie am Fließband öffnen die Soldaten die Waggons und drängen die Leute heraus. Hunderte von Menschen strömen auf den ohnehin schon überfüllten Bahnsteig. Ich sehe, wie ein Mann seiner Tochter aus dem Zug heraushilft, und sie sieht ihn mit ihren großen braunen Augen hoffnungsvoll an. Dann versetzt ihnen ein Soldat einen Tritt und trennt sie. Ich höre Schüsse. Bum! Bum! Bum!

Ich spüre einen Stock im Rücken. Ein Soldat drängt mich vorwärts. Er sieht mir nicht in die Augen.

»In einer Reihe aufstellen!«

Es gibt fünf Schlangen. Lea, Jecheskel, Mama und ich stehen Seite an Seite, jeder in einer anderen Reihe. Neben mir in der fünften Schlange ist ein Mann, den ich nicht kenne. Ein Soldat schubst den Mann, als wir alle langsam vorwärtsgehen. Ich höre nur Schüsse und Schreie und brüllende Offiziere.

»Schnell! Schnell!«

Hunde bellen laut und rennen zwischen den Menschen herum. Ich komme mir vor wie früher die Hühner auf unserem Hof, wenn die Hunde sie gejagt haben.

Unsere Schlange stolpert vorwärts, und ich verrenke mir den Hals, um zu sehen, was vorne ist.

Rings um uns stehen kleine Menschen. Sie sehen aus wie Elfen. Es sind erwachsene Männer, aber sie sehen aus wie Kinder. Ihre Augen sind riesig, ihre Köpfe geschoren, und sie tragen seltsame gestreifte Uniformen. Sie schubsen uns und drängen uns mit ihren knochigen Händen vorwärts. Endlich, nach gefühlten Stunden, erreichen wir das Tor. Dort sitzt ein Mann auf einem Stuhl wie auf einem Thron. Gelangweilt und träge hebt er einen Finger. Einer der Elfenmänner bringt die Frau vor uns zu ihm. Er schnipst mit dem Finger nach rechts, und der Elfenmann drängt die Frau in die Richtung, in die der Mann mit dem Finger weist. Ein anderer Elfenmann bringt die nächste Frau zu dem grausam aussehenden Mann. Der zwingt ihr mit einem behandschuhten Finger den Mund auf. Dann schnipst er mit der Hand nach links, und der Elfenmann packt die Frau an der Schulter und führt sie nach links. Jetzt sind wir an der Reihe. Ich trete zuerst vor ihn. Er hebt den Blick ein klein wenig und mustert meinen ganzen Körper. Ich schaudere leicht und bin froh, dass er mein Gesicht nicht anschaut. Ich warte. Dann zeigt er mit dem Finger nach rechts, und der kleine Mann schiebt mich nach rechts. Lea ist als Nächste dran, und einen Augenblick später ist sie auch rechts, an meiner Seite. Dann kommt Mama. Der Mann schaut sie kaum an und deutet träge nach links. Ein Elfenmann schiebt Mama nach links. Wir sehen, wie Jecheskel vor ihn tritt. Rechts. Er schaut Mama an. Angst steht auf seinem perfekten Jungengesicht, ehe er sehr langsam zu Lea und mir herübergeht.

»Jecheskel!«, schreit Mama. »Mein Kleiner! Mein Kleiner! Sie können mir doch meinen Kleinen nicht wegnehmen! Der ist doch mein Kleiner!« Sie reckt die Arme in die Luft, aber niemand reagiert.

Ein Elfenmann bringt die nächste Frau zu dem Mann auf dem Stuhl. Er deutet nach links. Viele Menschen stehen nun vor Mama und vor uns.

»Komm zu mir, Jecheskel!«, schreit Mama hinter ihnen hervor. Es klingt so, als würde sie gleich zusammenbrechen.

»Mama!«, ruft Jecheskel.

Da wird Mama von der Menschenmenge geschluckt, die nach links gewiesen wurde, und wir können sie kaum noch sehen. Jecheskel schaut sich um, sieht nach rechts und nach links. Niemand beobachtet ihn.

»Mama!«, ruft er und rennt zu ihr hin. Mehr Leute gesellen sich zu den Gruppen auf beiden Seiten. Ich stelle mich auf die Zehenspitzen und verrenke mir den Hals, um Mama und Jecheskel zu sehen. Schließlich finde ich sie und sehe, dass er die Arme eng um Mamas Taille geschlungen hat. Doch dann werden noch mehr Leute auf die linke Seite gedrängt, und ich verliere die beiden aus den Augen.

Lea schluchzt.

»Alles gut«, sage ich. »Es ist gut, dass einer von uns bei Mama ist.«

Sie nickt, und dann ergreift sie meine Hand, und wir gehen mit der rechten Gruppe weiter.

8

Crasna, 1931 und 1935. Fünf und zehn Jahre alt

Kundtun will ich den Ratschluss des Herrn.
Er hat zu mir gesagt:
Du bist mein Sohn,
heute habe ich
dich gezeugt.
Bitte mich, so will ich dir
Völker zum Erbe geben
und der Welt Enden
zum Eigentum.

Psalm 2,7–8

Jecheskel ist drei Wochen nach dem Tod meines Vaters geboren. Ich war erst fünf Jahre alt, aber ich erinnere mich daran, wie Mama mit ihrem prallen Bauch auf einem niedrigen Schemel saß und um unseren Vater weinte. Dann erinnere ich mich an das neue Kindchen und an Mamas müdes, aber glückliches Gesicht. Die ganze Stadt kam zu seiner

Bris*, denn es wird ja nicht alle Tage ein Kind nach dem eigenen Vater benannt. In unserer Gemeinde wurden Kinder nur nach Verstorbenen benannt. Ich erinnere mich daran, dass ich mein hübsches weiß-blaues Kleidchen anhatte. Ich erinnere mich daran, dass Bobe mir das Haar gebürstet hat. Ich erinnere mich daran, dass ich mit Lea und Pinkas in der Schul herumgerannt bin und Rugelach gegessen habe und dass uns niemand gesagt hat, wir sollten aufhören. Die Schul füllte sich mit Menschen. Ich erinnere mich, dass es im Raum ganz dunkel wurde, weil so viele gekommen waren – denn sie saßen auf den Fensterbrettern und sperrten die Sonne aus. Ich schaute zu, wie ihre Schatten über die Bima** tanzten. Mama stand mit den Frauen in der Ecke. Bobe Heilbrunn war rechts von ihr und Bobe Grünstein links. Sie hielt meinen winzig kleinen Bruder auf einem weißen Kissen in den Armen. Er war das schönste Kindchen, mit karamellbrauner Haut und perfekten Augen und einem perfekten Näschen. Wenn ich ihm einen Finger auf die Handfläche legte, schloss er seine ganze Hand darum und hielt mich fest. Ich erinnere mich, dass Mama ihn Sejde Grünstein, dem Vater meines Vaters, gereicht hat. Ich erinnere mich daran, dass Sejde ihn auf den Armen hielt und laut rief: »Und sie werden seinen Namen rufen im Volk Israel: Jecheskel Jakob, Sohn des Jecheskel Jakob.« Es schien, als wäre die gesamte Schul gleichzeitig in Tränen ausgebrochen.

* Jiddisch: Beschneidung; Abkürzung für Brismile

** Hebräisch: Lesepult in einer Synagoge

Ich weinte nicht. Ich war nicht traurig. Jecheskel war unser Trostkind. Ich erinnere mich auch nicht daran, dass Mama allzu viel geweint hat. Ich war erst fünf, aber ich erinnere mich daran, dass sie im Bett gelegen und das Kind gestillt hat und dass ihr Gesicht vor Liebe überfloss, wenn sie es anschaute. Sie erlaubte mir, Lea und Pinkas, zu ihr aufs Bett zu klettern und uns an sie zu kuscheln, während sie Jecheskel stillte. Pinkas war da schon beinahe zwei Jahre alt und konnte bereits ganze Sätze sprechen.

»Der kleine Cheskel, mein kleiner Cheskel«, sagte er und legte seine Patschhändchen auf Cheskels winzige Zehen, die einzige Stelle, die er berühren durfte. Dann beugte er sich herunter und küsste die kleinen Zehen. »Mein Kindchen«, sagte er ganz nüchtern, als er mit dem Küssen fertig war, streckte dann seine stämmigen Beinchen aus, rutschte auf seinem kleinen Hinterteil näher an Mama heran und seufzte zufrieden. Oh, wie Mama lachen musste.

»Du bist so süß, mein kleiner Pinkas«, sagte sie und beugte sich zu ihm, um ihm die Wange zu streicheln. Er schaute mit seinen weisen blauen Augen zu Mama zurück, als wüsste er, dass jetzt er der große Junge war.

In dieser Zeit kamen alle zu uns und brachten Essen. Unsere Anrichte stand voll mit Kuchen, Challa* und Kartoffel-Kugel**. Die Leute traten mit besorgten Augen und gerunzelter Stirn ein. Ihre Gesichter verwirrten mich. Ich

* Hebräisch: Hefezopf

** Jiddisch: Auflauf, oft in Kuchenform

wusste, dass mein Vater gestorben war, aber wir waren doch noch immer eine Familie. Wir hatten ein wunderhübsches neues Kind, dazu noch einen stämmigen kleinen Jungen, der die komischsten Sachen sagte, zwei Schwestern, die schon große Mädchen waren und helfen konnten, und eine Mama, die für uns sorgte, komme, was da wolle. Man stelle sich vor, Mama wäre gestorben und nicht Tate. Da hätte es Grund zum Stirnrunzeln gegeben. Aber unsere Mama war hier, und sie war stark – und sogar mit meinen fünf Jahren wusste ich, dass für uns alles gut würde, weil wir sie hatten.

Manchmal ließ mich Mama auf Jecheskel aufpassen, während sie Pinkas ins Bett brachte. Ich konnte hören, wie sie im Hintergrund Pinkas etwas vorsang, während ich mit Cheskel auf ihrem Bett lag und er mich mit seinen tiefen, braunen, tropfenförmigen Augen geradewegs anschaute. Selbst mit fünf Jahren spürte ich eine so tiefe und vollkommene Liebe und wusste, dass ich immer für ihn sorgen würde. Aber so sollte es nicht kommen. Ich habe versucht, mich um meine jüngeren Geschwister zu kümmern, doch obwohl Jecheskel der Jüngste von uns war, kümmerte er sich um uns.

Fünf Jahre später ist Jecheskel fünf und ich bin zehn Jahre alt. Wir sitzen am Küchentisch. Mama teilt einen Eintopf mit Kichererbsen aus, nimmt sich aber selbst nichts.

»Mama, nimm was von mir«, sagt Jecheskel.

»Sei nicht albern«, erwidert Mama. »Ich habe keinen Hunger.«

Ich weiß, dass sie versucht, erst uns satt zu bekommen, dann sich selbst. Ich weiß auch, dass sie seit dem Tag, an dem Pinkas gestorben ist, nicht viel gegessen hat.

»Wenn ich älter bin«, sagt Jecheskel mit gerunzelter Stirn und entschlossener Miene, »dann gehört mir eine große Fabrik, eine der größten in ganz Ungarn. Dann bin ich sehr reich, Mama, und kaufe dir alle Diamanten, die du haben willst, und lange Pelzmäntel. Ich kaufe dir ein großes Haus mit einem Kamin und so vielen Büchern, wie du nur willst. Das mache ich, du wirst schon sehen!«

»Ach, wirklich?«, sagt Mama und lacht ein bisschen. »Kannst du mir auch feines Fleisch und Hühnchen besorgen?«

»O ja«, antwortet er. »Hühnchen und Fleisch, wann immer du willst. Ich besorge dir sogar eine Köchin, die es für dich zubereitet. Dann musst du an keinem Tag im Leben mehr kochen.«

»Ich bin gar nicht sicher, ob ich das möchte. Ich koche sehr gern«, sagt Mama lachend.

»Na, dann kannst du kochen, wann du willst. Ich spreche mit der Chefköchin und sage ihr, dass du in die Küche darfst, wann immer du willst.«

Lea kichert. »Wo hat er das nur immer her?«, fragt sie.

»Lacht ihr nur«, erwidert er, »aber wenn ich euer reicher Bruder bin, dann lacht ihr nicht mehr, das sage ich euch.«

»Ich lache bestimmt nicht«, sagt Lea.

»Ich sorge auch für euch, Lea und Rosi.«

»Dann sind wir jetzt wohl besser nett zu dir«, erwidere ich.

Er winkt mit der Hand ab, als störte ihn all das längst nicht mehr. »Und mach dir keine Sorgen, Mama«, fügt er hinzu. »Ich werde auch ein großer Thoragelehrter. Den halben Tag studiere ich. So werde ich reich und schlau.«

Mama lächelt ihn an. »Aber natürlich, das wirst du, mein Jecheskel Jakob«, sagt sie. »Geht mein schlauer, reicher Sohn jetzt bitte mit meiner ältesten Tochter Rosi auf den Markt, um Eier für mich zu kaufen?«

»Sicher, Mama«, antwortet er.

»Lea, pass so lange auf die Fabrik auf, während wir weg sind«, sage ich. Wir lachen alle.

Wir gehen das kurze Stück zum Markt, erst über den Hof und die Hauptstraße hinunter. Wir kommen zum Stadtplatz, wo der Markt aufgebaut ist. An den Ständen werden Mehl und Zucker und Salz verkauft. Es gibt einen Stand, um den lebende Hühner herumstolzieren, die nicht wissen, dass sie schon bald auf dem Esstisch einer glücklichen Familie landen. Der Trick bei Hühnern ist, dass man das fetteste finden muss, das sich am langsamsten bewegt. Aber heute kaufen wir leider kein Huhn. An einem Stand gibt es alle möglichen Arten von wunderschönen Blumen, und als wir dort vorbeigehen, atmen wir ihren betörenden Duft ein. Der Eiermann steht neben seinem Stand und hütet ihn, als würde jeden Augenblick jemand kommen und ihm all seine Eier rauben. Ich stelle mir vor, wie bei dem dann sicher folgenden Kampf Eigelb in alle Richtungen spritzt. Der Eiermann ist riesig, sein Oberkörper ist rund, und seine Arme und sein Kopf stehen in einem seltsamen Winkel davon ab. Er sieht aus wie eine Schildkröte aus dem Bach. Jecheskel hält mir die Schachtel hin, während ich mich nach vorn beuge und die Eier aussuche. Ich hole für Mama gern die besten Eier. Für manche Leute sehen vielleicht alle Eier gleich aus, aber ich kann die Unterschiede sehen. Ich suche die größten und die mit der vollkommensten Form aus. Ich nehme jedes Ei in die Hand und untersuche es, und wenn eines meinen Ansprüchen genügt, lege ich es in die Schachtel.

»Was ist los, Sommersprossengesicht? Gefallen dir die Eier nicht?«

Ich merke, dass mir die Hitze ins Gesicht steigt. Ich weiß, dass ich puterrot geworden bin. »Doch«, antworte ich.

»Dann beeil dich, Sommersprosse! Mach schnell, Mädchen!«

Ich nehme schnell die letzten paar Eier und deute Jecheskel mit einer Handbewegung an, dass er mitkommen soll. Er starrt den Eiermann an. »Lass das!«, flüstere ich leise. »Komm, wir gehen.«

»Was ist denn mit Sommersprossen?«, fragt er, als wir weit genug vom Eiermann weg sind.

»Das weiß doch jeder, dass sie hässlich sind«, sage ich.

»Wieso sind sie hässlich? Ich mag sie.«

»Das sagst du nur so.«

»Nein. Die sind wie Sterne auf deinem Gesicht. Dein Gesicht ist wie der Himmel, wenn es dunkel wird.«

»Na ja, du findest vielleicht, dass es Sterne sind, aber eigentlich sind sie nur hässlich. Das sagt sogar Mama.«

Ein paar Tage später kommt Jecheskel und hat eine

zerknitterte braune Papiertüte in der Hand. »Ich habe ein Geschenk für dich«, sagt er.

»Für mich? Warum hast du denn ein Geschenk für mich?«

»Mach's einfach auf«, sagt er lächelnd, und seine Augen strahlen.

Ich nehme die braune Papiertüte und mache sie auf. Drinnen ist ein schwarzes Glas mit einem weißen Deckel.

»Mach's auf!«

»Was ist das?«, frage ich, schraube den Deckel auf und schaue auf etwas, das wie glatte Sahne aussieht.

»Sommersprossencreme!«, sagt er. »Ich bin in die Drogerie gegangen. Ich habe gesagt: ›Sie müssen mir was für die Sommersprossen meiner Schwester geben.‹ Dann hat er mir das gegeben. Er sagt, das hilft wirklich. Du schmierst es zweimal am Tag drauf, überall gut einreiben, auch am Hals. Dann sollten sie in drei Wochen weg sein.«

»Jecheskel, wie konntest du dir das denn leisten?«

»Ich habe was gespart«, sagt er. »Mach dir deswegen keine Sorgen.«

»Danke, Cheskel, aber das war nicht nötig.«

»Gern geschehen.«

Ich trage die Creme jeden Morgen und jeden Abend auf. Innerhalb von drei Monaten habe ich keine einzige Sommersprosse mehr im Gesicht – und sie sind nie zurückgekommen.

9

Auschwitz, Juni 1944

Sie teilen meine Kleider
unter sich
und werfen das Los
um mein Gewand.

Psalm 22,18

Die Soldaten auf der rechten Seite führen uns zu einem großen Gebäude. Wir gehen im Gänsemarsch hinein, und ich sehe, dass es völlig leer ist. Nur Dutzende von jungen Frauen gehen darin herum und wirken sehr geschäftig. Ich schaue sie mir genau an. Ich sehe, dass sie nur Haut und Knochen sind.

»Ausziehen!«, bellt eine Soldatin meinen Abschnitt der Schlange an. Sie kann höchstens ein paar Jahre älter sein als ich. Ihre blonden Locken hat sie streng zu einem Dutt zusammengefasst, und sie trägt eine blaue Bluse und einen halblangen Rock. »Die Kleider hier auf diesen Haufen!« Sie deutet auf einen unordentlichen Haufen Kleider.

»Sofort!«

Langsam gehe ich mit der Reihe vorwärts. Seit unserer Abfahrt aus Crasna trage ich dasselbe Kleid. Es ist inzwischen sehr schmutzig, aber man kann unter dem Dreck noch sehen, wie fein es war. Die perfekten Nähte, der Schnitt. Ganz gleich, wie arm wir auch waren, Mama hat immer darauf geachtet, dass wir jedes Jahr zwei schöne neue Kleider bekamen. Ich fahre mit den Fingern an den Seiten meines Kleides entlang. Ich schiebe die Hände in die Taschen und spüre die Seide des Futters. Eine Soldatin steht neben mir. Sie schlägt dem Mädchen hinter mir ihren Gummiknüppel auf den Kopf. Das Mädchen schreit auf. »Ihr seid nicht schnell genug«, sagt die Soldatin.

Ich nestele wie wild die Knöpfe an meinem Kleid auf und ziehe es nach unten. Meine Hände zittern, und ich versuche, meine Unterwäsche so rasch wie möglich auszuziehen. Wieder bin ich rot vor Scham. Ich will nicht alle rings um mich herum nackt sehen, aber ich kann nicht anders. Die knochigen Mädchen sammeln unsere Sachen so schnell ein, wie wir sie ablegen, und stapeln sie zu einem wahren Berg wunderschöner Kleidungsstücke. Seidenkleider fließen und kräuseln sich wie Blumen. Wollkleider halten sich steif. Jetzt stehen wir nackt in der Schlange.

»In einer Reihe aufstellen! In einer Reihe aufstellen!«, kommandiert eine andere Soldatin.

Wir stehen in einer Reihe. Der Raum ist dunkel, und ich bibbere, obwohl es nicht kalt ist. Ich habe keinen Hunger mehr. Im Viehwaggon hatte ich Hunger, in der Schlange vor diesem Gebäude hatte ich Hunger, aber jetzt nicht mehr. Ich zittere nur vor Schwäche, als ich hinter Dutzenden von anderen jungen Frauen stehe und abwarte, was als Nächstes kommt.

Wir erreichen ein paar Stühle, die nebeneinanderstehen und hinter denen wieder einige der schrecklich knochigen Mädchen warten. Die Schlange verteilt sich, und wir setzen uns auf die Stühle. Die klapperdünnen Mädchen halten kleine Maschinen in den Händen. Ehe ich auch nur denken kann, nimmt das Mädchen hinter mir die Maschine und fährt damit über meinen Kopf. Ich keuche auf.

Ein riesiges Büschel Locken fällt mir über die Augen und in den nackten Schoß. Abgeschnitten sieht mein Haar sogar noch roter aus, wie Feuer, wie Blut. Plötzlich denke ich daran, dass ich mir immer vorgestellt habe, wie ich an meiner Hochzeit das Haar in einem Knoten im Nacken tragen würde. Ich wollte es in der Mitte scheiteln, damit sich der rotgoldene Schimmer auf meinem Kopf teilt wie das Rote Meer. Im Nacken sollten sich die Wellen sanft wieder zusammenfügen. Lea würde mir einen Schleier aus Organza nähen, der in durchscheinenden Falten über meinen Rücken fließen würde. Mein Haar würde hindurchschimmern wie die rote Sonne durch die Wolken, und unsere ganze Stadt würde kommen und mit mir feiern. Stattdessen steht jetzt ein dünnes Mädchen hinter mir und setzt eine Maschine an, bis mein Haar von mir getrennt ist und mit ihm meine ganze Persönlichkeit. Wie in einem bizarren Traum beginnt das Mädchen jetzt zu singen, als sie den Rasierer wieder an meinen Kopf führt. »*Kleine Jungen mit schwarzem Haar*«, singt sie. Ein Bild von meinem Bruder Jecheskel blitzt mir vor dem inneren Auge auf. Er lernt im Wohnzimmer, er ist mit mir auf dem Markt, er bringt Mama nach einem langen Tag zum Lachen.

»*Kleine Mädchen mit blonden Zöpfen.*« Meine Mutter, die versucht, mein Haar blond zu färben, und ich renne mit meinen Freundinnen den Berg hinunter zum Bach, und die Zöpfe flattern hinter uns wie Flügel.

Ein riesiges Büschel rotes Haar fällt an meinem Gesicht vorbei auf meinen Schoß. Das Mädchen wischt alles zu Boden.

»*Was war, das war einmal.*« Tanzen, Lachen, Arbeit, Leben.

»*Ist nun nicht mehr.*« Die ungarischen Soldaten, die in unser Haus kommen. Wie alles sich verschoben und verkehrt hat.

»*Alles ist fort, in dieser Zeit, in dieser Stunde.*« Kleine rote Büschel, wie Feuer, wie Blut, rings um mich herum. Die anderen Mädchen werden auch kahl geschoren. Das Mädchen, das meinen Kopf schert, singt noch immer. »*Was einmal war, das war einmal.*« Die Maschine wird wieder an meinem Kopf angesetzt. Erneut fallen dicke Locken von meinem Kopf.

»Halt!«, will ich schreien, doch es kommt kein Ton aus meinem Mund. Voller Schrecken schaue ich zu, wie mein Haar wie Blut zu Boden strömt. Ich kann nicht glauben, dass mir das geschieht. Ich will die Hände an den Kopf heben, um mein Haar zu retten, aber ich habe Angst, mich zu bewegen.

»*Ist nun nicht mehr*«, singt sie.

Wieder fällt ein Haarbüschel, wie hingerichtet. Es fällt im Takt mit ihrem Lied.

»*Alles ist fort*«, singt sie weiter, und wieder fallen dicke Locken.

»*In dieser Zeit, in dieser Stunde.*« Sie fährt mit ihrer Maschine über die andere Seite meines Kopfes.

Ich kann das nicht aufhalten. Der Rasierer summt über meinen Schädel, während die Klingen nah an meiner Haut schneiden.

»*Kleine Jungen mit schwarzem Haar*«, singt sie fröhlich. »*Kleine Mädchen mit blonden Zöpfen*«, als wieder eine Locke vor meinen Augen zu Boden fällt. Es fühlt sich an, als würde mir etwas, das ganz tief in mir ist, vom Kopf gerissen.

»*Was war, das war einmaaaaaal!*« Mit einem letzten Schwung schiebt sie die Maschine über meinen Schädel, und Tausende kleiner Strähnen schweben rings um mich zu Boden. Sie stupst mich an, dass ich aufstehen soll, und deutet auf eine andere Reihe junger Frauen.

Ein zweites knochiges Mädchen eilt heran und fegt die Haarbüschel auf, die sich um mich angehäuft haben. Mein Haar auf dem Boden hat kein Leben mehr. Die junge Frau nimmt den Berg roter Büschel auf und drückt sie zu einem Knäuel zusammen. Es sieht aus wie das Nest eines Vogels. Sie wirft es in einen Korb in ihrer Hand. Ich habe das Gefühl, als hätte sie mir etwas gestohlen.

Als ich zu der anderen Schlange gehe, sehe ich eine Glasscherbe auf dem Boden. Ich schaue hinunter, und ein fremdes Mädchen schaut zu mir zurück. Das Herz springt in meiner Brust. Das bin ich, das ist mein Spiegelbild. Mein Kopf ist kahl. Nichts als stoppeliger Schädel in einer seltsamen ovalen Form. Meine Ohren ragen wie kleine Beulen seitlich heraus. Meine Augen sind zu weit unten im Gesicht, meine Nase ist zu groß, mein Mund zu breit. Man hat mir immer gesagt, ich sei wegen meines roten Haars hässlich, aber ich wusste, dass das nicht stimmte. Ich war wunderschön. Doch jetzt, ohne das rote Haar, bin ich das hässlichste Geschöpf, das je gelebt hat.

Ich verspreche dir, flüstere ich dem Wesen in der Glasscherbe zu, ich verspreche dir jetzt, dass ich nie wieder eine Schere an mein Haar lasse. Ich werde es nie wieder abschneiden.

Die seltsame Kreatur nickt zurück, und ich lasse sie dort liegen und gehe zur nächsten Schlange.

Hier verteilen andere knochige Mädchen Kleider. Die Soldatinnen haben Stöcke, mit denen sie alle schlagen, die ihre Kleider nicht schnell genug anziehen. Ich sehe die junge Soldatin von vorhin, wie sie den Knüppel über den Kopf hebt und auf die Schulter eines anderen Mädchens herunterkrachen lässt. Bilder blitzen vor meinen Augen auf, bleiben aber nicht bei mir. Ich sehe nur, was vor mir ist, nur kurz, ehe es verblasst. Ein knochiges Mädchen gibt mir ein kleines blaues Kleid. Es ist aus einem einzigen Stück Stoff gemacht. Obwohl ich nicht gut nähen kann, erkenne ich, dass dieses

Kleid hastig zusammengeschneidert wurde. Nur ein Stück Stoff, gefaltet und mit zwei Nähten. Ich ziehe es über den Kopf. Es ist schmutzig und riecht nach Urin. Ich stecke meine Arme durch die kurzen Ärmel. Das Kleid fällt mir über die Brust. Es ist dünn und hat vorne einen Riss und einen an der rechten Seite, von unten bis oben an die Hüfte. Es reicht mir nicht bis über die Knie. Der Geruch lässt mich würgen. Das Kleid starrt vor Dreck. Das ist meine neue Uniform.

»Raus! Raus!« Eine andere Soldatin blafft diejenigen von uns an, die angezogen sind. Ich will mit den anderen nach draußen gehen, aber der Raum dreht sich um mich. Die hässlichen grauen Wände, die unbekleideten Frauen, das Haar, das vom Boden aufgelesen wird. Ich habe seit drei Tagen nichts gegessen. Alles kippt auf eine Seite, dann auf die andere, und dann wird plötzlich alles schwarz.

10

Crasna, 1935. Neun Jahre alt

Und er (David) war bräunlich,
mit schönen Augen und guter Gestalt.

1 Samuel 16,12

Mama glaubt, dass Nussöl die Lösung für mein schreckliches rotes Haar ist. In meinen roten Zopf sind viele Probleme verflochten. Wenn ich über den Markt gehe, verziehen die alten Frauen, die vorne auf ihren Stühlen hocken, die runzeligen Lippen und spucken mich an. Klatschend landet die Spucke auf meinen Schuhen. Mein Gesicht wird noch roter als mein Haar, und ich muss auf meine Fingernägel starren, um nicht in Tränen auszubrechen. Wenn man auf die Fingernägel schaut, kann man nämlich seine Gefühle eindämmen, mitten im Lachen oder mitten im Weinen. Das liegt daran, dass Adam und Eva aus dem gleichen starken Stoff wie unsere Nägel geschaffen wurden, natürlich vor Evas Sündenfall. Deswegen kann dieser Blick auf die Nägel uns daran erinnern, wie stark wir sein können. So bekommt man seine Gefühle schnell wieder in den Griff. Mama sagt, dass die Frauen nicht spucken, um gemein zu mir zu sein; sie versuchen mir zu helfen, denn sie glauben, dass die Spucke den Teufel verjagt, der in meinem roten Haar sitzt. Als ich sieben oder acht Jahre alt war, habe ich abends immer hundertmal mein Haar gebürstet, nur falls der Teufel wirklich dort lebt. Mit neun Jahren weiß ich, dass das unmöglich stimmen kann. Ich weiß, dass Mama nie geglaubt hat, dass der Teufel in meinem Haar wohnt. Trotzdem findet sie immer noch, dass es hässlich ist, genau wie alle anderen in unserer Stadt.

Ich habe mein rotes Haar immer schön gefunden, selbst wenn niemand anders das so gesehen hat. Ich mag, dass es wie eine Erdbeere aus dem Garten aussieht und dass es im Sonnenlicht goldene Glanzlichter hat. Aber am meisten mag ich mein rotes Haar, weil es wie das Haar meines Vaters ist. Obwohl er nicht mehr lebt, zeigt es mir, dass er einmal hier war und dass er mir seine ganz besondere Haarfarbe hinterlassen hat, damit sie mich an ihn erinnert. Ich darf alle Tage einen Teil von ihm auf meinem Kopf tragen, und das ist es mir wert, ganz gleich wie viel Spuckflecken ich von meinen Schuhen schrubben muss. Es tut zwar nichts zur Sache, aber ich weiß, dass ich eines Tages nach Amerika umziehen werde, wo alle Filmstars rotes Haar haben. Und dann nennt mich niemand mehr hässlich.

Als Mama mit dem Nussöl kommt, um mein Haar zu färben, bete ich, dass es nicht klappt.

»Rosi«, sagt sie. »Ich habe mit einem Mann geredet, der auf dem Markt einen neuen Stand aufgemacht hat. Er hat viele verschiedene Tinkturen. Und das hier hat er mir für dich gegeben und sagt, dass es dein Haar blond färbt.«

Ich beäuge die schwarze Flasche.

»Was ist da drin?«

»Oh, nichts Gefährliches. Nur eine Mischung von Nussölen. In Ordnung?«

Ich will mein Haar nicht färben, aber Mama schaut so hoffnungsvoll, dass ich Ja sage (als hätte ich eine Wahl).

»Gut, dann komm und setz dich in den Garten hinter dem Haus. Ich habe da einen Stuhl für dich hingestellt. Ich muss noch zur Jeschiwa zurück und dort das Abendessen fertig machen. Wir sollten uns also beeilen.«

»Darf ich spielen gehen?«, fragt Lea. »Ich muss doch nicht auf Rosi warten, oder?«

»Nein, du kannst gehen, aber geh nicht ohne sie in den Bach. Das ist zu gefährlich.«

»Natürlich nicht«, sagt sie. Ihr perfektes braunes Haar weht hinter ihr her.

Ich seufze.

»Es dauert nur ein paar Minuten«, sagt Mama. »Dann kannst du auch los.«

Wir gehen in den Garten. Ich sehe, dass sie den Stuhl in ausreichender Entfernung von ihren Rettichen und Gurken aufgestellt hat. Ich setze mich, und Mama breitet mir ein Stück Stoff über den gesamten Körper bis zum Hals, damit meine Schuluniform keine Flecken bekommt.

Mama steht hinter mir. »Komm, leg den Kopf nach hinten in meine Hände.«

Ich lehne den Kopf zurück und spüre etwas Kühles, als sie mir von dem Öl auf den Kopf träufelt. Sie verteilt es in meinem Haar und reibt es dann fest mit den Fingern ein. Wasser rinnt mir übers Gesicht, in die Augen und auf den Schoß. Ich beschwere mich nicht. Ich weiß, dass es meiner Mutter Freude macht, wenn sie versucht, mich anständig aussehen zu lassen. Sie massiert mir mit kreisenden Bewegungen den Kopf und zieht mir anschließend einen Kamm durch das Haar, das noch mit dem Öl benetzt ist. Während sie mir sanft das Haar kämmt, spüre ich, wie meine Gesichtshaut nach hinten gezogen wird und meine Augen seitlich spannen. Dann schüttet sie mir warmes Wasser aus dem Holzbottich über den Kopf und schäumt Seife auf, um das Öl herauszuwaschen. Sie lockert mir das Haar mit einem frischen Handtuch und bürstet es, ehe sie es schließlich zu einem straffen Zopf flicht.

Sie geht um den Stuhl herum, um mich von vorn zu betrachten. Sie legt den Kopf schief und mustert mich. »Ich sehe jetzt schon einen gelblicheren Schimmer«, sagt sie. »Es wirkt. Und jetzt ab mit dir, pass auf, dass Lea nichts passiert.«

Ich fahre mit den Fingern über meinen glatten Schädel und den straffen Zopf. »Danke, Mama.«

Ehe ich zu Lea gehe, stecke ich den Kopf rasch ins Haus und schaue in den kleinen Spiegel, der dort an der Wand hängt. Ein Mädchen schaut zu mir zurück. Sie hat große, mandelförmige blaue Augen.

Rosi, sage ich zu dem Mädchen, das mich anschaut, du bist wunderschön. Du bist so schön.

Ich drehe mich um und verrenke mir den Kopf, um meinen Zopf zu untersuchen. Puh! Er ist noch so strahlend rot wie eh und je!

Als ich zum Bach komme, schwimmt Lea schon. Ihr braunes Haar ist nass, und Seerosenblätter schweben rings um ihre Schulter. Den Kopf hat sie auf einen großen grauen Stein gelegt, der mitten im Bach herausragt, und das Wasser strömt weiß schäumend an ihr vorbei. Schwer vom Laub hängen zu beiden Seiten Äste in den Bach wie genüsslich trinkende Tiere. Grüne Büsche mit dünnen Zweigen, üppig mit weißen Beeren bedeckt, spannen sich wie Schirme über die Äste, und knorrige Wurzeln umfangen die Böschung. Am anderen Bachufer wächst wildes hohes Gras. Libellen schwirren, jagen einander fröhlich, als spielten sie Fangen. Die kühle Brise fährt mir unter den Kragen meiner Bluse.

»Komm rein, Rosi!«, ruft Lea. Sie schöpft mit hohlen Händen ein wenig Wasser und spritzt es mir über die Füße.

»Das kannst du doch mit deiner großen Schwester nicht machen! Mama hat gesagt, du sollst auf mich warten, ehe du reingehst!«

»Wenn du ihr nichts sagst, erfährt sie's nie«, erwidert sie lachend.

Ich ziehe die Schuhe aus und springe gleich neben ihr ins Wasser, vermeide vorsichtig die Steine. Das Wasser kühlt mir die Haut, die von der Sonne heiß geworden war. Platsch! Mit meiner Landung spritze ich Lea von oben bis unten nass.

»Das ist für vorhin!«, sage ich.

»Ha!«, ruft Lea. Sie legt mir die Hände auf die Schulter und taucht mich unter. Ich winde mich aus ihrem Griff und lasse mich tiefer in den kühlen Bach sinken, bis ich jenseits von Raum und Zeit bin, in einer Welt, in der ich ganz ich sein kann. Ich liebe die vollkommene Stille dieser Unterwasserwelt. Ich öffne die Augen und beobachte orangefarbene Fische und Kaulquappen, die rings um mich schwimmen.

»Hallo, Fische«, sage ich tonlos, stoße Luft aus. »Hallo, ihr kleinen Kaulquappen.« Meine Grußworte blubbern als Luftblasen heraus. Ich schiebe mich nach oben und durchstoße die Wasseroberfläche, hole tief Luft.

Lea und ich schwimmen und spielen im Bach, bis wir endlich erschöpft sind. Wir ziehen uns aus dem Bach, was nicht ganz einfach ist, weil unsere Kleider so schwer sind und uns, immer noch voller Wasser, am Leib kleben. Wir legen uns nebeneinander auf dem Gras in die Sonne. Mama mag es nicht, wenn wir ihren Lehmboden volltropfen, also müssen wir darauf achten, dass wir uns immer in der Sonne trocknen, ehe wir nach Hause gehen. Ich schaue zum Himmel hinauf, schaue auf die verschlungenen Äste, die schwer von Blättern über uns hängen. Die Trauerweide am Bach ist mein Lieblingsbaum. Sie ist ungeheuer groß, ein Riesenbaum, dessen Zweige sich in alle Richtungen erstrecken. Lang und schmal hängen sie herunter und wiegen sich im Wind. Gleich neben meinem Kopf bemerke ich violette Wildblumen im Gras. Zarte lavendelblaue Blütenblätter umgeben die strahlend gelbe Mitte oben an jedem Stängel. In der Schule hat mir Reka erklärt, dass eine Blume einem sagen kann, ob der, den man liebt, die Liebe erwidert. Ich pflücke eine Blüte.

»Lea, soll ich dir ein Geheimnis verraten?«

»Au ja!«

»Aber du musst mir versprechen, dass du es niemandem weitererzählst.«

»Mach ich nicht. Erzähl's mir.«

»Aber dann musst du mir auch eines von deinen sagen.«

»Gut, mach ich.«

»Ich glaube, ich weiß, wen ich heiraten will.«

»Wirklich? Wen?«

Ich erröte, plötzlich ist es mir peinlich, dass ich es laut ausgesprochen habe. »Es ist einer von den Jungen, die zum Frühstück zu uns kommen.« In letzter Zeit spüle ich immer im Bottich das Geschirr, während die Jungen aus der Jeschiwa das Frühstück essen, das Mama für sie zubereitet.

»Er heißt Jakob.«

»Jakob? Welcher ist das?«

»Der mit dem roten Haar.«

»Ach, der.« Sie lächelt. Sie sieht stolz aus und gleichzeitig ängstlich, weil sie nun weiß, dass ich ein solches Geheimnis habe.

Jakob kommt meistens morgens zum Frühstück. Während die anderen Jungen voller Energie in unser Haus hereinstürmen, ist er viel ruhiger. Er hat etwas Sicheres an sich, ein Selbstbewusstsein, das zeigt, dass er es nicht nötig hat, weithin gehört zu werden. Wenn ich auf der Bühne bin, bewege ich mich gern und bin laut, aber im Alltag bin auch ich eher still, und Jakobs süßes Schweigen zieht mich zu ihm hin wie die Frösche zum Wasser. Hinzu kommt natürlich auch, dass er einen üppigen roten Haarschopf hat.

»Wen magst du?«, frage ich Lea.

»Keinen von denen!«

»Du musst es mir sagen! Ich habe es dir auch erzählt. Das ist nicht fair! Du hast es versprochen.«

»Aber ich mag niemanden!« Sie ist auf einmal sehr schüchtern.

»Erzähl mir's einfach, Lea. Ich sag's nicht weiter.«

»Na gut, ich mag Mendi. Bist du jetzt zufrieden?«

Mendi? Kenne ich Mendi? Ja, denke ich für mich, das ist der Kleine mit dem Kindergesicht. »Lea, das ist süß«, sage ich liebevoll.

Sie lacht und wendet sich von mir ab. Ich halte die Blume hoch. Es gibt eine Möglichkeit, herauszufinden, ob Jakob mich auch mag.

»Er liebt mich. Er liebt mich nicht. Er liebt mich«, murmele ich bei jedem Blütenblatt, das ich eines nach dem anderen abzupfe und auf die Erde fallen lasse. Mir wird das Herz schwer: Das letzte verbleibende Blütenblatt kommt zu den Worten »Er liebt mich nicht«. Wie kann das sein? Ich zerquetsche die Blume und pflücke eine andere. »Er liebt mich. Er liebt mich nicht. Er liebt mich. Er liebt mich nicht.« Ich pflücke immer weiter, bis ich endlich eine Blume habe, die mir sagt, was ich hören möchte: »Er liebt mich!«

»Er liebt mich!«, sage ich, als ich das letzte violette Blütenblatt vom gelben Inneren rupfe. »Siehst du? Ich wusste es.«

11

Auschwitz, Juni 1944

Einer redet mit dem andern
Lug und Trug,
sie heucheln
und reden
aus zwiespältigem Herzen.
Psalm 12,2

Ich spüre, dass jemand meinen Mund aufdrückt und mir etwas hineinlegt. Meine Zunge umkreist dieses Etwas. Es ist ein Stück Brot. Ich schlage die Augen auf, um zu sehen, wer mich gerettet hat. Doch als ich endlich wieder sehen kann, ist niemand mehr da.

Ich erhebe mich langsam. Es ist schon dunkel. Niemand scheint bemerkt zu haben, dass ich hingefallen bin. Die Soldatinnen treiben Frauen in Gruppen zusammen und drängen sie nach draußen. Wir folgen ihnen auf unsicheren Beinen. Die Soldatinnen benutzen ihre Knüppel und zwingen uns damit wieder in Fünferreihen. Wir marschieren über das schlammige Gelände.

»Rosi! Lea!«, schreit jemand, als wir vorbeigehen.

Ich drehe mich um, will sehen, wer da gerufen hat, aber ich erblicke nur eine Masse von Gesichtern im Dunklen.

»Lea, Rosi«, wiederholt die Stimme.

»Das ist Chanki!«, sagt Lea. »Sie ist auch hier!«

»Chanki«, keuche ich. Chanki ist die Ehefrau unseres Onkels David. Onkel David ist Mamas jüngster Bruder. Er ist früher jeden Schabbes zu uns gekommen und hat Zeit bei uns verbracht.

»Ihr seid auch hier«, sagt sie, nachdem sie uns eingeholt hat.

Wir halten beide ihre Hand.

»Wo ist David?«

»Auf der anderen Seite bei den Männern.«

»Ist Jitzchak Jehuda bei ihm?«

Jitzchak Jehuda ist Chankis und Davids Sohn. Er ist zwei Jahre alt und schon jetzt ein erstaunliches Kind. Er hat kleine blonde Löckchen, große blaue Augen und ein Lächeln, das süßer ist als Mamas Honigmilch. Und er ist schlau. Alles, was er sagt, bringt die Erwachsenen zum Lachen.

Chankis Augen werden düster.

»Er ist bei meiner Mutter. Ich liebe ihn so sehr, ich kann es nicht ertragen, auch nur ein paar Stunden von ihm getrennt zu sein. Ich vermisse ihn so.«

»Oh, Chanki, weine nicht«, sage ich. »Jecheskel ist auch bei unserer Mutter.«

»Er ist zu ihr hingerannt, nachdem dieser Mann uns getrennt hatte«, sagt Lea. »Warum hast du ihn bei deiner Mutter gelassen?«

»Na ja, wir standen in der Schlange. Seid ihr auch in dieser Selektionsschlange gewesen?«

Wir nicken. Chanki fährt fort.

»Wir sind in die Schlange gekommen, und ich war bei meiner Mutter und David, und da war dieser jüdische Gefangene, der war wie ein Skelett, stand schon ganz vorn in der Schlange und hat sich zu mir umgedreht und war so verzweifelt und hat zu mir gesagt: ›Du bist so jung und schön. Du musst deiner Mutter das Kind geben.‹ Und ich habe natürlich protestiert, weil er so irr aussah, aber dann hat er die Finger meines Kleinen aus meiner Hand gezerrt, hat ihn mir weggerissen und meiner Mutter gegeben! Und dann stand da der Doktor vor uns und hat meine Mutter nach links geschickt und David und mich nach rechts. Meine Mutter hat versprochen, dass sie sich gut um ihn kümmern wird, bis wir uns wiedersehen, und dann ist sie von den nächsten Leuten in der Schlange weitergedrängt worden. Jitzchak hat nicht einmal geweint. Er liebt meine Mutter. Aber ich brauche ihn hier bei mir, besonders in Zeiten wie diesen. Ich mache mir solche Sorgen um ihn!«

»Alles wird gut, Chanki«, sage ich. »Deine Mutter weiß, wie sie sich um ihn kümmern kann. Du siehst ihn bestimmt bald wieder.«

»Ich hoffe, sehr bald. Ich vermisse meinen Kleinen so.«

Wir gehen weiter. Ich sehe eine lange Reihe von Backsteingebäuden, von grellweißen Scheinwerfern beleuchtet, die an hohen Masten befestigt sind. Weiter und immer weiter folgt ein großes Gebäude auf das andere. Dazwischen ist Lehmboden. Ein Tor versperrt das Gelände, und darüber ist in großen Schlaufen Stacheldraht angebracht. Die Soldatinnen bringen uns zu einem großen Gebäude, auf dem »21« steht. Es ist lang und aus roten Ziegelsteinen. Vor der Tür wartet eine Frau auf uns. Sie ist groß und sieht stark aus. Sie hat langes schwarzes Haar, buschige Augenbrauen und ein kantiges Kinn.

»Von hier an übernehme ich sie«, sagt sie zu den Soldatinnen. Die nicken ihr zu und gehen weg.

Einen Augenblick lang ist es still. Rauch steigt in den Himmel auf, rankt sich in Ausläufern bis zu uns hinunter und in meine Nase. Ich muss mich fast übergeben. Ein Gestank wie von verbranntem Gummi liegt in der Luft. Als die jungen Frauen rings um mich es auch riechen, geraten sie in Panik.

»Was ist das für ein Geruch? Was ist das für ein Geruch?«, rufen sie.

Manche fangen zu weinen an.

»Warum weint ihr?«, fragt die Frau. »Hört auf zu weinen.«

Wir achten nicht auf sie. Wieder ertönen Panikschreie. »Der Geruch, der Geruch, der Geruch!«

»Ruhe!«, bellt die große Frau. Sie hebt den Stock, den sie in der Hand hält, und lässt ihn auf die Schulter einer jungen Frau krachen.

Stille.

»Ich bin Idi, ich bin die Blockälteste«, sagt die Frau. »Ich bin für diesen Block zuständig, und ihr müsst meinen Befehlen gehorchen, immer.«

»Idi«, sagt eine junge Frau. Sie hat die Augen halb geschlossen und die Arme um den Leib und das dünne blaue Kleid geschlungen, als umarmte sie sich. »Kannst du uns sagen, was das für ein Geruch ist?«

Idi schaut uns mit harten Augen an. »Wisst ihr das nicht, Mädchen?«, erwidert sie. »Dieser Geruch, das ist der Geruch von euren Müttern und Vätern, die verbrennen. Es ist der Geruch von den Leichen eurer Söhne und Töchter, eurer Nichten und Neffen, eurer Brüder und Schwestern in den Öfen. Erkennt ihr diesen Geruch nicht? Eure ganze Familie verbrennt. Schaut euch den Rauch gut an. Das ist alles, was von ihnen noch übrig ist.«

»Das kann nicht sein!«, ruft ein Mädchen.

»Seid nicht so dumm«, sagt Idi. »Ihr habt jetzt nichts mehr. Sie verbrennen alle. Ihr seid ganz allein.«

Irgendwas stimmt nicht mit dieser Frau. Meine Mama verbrennt nicht. Mein Jecheskel ist zu stark, er lässt das nicht zu. Bestimmt sehe ich sie bald wieder.

Lea schaut entsetzt. »Hast du gehört, was die Frau gerade gesagt hat?«

»Du kannst ihr unmöglich glauben. Sie erfindet das alles nur.«

»Ruhe!«, blafft Idi. »Wir gehen jetzt rein, und ihr müsst euch einen Schlafplatz suchen.« Sie spricht so, als hätte sie uns nicht gerade so schrecklich und grausam belogen.

Die Leute drängen vor, als Idi die Hand Richtung Tür ausstreckt.

Lea steht wie angewurzelt an ihrem Platz in der Schlange.

»Komm, Lea«, sage ich.

Sie schüttelt den Kopf. »Aber hast du nicht gehört, was sie gerade gesagt hat …?«

»Lea, die ist verrückt. Hör nicht auf sie. Ich weiß nicht, warum sie uns solche Lügen auftischt.«

»Ruhe!«, brüllt Idi. »Wenn ich die Tür aufmache, müsst ihr alle reingehen und euch einen Schlafplatz suchen.«

Ich bin so müde, dass ich es kaum abwarten kann, mich hinzulegen und ins Nichts zu versinken. Idi macht die Tür auf, und wir treten ein. Der Raum sieht aus wie ein Stall, aber statt Abteilen für die Tiere finden wir da Reihe um Reihe von Stockbetten aus einfachen Holzbrettern vor. Der Boden besteht aus einer groben Lage von rau behauenen Ziegelsteinen. Mich erschüttert, wie grau alles hier ist. In jeder Reihe stehen drei Ebenen von Pritschen, und sie ziehen sich und ziehen sich. Ich kann kaum Gesichter erkennen, aber dann mache ich die Umrisse Hunderter Körper aus, übereinandergestapelt wie Bücher in einem Regal. Sie stecken die Köpfe zu den Betten heraus. Es sind so viele, dass mir ganz schwindelig wird. Dann packt mich der Geruch. Es ist der Geruch von Exkrementen und Erbrochenem und monatelang nicht gewaschenen Körpern. Ich halte mir die Hand vor den Mund.

»Sucht euch einen Platz!«, ruft Idi.

Ich schaue auf die wenigen Reihen von Betten, in denen niemand liegt. Ich kann mir nicht vorstellen, wie wir alle hier hereinpassen sollen. Aufgeregt wie die Hühner rennen wir herum. Ich ziehe mich am ersten freien Platz auf die Pritsche hoch. Sie ist hart, und ich spüre, dass mir Splitter in die Handfläche stechen. Es liegt schon eine Gruppe von jungen Frauen auf dieser Pritsche. Lea kommt hinter mir her, aber für sie ist kein Platz mehr. Sie klettert also weiter auf die Pritsche genau über mir. Ich schaue die jungen Frauen auf meiner Pritsche an. Keine kommt mir bekannt vor. Sie haben auch kahl geschorene Köpfe, sind aber größer und breitschultriger als ich.

»Schlaft jetzt!«, ruft Idi vorn im Raum. »Ihr werdet es brauchen!« Sie geht zur Tür hinaus, ohne auch nur einen Blick zu uns zurückzuwerfen. Ich bebe noch von dem Schock. Das Mädchen neben mir legt die Hände auf meine Arme und hält mich fest. Sie schaut ringsum zu den Mädchen auf unserer Pritsche.

»Wir kümmern uns um die Kleine«, sagt sie.

Die anderen nicken.

»Natürlich«, antwortet eine.

Ich schaue auf die Gruppe von mindestens einem Dutzend junger Frauen, die diese Pritsche mit mir teilen.

»Wir sind alle aus Satu Mare«, sagt die, deren Hände meinen Arm umfassen. »Woher kommt ihr?«

»Crasna.«

»Gut, du Kleine aus Crasna. Wir passen schon auf dich auf.«

Ich versuche zu lächeln, aber stattdessen bebt mein Kinn. »Wie sollen wir so schlafen?«

»Wir sind fünfzehn, ich habe gerade gezählt. Sieben auf einer Seite, sieben auf der anderen, und die Kleine hier nehmen wir in die Mitte.«

»Danke«, sage ich. Ich bin müde, und mein Kopf ist so schwer, dass ich mich sofort hinlegen muss.

Die Mädchen teilen sich auf. Sieben legen sich rechts von mir hin, die Schultern übereinander; sie wirken so zusammengepresst, als wären sie ein einziger Körper. Die sieben zu meiner Linken machen es genauso.

»Gut, jetzt zieht ihr alle miteinander die Füße an, damit die Kleine es sich bequem machen kann«, sagt die junge Frau, die mich umarmt hat. Es ist eigentlich kein Platz, aber irgendwie schaffen es die Mädchen, ihre Knie ans Kinn zu ziehen. Sie sind ein einziger Haufen aus Haut und Gliedmaßen. Jetzt ist in der Mitte zwischen ihnen ein schöner Platz für mich frei geworden.

Als ich mich dort hinlege, kommt mir plötzlich etwas in den Sinn, das Mama immer gesagt hat.

»Ihr müsst immer vorsichtig sein, Mädchen«, hat sie gesagt. »Ihr wisst nie, wirklich nie, wer es aufrichtig mit euch meint. Die Leute können sich gut verstellen. Sie tun lieb und süß, und wenn sie euch nicht mehr brauchen, wer weiß, wozu sie dann fähig sind. Man kann einen Menschen nie ganz kennen. Die Leute wissen ihre Seelen zu vermummen, zu schminken. Sie tun höflich, wenn alle hinschauen, aber sicher könnt ihr da nie sein.«

Ich erinnere mich, wie traurig ich bei dem Gedanken war, dass die Welt so sein könnte. Aber hier bin ich mir sicher, dass es anders ist. Hier tragen wir alle die gleichen schäbigen Kleider aus Lumpen, hier sind unsere Seelen so nackt wie unsere Schädel kahl rasiert. Hier haben wir nichts, in das wir uns hüllen können, keinen Ort, an dem wir uns verstecken können. Kein Geld, keinen Stand, keinen Stolz. Hier auf dieser Pritsche liegen vierzehn junge Frauen mit mir. Als ich mich hinlege, lächeln sie mich so sanft an, dass ich trotz der entsetzlichen Ereignisse des Tages zurückläche. Mama hat gesagt, dass man es nie wirklich weiß, doch als die Mädchen sich eng zusammenquetschen und ihre knochigen Knie an die Brust ziehen, um mir Platz zu machen, da weiß ich es: Das sind die allerschönsten nackten Seelen, die ich je gesehen habe.

Ich bin so müde, dass ich auf der Stelle einschlafe, sogar so eingequetscht und mit knurrendem Magen. Doch schon bald werde ich wieder aus dem Schlummer geweckt, denn ich höre Lea weinen. Ich setze mich rasch auf.

»Du kannst nicht einfach herkommen und uns den Platz wegnehmen«, höre ich über mir eine Stimme sagen, dann einen dumpfen Laut, als jemand Lea tritt. Ich fahre sofort hoch. Niemand darf meine Schwester so behandeln. Ich ziehe mich hoch und schaue auf die Pritsche über mir.

»Schämt ihr euch nicht?«, frage ich. »Das ist ein junges Mädchen. Wie könnt ihr sie so piesacken? Lea ist gerade erst hier angekommen, und schon belästigt ihr sie auch noch? Wir müssen doch alle gut aufeinander achten.«

Sie schauen zu mir hin, sagen aber nichts.

»Wenn ihr nicht aufhört, gehe ich schnurstracks zur Blockältesten und verpetze euch, und das meine ich ernst!«

Ich brenne vor Wut. Es ist mir gleichgültig, dass sie alle älter sind als ich, dass ich nur eine bin und sie viele. Ich bin darauf vorbereitet, dass sie mir vielleicht wehtun, mich kratzen, mich beißen werden, denn als ich ihnen in die Augen schaue, sehe ich nichts Menschliches mehr darin. Ich mache mich auf alles gefasst, aber ich erlebe eine Überraschung. Sie hören mir zu. Sie nicken und wenden den Blick ab.

»Die haben mich alle gekratzt«, flüstert Lea.

Ich recke den Kopf noch weiter in ihr Abteil und wische ihr die Tränen vom Gesicht.

»Es tut mir leid, Lea.«

»Danke, Rosi!«

»Ich gehe jetzt besser wieder runter, ehe ich mir völlig den Hals verrenke.«

Sobald mein Körper die Bretter wieder berührt, schlafe ich sofort ein. Alle meine Bettgenossinnen haben die Knie noch an die Brust gezogen, sogar im Schlaf.

12

Crasna, 1935. Neun Jahre alt

Ein Psalm
ein Lied
für den Sabbattag

Psalm 92,1

Freitag ist für mich der beste Tag der Woche. Am Vortag des Schabbes gehen wir mit allen anderen in die Schule, dürfen aber ausnahmsweise früher nach Hause.

Als wir nach Hause kommen, sitzt Mama am Küchentisch und rollt Platten aus Mürbeteig aus. Ein Merkspruch, den sie in Kreuzstich gestickt hat, hängt an der Wand: »Mische nie Milchiges und Fleischiges.« Darüber ist eine Kreuzstichkuh gestickt. In einer Schüssel neben Mama ist Schokoladencreme.

»Lecker! Sieben-Böden-Torte!«, ruft Lea begeistert. »Bekomme ich einen Löffel Schokolade?«

»Lea, lass Mama in Frieden, sie macht den Kuchen doch

gerade«, sage ich. »Du bist noch genauso wie mit zwei Jahren, als du Mama keine Ruhe gelassen hast, weil du den Kuchen essen wolltest, ehe sie ihn auf den Tisch bringen konnte.«

»Hab ich nicht!«

»O ja, ich weiß es noch gut. Du hast gejammert und gejammert und gejammert. Und Tate war im Bett und so krank, aber Mama hat ihm so leidgetan – denn du hast ihr den ganzen Tag vorgejammert. Also ist er aufgestanden und hat versucht, dich abzulenken. Und Mama musste mit dem Backen aufhören und ihn wieder ins Bett zurückbringen.«

»Mama, hab ich das wirklich gemacht?«

»Du warst zwei«, antwortet Mama. »Tate konnte es nicht mit ansehen, wie du mich nervös gemacht hast, besonders wenn deine Großeltern sich angesagt hatten, was an sich schon aufregend genug war.« Lächelnd fügt sie dann hinzu: »Aber, Rosi, warum liegst du Lea mit etwas in den Ohren, was sie mit zwei Jahren gemacht hat?«

Ich zucke mit den Achseln. »Es ist einfach nur komisch, dass sie es immer noch macht, obwohl sie schon acht ist.«

»Ich will die Schokolade gar nicht mehr.«

»Oh, Rosi«, sagt Mama und seufzt. »Geh bitte die Teppiche ausklopfen.«

Ich rolle den Teppich aus dem Wohnzimmer auf und nehme ihn mit nach draußen. Er ist aus goldenen und türkisfarbenen Fäden gewebt, dazu noch aus gelben, die wie Sonnenstrahlen durch das Muster aufblitzen. Mama hat ihn zusammen mit ihrer besten Freundin Emma Kokisch gemacht, die genauso einen in ihrem Zuhause hat. Ich lege ihn draußen über einen Stuhl und schlage mit einem Stock so lange darauf, bis der Staub in kleinen Wolken um mich herum aufstiebt und dann in der Luft fortweht. Dann breite ich den Teppich in der Sonne aus und gehe wieder hinein, um den Boden zu fegen.

Mama ist mit ihrer Torte fertig, und jetzt steht sie am Herd und flicht die Challa. Ihre Hände fliegen nur so, als sie die Teigstränge hochhebt und übereinanderlegt, bis ein Zopf daraus geworden ist. Sie geht zum Schrank, holt ein Ei heraus, verquirlt es in einer Schüssel mit einer Gabel, bis es schaumig ist. Mit einem Pinsel streicht sie die goldene Mischung in sicheren, schnellen Bewegungen auf den Zopf. Sie ist fleißig wie eine Biene, meine Mama.

»Danke, Sieskeit*«, sagt sie, als ich den Boden fege.

»Gern.«

Lea wäscht die Töpfe ab, als Mama sie nicht mehr braucht, und ich übernehme sie von Lea und fülle sie mit Wasser, das ich auf dem Herd heiß mache. Das Wasser blubbert in den süßesten Tönen, weil der Schabbes naht. Während das Wasser heiß wird, hole ich den Teppich von draußen und lege ihn auf den sauberen Boden. Jetzt ist alles frisch und wunderbar.

»Ich bade als Erste!«, sage ich zu Lea.

Sie zuckt mit den Achseln. Es hat keinen Sinn, mit der Ältesten zu streiten. Vorsichtig nehme ich die Töpfe mit dem kochenden Wasser und trage sie nach draußen ins Badhaus. Ich gieße das Wasser in die Wanne und füge ein bisschen

* Jiddisch: wörtlich »Süßheit«, meine Süße

von der köstlichen seidenweichen Seife hinzu. Ich steige ins Wasser und entspanne mich in der wohligen Wärme. Hoch oben im Badhaus ist ein Fenster. So hoch, dass nur die Vögel uns sehen können. Ich blicke auf einen verästelten Baum vor dem blauen Himmel. Ich singe laut, und der Baum tanzt zu meinem Lied wie eine Gruppe fröhlicher Volkstänzer. Ich lache vor mich hin und singe weiter, bis Lea an die Tür hämmert.

»Raus mit dir, es ist schon beinahe Schabbes, und du hast die ganze Zeit gebraucht!«

»Schon gut, beruhige dich, ich komme raus!«, schreie ich durch die dicke Holztür. Ich seufze, als ich aus dem Bad steige. Ich ziehe mich an und fühle mich glänzend und wunderbar.

Mama hat das Essen oben auf das Blech auf dem Ofen gestellt und zündet rasch die Kerzen an. Wir schauen zu, wie sie leuchten, und dann ist die Schabbesstimmung da, und wir singen »Gut Schabbes«, während Mama ihr Gesicht mit den Händen bedeckt und betet. Auf dem Tisch liegt die gestärkte weiße Tischdecke, die ich neulich selbst gebügelt habe, und es steht unser einziges gutes Geschirr darauf. Am Kopfende ist ein Platz für Onkel David gedeckt. Diese Woche ist er an der Reihe, um den Schabbes bei uns zu verbringen, da wir keinen Vater haben, der mit uns Kiddusch sagt, wenn er aus der Schul zurückkommt.

»Mama, wir gehen nach draußen spielen, bis die Männer aus der Schul zurückkommen, ja?«

»Gut, aber achtet darauf, dass ihr rechtzeitig wieder hier seid.«

Lea und ich rennen aus der Haustür. Draußen auf dem Hof wartet Jecheskel schon darauf, dass ihn jemand zur Schul mitnimmt. Da kommt auch schon Herr Birnbaum, Schmuels Vater, und reicht ihm die Linke, während Schmuel bereits seine Rechte hält. Die drei gehen zusammen die Stufen zu Waldmanns Schul hinauf. Gitta und Lili sind auch draußen. Wir setzen uns im Kreis hin, wischen vorher vorsichtig die Bänke ab, ehe wir uns hinsetzen, um nicht unsere wunderschönen Schabbeskleider schmutzig zu machen. Die Abenddämmerung senkt sich allmählich über uns, und die Welt ist violett und blau.

»Lass uns noch mal zu Goldbaums gehen«, sagt Gitta.

»Nein, die mögen das nicht«, sagt Lili. »Letztes Mal ist Herr Goldbaum sehr wütend geworden.«

»Wir verstecken uns wirklich gut, mach dir keine Sorgen. Ich will nur zuschauen«, sagt Gitta.

Wir schauen uns alle an und kichern.

»Na gut«, sagt Lili.

Wir rennen zum Haus der Goldbaums und suchen uns einen Platz in den Büschen, wo Herr Goldbaum uns nicht sehen kann. Wir kichern hinter vorgehaltener Hand, als Herr Goldbaum schließlich den Pfad zu seinem Haus hinaufgeht. Die Jalousien am größten Fenster sind nicht ganz heruntergezogen. Von unserem Beobachtungspunkt aus sehen wir, wie er die Tür aufmacht und ruft: »Gut Schabbes, mein Schatz!« Wir beobachten, wie Frau Goldbaum vom Sofa aufsteht und ihn anlächelt und sich dann wenige Augenblicke später in seine Arme schmiegt. Er legt ihr den Arm um die Taille, und die beiden verschränken die Hände und tanzen um den Tisch herum Walzer, während sie das Lied singen, das den Schabbesengel im Haus willkommen heißt. Ich beobachte, wie er ihr in die Augen schaut. Sie blinzelt nicht, wendet den Blick nicht ab. Die beiden sehen aus, als würden sie miteinander verschmelzen, bis ihre Seelen eins sind. Ich seufze. Er wirbelt sie herum. Obwohl wir das schon zuvor gesehen haben, schauen wir alle mit offenem Mund zu. Als sie mit dem Tanzen aufgehört haben, bringt Frau Goldbaum die Weinflasche zum Tisch, und das rüttelt uns aus unseren Träumen auf.

»Lea, wir müssen nach Hause, wir können die anderen nicht warten lassen«, sage ich.

»Oh, gut«, erwidert Lea. Langsam krabbeln wir aus dem Gebüsch und rennen nach Hause.

Zum Glück erreichen Lea und ich die Tür, als gerade Onkel David und Jecheskel ankommen. Mama wartet nicht gern auf uns. Ich bete jeden Tag, dass David nicht bald heiratet. Denn als Onkel Zadok vor zwei Jahren geheiratet hat, hat er sich überhaupt nicht mehr für uns interessiert und ist natürlich ab da am Freitagabend nicht mehr zu uns gekommen. Damals habe ich deswegen stundenlang geweint.

David singt das Lied, das die Engel in unserem Zuhause willkommen heißt. Mama lächelt und bringt den Wein und die Challa zum Tisch. Von den Brotlaiben steigt noch Dampf auf. Mir läuft das Wasser im Mund zusammen, und mein Magen knurrt. Wir waschen uns die Hände, und David schneidet die Challa auf. Die erste Minute können wir sie nicht einmal anfassen, so heiß ist sie noch. Wir tauchen sie in den gerösteten Knoblauch und das Öl. Mama stellt einen Laib Gefilte Fisch mit Chrejn* und Mayonnaise hin, und dann gibt es die dunkelgoldene Hühnersuppe. Während Mama das Hauptgericht aufträgt, singt David ein Schabbeslied.

Gesegnet sei der Allermächtigste
Der Ruhe schenkte
Der unseren Seelen Erleichterung gab
Von Unheil und Schmerz;
Und er wird Zion aufsuchen
Die Ausgestoßene unter den Städten
Wie viel länger muss sie trauern
Die seufzende Seele?

Wir schaffen es sogar, noch Platz für das Hühnchen und die Kartoffel-Kugel zu haben, die es als Nächstes gibt. Zum Nachtisch bringt Mama einen wunderschönen Apfelstrudel auf den Tisch und schneidet für uns alle davon ab. Die Äpfel sind ganz dünn geschnitten und wunderbar süß gewürzt, und der Teig ist weich und blättrig. Sie fügt auf den Tellern noch selbst gemachtes Eis hinzu, und die sahneweiße Vanilleeiscreme schmilzt über dem warmen Strudel. Irgend-

* Jiddisch: Kren, Meerrettich

wie ist in unserem Magen noch immer ein bisschen Platz für Apfelstrudel. Mama bringt Nüsse, und wir bleiben noch lange nach unserer Bettzeit auf, knacken mit dem Nussknacker Nüsse und reden über alles und nichts.

13

Auschwitz, Juni 1944

Ich glaube,
auch wenn ich sage:
Ich werde sehr geplagt.

Psalm 116,10

Ich wache auf und spüre etwas Feuchtes an der Stirn. Zunächst weiß ich nicht, wo ich bin. Es ist stickig und dunkel. Als meine Augen sich an das Licht gewöhnt haben, erinnere ich mich wieder. Die Ereignisse des gestrigen Tages rollen vor meinem inneren Auge noch einmal ab, und ich sehe sieben knochige Mädchen zu meiner Linken und sieben knochige Mädchen zu meiner Rechten. Alle sind eng zusammengequetscht. Ich lange mir an die Stirn, um die Nässe fortzuwischen, und keuche auf, als ich den rauen, kahlen Schädel spüre. Da packt mich ein Gefühl von Panik. Wieder ein Platschen auf meiner Stirn. Ich blicke hoch und sehe, dass es aus dem Holz über mir tropft.

Ich atme ein, um meine Panik zu lindern, doch ich muss von dem Geruch würgen und will mich übergeben. Ich zwinge meinen Magen, ruhig zu sein. Eine der jungen Frauen zu meiner Rechten rührt sich, und dann schlägt sie die Augen auf und sieht, dass ich auf die Pfütze neben mir starre.

»Es ist alles in Ordnung, kleine Crasna«, sagt sie. »Das kommt wohl von einer von oben.« Entsetzt wische ich mir die Hand an einer trockenen Stelle auf dem Holz ab.

Aber jetzt ist keine Zeit, mich länger mit dem Tropfen zu beschäftigen, denn es erschallt ein schriller Pfiff. Die Tür geht auf, und schwaches graues Licht und eine große Frau in Uniform werden sichtbar.

»Aufstehen!«, brüllt die Frau, während sie in ihre riesigen Pranken klatscht.

Die übrigen Mädchen setzen sich rasch auf, und auf unserer vollgepferchten Pritsche bricht das Chaos aus, als alle sich nach unten drängen.

Lea rutscht von der Pritsche über mir herunter. Beinahe wäre sie auf das Bein von jemandem getreten, das unter der untersten Pritsche hervorsteht. Mir war nicht klar, dass sogar der Boden unter den Pritschen noch als Bett gilt. Der Raum ist mit Körpern vollgestopft. Hier ist es grau und eng, und um mich herum müssen an die tausend junge Frauen sein.

Mitten im Raum stehen ein paar Eimer mit einer braunen Flüssigkeit, und wir gehen alle darauf zu.

»Das ist unser Frühstück. Na ja, eigentlich kein Frühstück, aber das, was sie hier Kaffee nennen. Es schmeckt nach nichts außer Schlamm, aber trinkt so viel, wie ihr nur könnt«, sagt eines der Mädchen von meiner Pritsche.

Der Schlammkaffee wird in Schüsseln an jeder Reihe entlanggereicht. Wir trinken abwechselnd daraus. Ich warte, bis die junge Frau neben mir die Hand ausstreckt und die Schale mit Kaffee nimmt. Sie trinkt rasch einen Schluck und gibt sie dann an mich weiter. Meine Zunge klebt am Gaumen, und meine Finger zittern vor Erwartung. Ich setze die Schale an die Lippen. Ich habe beinahe schon vergessen, wie es sich anfühlt, wenn eine Flüssigkeit durch die gespitzten Lippen strömt und wie eine Quelle meinen Mund füllt. Ich erwarte eine durstlöschende Flüssigkeit, aber diese hier schmeckt nach Schlamm, genau wie das Mädchen es gesagt hat. Ich schlucke trotzdem und merke, wie das Nass in meinen Körper rinnt, bis es in meinem Magen ankommt und ihn ein wenig voller macht. Ich lege die Schale in Leas zitternde wartende Hände.

Neben Lea steht eine große, knochige junge Frau. Sie sieht aus wie eine in die Länge gezogene Fünfjährige. Auf ihrem kahlen Schädel wächst blonder Flaum, und sie hat riesengroße grüne Augen. Ihre Lippen sind der einzige Teil von ihr, der aussieht, als könnte wenigstens ein bisschen Fett daran sein. Ihre Hände hängen schlaff an der Seite, und als Lea ihr den Schlammkaffee weiterreicht, kann sie die Arme anscheinend nicht anheben, um die Schale festzuhalten. Ich beuge mich zu ihr, nehme Lea die Schale ab und führe sie der jungen Frau an die Lippen. Sie saugt die Flüssigkeit in den Mund. Ein paar Tropfen gleiten ihr über die Wangen, doch ich schiebe sie mit einem Finger wieder zwischen die Lippen. Sie schaut wie ein waidwundes Reh, und da wird mir klar, dass ich mich um sie kümmern werde.

»Wie heißt du?«

»Beile, Beile Tarnower.«

»Ich bin Rosi Grünstein, und das ist meine Schwester Lea.«

Lea lächelt sie leise an.

»Tarnower?«, fragt Chanki, die neben uns steht. »Ich kenne dich aus Satu Mare.«

»Nicht reden! Raus, aufstellen!«, schreit Idi.

Wir folgen ihr und gehen rasch zur Tür hinaus. Es ist Frühling, doch die Sonne ist noch nicht aufgegangen, und die Luft des frühen Morgens ist kalt. Lea zittert wie Espenlaub. Zu unserer Uniform gehört keine Unterwäsche, und Lea ist so dünn.

»Aufstellen! Aufstellen!«, sagt Idi. Sie wirkt verängstigt. »Stellt euch in einer Reihe auf, ihr verrückten Schweine, in einer Reihe.«

»Die Frauen da in Uniform, das sind SS-Frauen«, flüstert mir Beile zu, die noch immer an meiner Seite ist. »Das sind Nazis. Halt dich besser von denen fern.«

»SS. Nazis«, sage ich.

»Gut, pst! Wir müssen jetzt vollkommen still sein.«

Wir stellen uns in Zehnerreihen auf. Der Himmel ist dunkel, kein Anzeichen von Morgengrauen. Der Boden ist schlammig und nass. Ich stehe neben Lea und Beile, ich möchte so gern noch etwas zu Beile sagen, aber gerade als ich die Hand ausstrecke und ihre Hand berühren möchte, kommt ein SS-Mann mit knallenden Absätzen zu uns. Wir stehen alle kerzengerade da. Ich versuche unter dem harten Blick des steingesichtigen SS-Manns nicht zu zittern und schaue geradeaus vor mich hin. Der Offizier geht weiter an unserer Reihe entlang, während die SS-Frauen uns zählen. Idi kommt herum und zählt uns ebenfalls.

Mein Magen sehnt sich schmerzlich nach Essen, und meine Beine fühlen sich an wie Wackelpudding, aber niemand rührt sich einen Millimeter. Die Sonne geht auf, und die Hitze beginnt. Jetzt fällt das Atmen schwer, aber ich bewege mich nicht. Meine Füße tun weh, und ich bin sehr schwach, aber ich wage es nicht, mich zu bewegen. Mir rinnt der Schweiß vom kahl geschorenen Schädel in die Augen, und ich versuche, ihn wegzuzwinkern. Meine Beine können meinen Körper kaum noch aufrecht halten, aber ich konzentriere mich mit aller Gewalt und spanne alle Muskeln an, damit ich nicht umfalle.

Ein Soldat kommt an unserer Reihe entlang. Wichtigtuerisch marschiert er daher. Er zählt uns in Zehnergruppen.

»Sechs«, sagt er, als er an mir vorbeigeht.

»Sieben«, als er an Lea vorbeigeht.

»Acht«, als er an Chanki vorbeigeht.

»Neun«, als er an Beile vorbeigeht.

»Zehn«, als er an dem nächsten Mädchen vorbeigeht, das sogar noch kleiner ist als ich. Er zieht es aus der Reihe, und dann kommt ein anderer SS-Mann und führt es zu einer Gruppe von jungen Frauen, die an der Seite warten. Ich überlege, wohin sie wohl gehen.

Die Zeit steht still, und es bleibt nur noch quälender Schmerz. Mein Magen knurrt, und dann schweigt er, als hätte er klein beigegeben. Jede Zelle in meinem Körper zittert. Ich schaue mich um, ohne den Kopf zu bewegen. Vor mir stehen Reihen von jungen Frauen in der kurzen blauen Uniform. Rechts und links von mir stehen Reihen von jungen Frauen. Alle haben kahl geschorene Köpfe. Sie stehen kerzengerade. Ich weiß nicht, warum wir hier so stehen. Was ist nur aus uns geworden?

Endlich ist es zu Ende. Die Deutschen blasen in ihre Trillerpfeifen, und alle gehen auseinander. Idi kommt zu uns herüber.

»Wohin gehen die?«, frage ich und deute auf die Mädchen, die man seitlich in einer Ecke abgesondert hat, wo eine SS-Frau sie bewacht.

»In die Gaskammern«, antwortet sie. »Zum Sterben. Da kommt niemand lebendig raus. Hat keinen Zweck, was anderes zu denken. Macht euch keine falsche Hoffnung, hört ihr?«

Ehe ich antworten kann, ist eine SS-Frau neben mir. Sie trägt eine marineblaue doppelreihige Jacke und einen Rock, der ihr bis knapp unters Knie reicht. Sie packt mich schmerzhaft im Nacken.

»Was stehst du noch hier rum wie ein faules Schwein? Es gibt Arbeit für dich.«

Sie lässt meinen Nacken los und versammelt die Mädchen in meiner Nähe um sich. Ihr Gesicht sieht aus, als hätte jemand ihre Haut nach unten gezogen und da für immer hängen lassen. Die Haut unter ihren Augen ist heruntergesackt, genau wie ihre Wangen. Und alles schwabbelt vor Wut.

»Mir nach!«

Als wir zur Arbeitsstelle kommen, begreife ich, dass sich seit der Ziegelei nicht viel geändert hat. Anstatt Ziegelsteinen sind es hier riesige Zementblöcke. Weitere Soldaten und Soldatinnen stehen daneben und schreien Befehle.

Mein Körper weiß jetzt, was zu tun ist. Ich nehme die Blöcke und gehe mit ihnen über das Gelände.

Als die Sonne zu sinken beginnt, holt Idi uns auf dem Gelände ab. Ich kann nicht mehr denken. Die Arbeit hier ist viel härter, weil ich den ganzen Tag nichts zu essen bekommen habe. Mein Herz schlägt wie wild.

»Kommt!«, sagt Idi.

Die Soldaten prügeln mit ihren Gummiknüppeln auf uns ein und zwingen uns in ordentliche Reihen. Wir sind immer fünf in einer Reihe, fünf, dann wieder fünf, wieder fünf. Wir marschieren auf die Baracken zu.

Als wir bei unserer Baracke angekommen sind, verlässt Idi den Raum und kommt mit einem braunen Laib Brot zurück. Daneben liegt ein kleiner Block Margarine.

»Ein Teil von diesem Brot ist für morgen früh«, sagt sie. »Also esst nicht alles jetzt auf.«

Meine Gliedmaßen zittern. Idi reicht jeder von uns ein winziges Stück Brot. Sie legt mir das Brot auf die offene Hand, und mit zitternden Fingern stecke ich ein Stück in den Mund. Ich versuche, den Rest für später aufzubewahren, doch dann schiebe ich mir das ganze Stück auf einmal hinein.

»Ich zeige euch jetzt, wo die Toiletten sind«, sagt Idi. Ich musste den ganzen Tag über nicht auf die Toilette, denn ich hatte ja nichts gegessen oder getrunken.

Wir folgen ihr nach draußen und gehen hinter ihr her. Ein paar Gebäude von unserer Baracke entfernt befindet sich ein langes, schmales Backsteingebäude. Dort ist eine Reihe von Löchern, über die wir uns kauern können, eines neben dem anderen. Es gibt keinen Sichtschutz, nur Luft, wo eigentlich Türen sein sollten. Wir warten in der Schlange, um unsere körperlichen Verrichtungen zu erledigen. Als wir fortgehen, kommt eine SS-Wächterin mit einer Gruppe von Frauen vorbei. Sie lacht leise vor sich hin.

»Die da waren Doktorinnen«, verkündet sie Idi.

Die Frauen starren leer vor sich hin.

»Das stimmt doch, oder?«, fragt sie laut.

»Ja«, antwortet eine der Frauen.

Sie sehen nicht wie Doktorinnen aus. Sie sehen aus wie knochige Gefangene, genau wie ich.

»O ja, feine, vornehme Doktorinnen«, sagt die SS-Frau unter Gelächter, »und jetzt könnt ihr die Latrinen sauber machen. Los jetzt!« Die Ärztinnen werden blass. Die SS-Frau stößt eine von ihnen mit ihrem Gummiknüppel, und die fällt in die Latrine.

»Latrinen sauber machen, ihr Doktorinnen!«

Die Doktorinnen gehen mit gebeugten Köpfen zu den Latrinen.

»So ist's recht! Nehmt eure feinen Hände und holt raus, was da drin ist, bringt's nach draußen, und dann kommt ihr wieder und macht weiter, bis nichts mehr drin ist.«

Ein paar SS-Frauen gehen in das Gebäude. »Kommt nur und seht euch die Doktorinnen bei ihrer neuen Arbeit an«, sagt die erste. Sie schauen zu und lachen. Die Doktorinnen linsen in die Latrinenlöcher. Sie sind hochrot im Gesicht. Die SS-Frauen verschränken die Arme und sehen zu, wie die Doktorinnen mit den nackten Händen in den Schlamm fassen, die dünnflüssigen braunen Exkremente aufnehmen und nach draußen bringen. Mich würgt es.

Die SS-Frauen kichern und lachen.

»Jetzt bist du nicht mehr so hochnäsig, was?«, ruft eine von ihnen einer Frau zu, der die Exkremente über das Kleid rinnen.

»Kommt«, sagt Idi zu uns. »Es ist Zeit, dass wir zurückgehen.«

Ich wende mich von den Ärztinnen ab und folge den anderen Frauen in unsere Baracke.

Als wir unsere Schlafplätze erreichen, ist endlich nichts mehr zu tun. Idi zieht sich zurück, und ein paar von uns kommen zusammen, um zu reden.

»Da ist ein Tor, das zum Lager der Männer führt«, erzählt uns Chanki. »Ich will da mal hingehen und schauen, ob ich David und Jehuda finden kann. Vielleicht suchen die dort nach uns. Möchtest du mitkommen?«

»Natürlich«, antworte ich. »Lea, Beile, kommt!«

Wir treten aus der Baracke. Rings um uns herum ist

der Boden schlammig, kein Grashalm ist zu sehen. Langsam geht die Sonne unter. Ich kann kaum glauben, dass es seit unserer Ankunft erst einen Sonnenuntergang und einen Sonnenaufgang gegeben hat.

»Seid vorsichtig«, sagt Chanki, als wir uns dem Tor nähern. »Es ist elektrisch, fasst es bloß nicht an.«

Das Tor ist etwa vier Meter hoch. Oben drauf ist Stacheldraht, und es stehen kleine scharfe Spitzen daraus hervor, wie Dornen an einem Rosenstrauch. Ich begreife, dass dieses Tor mit seinen Stacheln und seinem elektrischen Strom uns hier in der Falle festhält.

Eine junge Frau geht an uns vorbei.

»Pass auf mit dem Tor«, sage ich zu ihr. »Das steht unter Strom.« Sie achtet nicht auf mich. Sie schaut verzweifelt. Sie ignoriert mich und geht geradewegs auf das Tor zu.

»Halt!«

Sie geht weiter. Sie streckt im Gehen den Arm aus und packt den dünnen elektrischen Draht am Zaun. Sie klammert ihre knochigen Finger darum, als hinge ihr Leben davon ab. Ihr ganzer Körper zuckt. Sie zittert rasend schnell, dann bewegt sie sich nicht mehr. Sie ist vor unseren Augen gestorben, hält sich immer noch am Tor fest.

Chanki stöhnt auf.

»Oh«, flüstert Lea.

»O Gott«, stammle ich. Ich kann nicht glauben, was ich gerade gesehen habe.

Ein paar Augenblicke stehen wir alle wie erstarrt da.

»Vielleicht ist das der einzige Ausweg …«, meint Lea.

»Sag so was bloß nicht noch mal! Wir gehen von hier aus nach Hause zurück!«

Wir wenden uns ab, fort von der toten jungen Frau.

14

Crasna, 1935. Neun Jahre alt

Geht heraus
wie ein Bräutigam
aus seiner Kammer
und freut sich wie ein Held,
zu laufen die Bahn.

Psalm 19,5

Es war Juni, als Pinkas starb. Lange Zeit danach war deswegen der Frühsommer für mich immer eine schlimme Zeit. Pinkas war sechs Jahre alt. Ich habe den Frühsommer immer sehr gemocht, wenn es schon warm genug war, dass wir stundenlang draußen spielen konnten, aber noch nicht so heiß, dass wir alle schlecht gelaunt und müde wurden. Ich habe den Duft von blühenden Blumen und frisch gemähtem Gras geliebt. Die Luft im Frühsommer schien so lebendig und voller Verheißung. Aber dann ist Pinkas im Juni gestorben, und der nächste Juni hat frische Luft hergeweht, die genauso gerochen hat wie an dem Tag, an dem er gestorben ist, und ich bekam Angst, dass diese Jahreszeit wieder etwas Schlimmes bringen würde. Jeder Juni danach ist mit dem gleichen Gefühl des Unheils dahergekommen.

Herr Raizomovich hatte damals einen besonderen Stand gebaut, auf dem er seine Stoffe auf dem Markt am Stadtplatz vorzeigen konnte. Er hat dazu Holzbretter verwendet. Als er sie nicht mehr brauchte, hat er sie auf unserem Hof gelagert. Wir haben uns über dieses neue Spielzeug gefreut. Pinkas war immer ein braver Junge, doch manchmal hat er sehr wild gespielt und sich dabei die Schuhe abgestoßen. Also hat Mama ihm gesagt, er solle vor seinen wilden Spielen lieber die Schuhe ausziehen. Und das hat er gemacht. Ich erinnere mich daran, wie er die Schnürsenkel sorgfältig aufschnürte und die Schuhe zur Seite stellte, ehe er auf den Holzplanken herumrannte. Er kicherte und lachte und sprang, und sein rotes Haar tanzte auf und ab. Dann schrie er. Mama kam nach draußen gerannt.

»Was ist passiert?«, fragte sie. Sie streckte die Arme nach ihm aus.

»Ich bin in einen Nagel getreten!«, rief er.

Mama hielt ihn fest im Arm, als er das Gesicht an ihrer Brust verbarg. Sie strich ihm über das Haar und beruhigte ihn, als er weinte. Als der Fuß eitrig wurde, ist sie mit ihm zum Arzt gegangen, aber da war es schon zu spät. Wenige Wochen später ist er an einer Blutvergiftung gestorben. Mama hat erzählt, dass er nach unserem Vater gerufen hat, als er starb. Der Gedanke, dass die beiden jetzt zumindest beieinander sind, hat mich froh gemacht. Doch seit diesem Tag hat Mama kein Lächeln mehr auf dem Gesicht.

Bis eines Tages zwei Jahre später im Juni etwas Wunderbares geschieht und ihr Lächeln zurückkehrt.

»Mädchen!«, ruft Mama und winkt uns zu sich an den Tisch, wo sie gerade einen Kokoskuchen zubereitet. »Ich muss euch was erzählen.«

»Was ist los? Erzähl!«, sagt Lea. Wir eilen zu Mama.

»Ich erzähle es euch nur, weil ich es einfach jemandem erzählen muss. Es ist noch ein Geheimnis, also erzählt es bloß niemandem weiter, ehe es offiziell ist.«

»Natürlich nicht!«, verspreche ich.

»Und, was ist die Neuigkeit?«, fragt Lea.

»Es verlobt sich jemand«, sagt Mama.

»Aber nicht David, ja? Der ist so jung«, erwidere ich.

»Nein, nicht David.«

»Puh«, sage ich erleichtert. (Damals brauchten wir David in unserem Leben.)

»Du?«, platzt es aus mir heraus.

»Nein, ich auch nicht«, antwortet Mama.

Sejde versucht schon lange, Mama wieder zu verheiraten. Aber sie weigert sich immer. Er schlägt ihr die nettesten Männer vor, die sie heiraten wollen, aber sie trifft sich nicht einmal mit ihnen. Das macht Sejde sehr traurig, aber Mama meint, sie könnte niemals jemanden so lieben, wie sie unseren Vater geliebt hat.

»Nein, du Dummchen!«, meint Lea. »Es muss Chana sein.«

Mir fällt das Kinn herunter, als Mama nickt. Ich dachte, das würde niemals geschehen. Vielleicht weil Sejde immer gesagt hat, dass unsere Tante ein Junge hätte werden sollen, weil sie so schlau ist. Ich habe mir immer gedacht, dass sie eigentlich auch wie ein Junge aussieht. Ich kann mir Tante Chana nicht verheiratet vorstellen.

Am nächsten Tag gehen wir in Sejdes Haus, und da steht Chana neben einem dünnen Mann. Er sieht nett aus. Sie hat ein breites Lächeln auf dem Gesicht, aber zum Glück benimmt sie sich nicht wie meine anderen Tanten nach der Verlobung. Chana ist praktisch ganz normal. Mama stellt ihren Kokoskuchen auf den Tisch, umarmt Chana herzlich und gibt ihr einen Kuss. Meine Onkel kommen alle mit ihren Ehefrauen, und schon ist das Haus voller Menschen.

»Jetzt bin ich der einzige Unverheiratete!«, sagt Onkel David.

»Keine Eile, du bist erst siebzehn, mein Süßer«, neckt ihn Mama.

»Wer hat es denn eilig?«, erwidert David. Er ist ein bisschen rot geworden.

Sejde kommt aus dem Esszimmer. Er hält eine Flasche und ein paar kleine Gläser in den Händen. Er schenkt jedem ein, reicht die Gläser herum, sagt: »L'chaim!«*, und stößt mit allen an. Tante Chana ist verlobt!

Von dem Tag an liegt Aufregung in der Luft. Wir haben eine Hochzeit vorzubereiten! Mama lässt für uns Kleider

* Hebräisch: Auf das Leben!

schneidern. Sie sind so wunderschön, dass ich meines sofort anziehen will, als es fertig ist, aber natürlich müssen wir bis zur Hochzeit warten. Die Kleider sind dunkelblau, haben vorn eine tiefe Falte und einen weißen Kragen mit einem marineblauen Streifen. Obwohl sie gestärkt sind, fallen sie noch ganz weich. Mama hat gesagt, so was nennt man Matrosenkleid.

Am Morgen der Hochzeit stehe ich vor Sonnenaufgang auf. »Lea«, flüstere ich. »Der Tag ist gekommen.«

Lea stöhnt. »Geh weg, es ist noch dunkel.«

»Aber heute ist doch die Hochzeit.«

Sie lächelt und erinnert sich allmählich. »Trotzdem, geh weg bis zum Morgen«, murmelt sie, dreht sich auf die andere Seite und schläft weiter.

Als Mama aufwacht, frühstücken wir wie an jedem anderen normalen Tag. Wie können wir bloß so tun, als wäre alles wie immer, wo wir doch heute eine Hochzeit feiern? Melkt der Bauer noch seine Kuh? Werden immer noch Stände auf dem Markt aufgebaut? Wie kann heute für mich der aufregendste Tag der Welt sein, aber für niemanden sonst?

»Darf ich mich jetzt anziehen?«, frage ich und hüpfe auf und ab.

Jecheskel lacht.

»Du benimmst dich, als wärst du so alt wie Jecheskel«, sagt Mama. »Du musst erst noch deine Pflichten im Haus erledigen, das weißt du genau.« Aber sie hat ein großes, breites Lächeln auf dem Gesicht, und es ist wunderbar, das zu sehen.

Endlich, endlich ist es Zeit, mich schön anzuziehen. Ich streiche mit der Hand über die gestärkte marineblaue Falte. Ich kann es gar nicht abwarten, Chanas Kleid zu sehen. Die Schneiderin arbeitet schon monatelang daran, aber es soll eine Überraschung sein, also bekomme ich es heute zum allerersten Mal zu sehen.

»Gehen wir«, sagt Mama, wickelt sich Jecheskels Pejess* um den Finger, bis die Locke perfekt ist.

»Gehen wir!«, sagt Lea.

»Nur noch eine Minute, lass mich noch Blumen in euer Haar stecken«, sagt Mama.

Sie nimmt ein Sträußchen Schleierkraut aus der Vase und wischt die Stängel trocken. Sie hat Lippenstift aufgetragen, bemerke ich. Ich mag das, weil ihre Lippen dann so rosig und hübsch aussehen. Sie bricht ein paar von den schaumig zarten Blüten von den langen Stängeln und steckt sie Lea und mir ins Haar.

»Jetzt gehen wir«, sagt sie und macht uns die Tür auf.

Wir gehen zusammen zu Sejdes Haus. Wir begegnen unseren Nachbarn, die Alltagskleidung tragen und ihren Alltagsbeschäftigungen nachgehen, und es will mir nicht in den Kopf, wie das möglich sein kann. Sie leben ihr ganz normales Alltagsleben, während wir zu einer Hochzeit unterwegs sind!

Als wir ins Haus treten, ist es völlig verwandelt. Chana sitzt auf einem Stuhl im Wohnzimmer, der mit an den Ecken

* Jiddisch: Schläfenlocke

zusammengeraffter weißer Spitze bedeckt ist. Ihr Kleid ist auch aus weißer Spitze. Es fließt an ihrem Körper entlang bis zum Boden und dann um ihre Füße, ein perfekter Bach. Darauf schweben Blumen wie Seerosen. Chana trägt einen weißen Schleier mit einer Krone auf dem Kopf. Sie strahlt uns an, als wir hereinkommen.

»Masel-tow*, Chana«, sage ich und fühle mich in ihrer Gegenwart plötzlich ganz schüchtern.

»Masel-tow«, erwidert sie, als sie mir einen dicken Kuss auf die Wange gibt.

Dann ist Lea an der Reihe und umarmt sie. Sie verheddert sich ein wenig in dem ausladenden Kleid.

»Hier ist die Kale**!«, sagt Sejde. Seine Arme sind ausgestreckt, und er lächelt breit. Er wippt auf den Füßen.

Ich habe ihn noch nie so glücklich gesehen.

»Oh, was für eine anmutige Braut«, sagt er, als er einen Blick auf sie wirft. Er hebt die Hände. »Was für eine wunderschöne Braut.«

»O Vater«, erwidert Chana lächelnd.

Musiker kommen herein, einer mit einer Geige, einer mit einer Ziehharmonika, einer mit einer Gitarre. Sie beginnen zu spielen, und die Leute klatschen im Takt. Lea und ich schauen auf den Tisch, der sich unter dem vielen bereitgestellten Essen biegt. Wir schauen zu Mama, die uns anlacht.

»Oh, geht schon, Mädels, esst, was ihr wollt.« Das lassen

* Hebräisch: Viel Glück, Glückwunsch

** Jiddisch: Braut

wir uns nicht zweimal sagen. Wir rennen zum Tisch. Da gibt es kleine Windbeutel, große, luftige Rührkuchen und salzige Kekse mit kleinen Heringsstücken darauf. Alles schaut mich verführerisch an. Ich wähle einen kleinen orangefarbenen Windbeutel aus und stecke ihn mir in den Mund. Der Teig ist knusprig, und die Sahne schmilzt mir mit einem Aufblitzen von Orangen und Zitronen auf der Zunge.

Die Musik wird schneller. Lea und ich wirbeln dazu herum. Immer mehr Leute strömen in das kleine Haus meines Großvaters. Immer wenn man meint, jetzt wäre kein Platz mehr, tritt ein weiterer Gast ein, und irgendwie scheint sich das Haus auszudehnen. Die Frauen sind alle fein angezogen und gehen zu Chana ins Wohnzimmer. Die Männer bleiben bei Mendel, dem Bräutigam, im Esszimmer. Die Musik wird noch schneller. Sejde und Mendels Vater nehmen Mendel jeweils bei einer Hand. Die Männer aus der Stadt gehen hinter ihnen und klatschen in die Hände, als sie ins Wohnzimmer schreiten, um Chana zu begrüßen. Ich laufe hinein und stelle mich neben Chana, damit ich zuschauen kann. Mendel geht zu Chana, die Bobes Hand fest umklammert hält. Chana sieht aus, als würde sie gleich vor Glück platzen. Mendel flüstert ihr etwas ins Ohr, und sie scheint überrascht zu sein, denn sie wirft den Kopf in den Nacken und lacht, als er hinter sie greift und ihr den Schleier über das Gesicht zieht.

Wir gehen nach draußen zur Chuppa* unter dem sam-

* Hebräisch: Hochzeitsbaldachin

tenen Himmel und den Sternen, die uns umgeben. Mendel geht den Mittelgang hinunter, flankiert von Sejde auf der einen und seinem Vater auf der anderen Seite, während die Musiker weiter ihre Weisen spielen. Chana folgt ihnen mit Bobe an einer Seite und Mendels Mutter an der anderen. Alle erheben sich, als sie langsam vorüberschreitet. Mama hat Tränen in den Augen, und ihre Lippen flüstern etwas. Chana stellt sich neben Mendel. Irgendjemand liest viele Worte, und dann zertritt er das Glas.

»Masel-tow!«, rufen alle, und die beiden sind verheiratet!

Später sitzt nur unsere Familie zusammen bei der Mahlzeit im Haus. Wir bekommen alle Gelegenheit, mit Chana zu tanzen. Nur Jecheskel liegt quer über zwei Stühlen und ist eingeschlafen. Nach meinem Tanz mit Chana nehme ich Lea bei der Hand, und wir drehen uns im Kreis. Mir wird ganz schwindlig von der Musik, und ich wünsche mir, wir könnten uns vom Boden erheben und durch den Raum schweben. Das Zimmer wirbelt um mich herum, während wir tanzen: die Zigeuner, die in der Ecke mit ihren Instrumenten tanzen, der Nachtisch, der auf dem Büfett steht, Chana, die mit Bobe tanzt, Leas Gesicht. Alles flitzt vor meinen Augen vorbei. Plötzlich zieht Lea zu fest an meiner Hand, und wir fallen kichernd in einem Knäuel zu Boden.

Nachdem die meisten Gäste gegangen sind, tanzt Sejde mit Chana und nimmt dann Mendels Hände und legt sie Chana auf die Schultern. Mendel sieht zunächst ein bisschen verwirrt aus, doch dann führt er Chana langsam im Zimmer herum. Die beiden schauen einander in die Augen, und

Mendel sieht Chana so zärtlich an, als wäre sie der einzige Mensch auf der ganzen Welt.

Mama lacht leise. »Das Leben geht weiter. Ich wollte es nicht glauben, aber es geht weiter.«

Und wir stehen still da und schauen zu, wie Mendel mit Chana durch das Zimmer tanzt und ihrer beider neues Leben beginnt.

15

Auschwitz, Juni 1944

Der Himmel
ist der Himmel
des Herrn;
aber die Erde
hat er den Menschenkindern gegeben.
Nicht die Toten loben den Herrn,
keiner, der hinunterfährt in die Stille,
wir aber, wir loben den Herrn
von nun an
bis in Ewigkeit.
Halleluja!

Psalm 115,16–18

Am nächsten Morgen wache ich von einem schrillen Pfeifton auf. Überall taumeln Frauen von ihren Stockbetten herunter und wuseln durcheinander, um an ihren Kaffee zu kommen. Ich rutsche von meiner Pritsche und schaue im oberen Abteil nach Lea. Ich beobachte, wie sie die Augen aufschlägt, und sehe die Erinnerung an gestern auf ihrem Gesicht. Sie steigt mühsam herunter, und wir reihen uns in die Kaffeeschlange ein. Mitten im Raum steht Idi mit einer Schale in der Hand. Die Baracke ist dunkelbraun, wie ein Verlies. Rings um uns laufen knochige junge Frauen herum.

»Ich kann einfach nicht glauben, dass all das wirklich passiert«, sagt Chanki, als wir darauf warten, dass die große Schale mit der braunen Flüssigkeit herumgereicht wird. Ich weiß nicht, was ich ihr darauf antworten soll. Wir schauen schweigend zu, wie eine Gruppe junger Frauen zu uns stößt und mit uns in der Schlange auf den Kaffee wartet. Ich erkenne Beile, die langsam geht, wie im Traum.

»Da ist Beile. Komm zu uns, Beile!«, rufe ich ihr zu.

»Ich wollte dir das gestern erzählen, hab's aber vergessen«, sagt Chanki. »Ich kenne Beiles Familie aus Satu Mare. Das waren die reichsten Leute am Ort. Beile hat ihr Leben lang keinen Tag arbeiten müssen. Für sie ist das alles hier wahrscheinlich viel schrecklicher als für uns.«

»Dann müssen wir uns um sie kümmern«, sage ich.

»Das machen wir.«

»Komm, Beile!« Ich winke sie heran, als wäre sie ein Kätzchen, das man anlocken muss. Immer noch wie in Trance gleitet Beile zwischen uns. Als die Schale mit dem Kaffee uns erreicht, hebe ich sie ihr an die Lippen.

»Zählappell! Raus!«, ruft Idi. Ehrlich gesagt sieht sie beinahe ängstlicher aus als wir. Ich denke, sie wird möglicherweise verprügelt, wenn sie uns nicht im Griff hat.

Wie gestern stehen wir stundenlang da draußen. Die Soldaten gehen mit knallenden Absätzen herum und zählen uns wieder.

»Eins, zwei, drei, vier, fünf, eins, zwei, drei, vier, fünf.« Es ist entwürdigend, so wie Vieh gezählt zu werden. Manche Mädchen sacken auf den Boden und werden zur Seite gezerrt. Später sehe ich sie zusammengepfercht auf einem Lastwagen.

Nach dem Appell setzt eine SS-Frau ihren Knüppel ein, um uns wiederum in Fünferreihen zu drängen.

»In die Reihe! In die Reihe«, ruft sie. Ich frage mich, ob sie wohl je von der vielen Schreierei Kopfweh bekommt.

»Mir nach! Schneller!«

Sie führt uns zu einer Lichtung, in deren Mitte riesige Felsbrocken liegen. Da halten wieder SS-Leute Wache. Gefangene, die vor uns hier eingetroffen sind, arbeiten schon in Gruppen an dem Gestein.

»Hört gut zu, ihr Schweine! Ihr nehmt diese Hämmer hier und klopft die großen Brocken zu kleinen Steinen, und die bringt ihr da drüben auf den Haufen. Eure Arbeitszeit fängt jetzt an! Schnell! Was braucht ihr so lange?«

Die SS-Wächterin packt eine junge Frau und schleudert sie vorwärts auf einen Felsbrocken zu. Das Mädchen kommt ins Stolpern, und die SS-Frau schlägt sie mit dem Kopf gegen den Stein.

»Schnell!«

Wir rennen zu den Felsbrocken und nehmen die kleinen Hämmer zur Hand, die überall auf der Erde herumliegen.

Inzwischen steht die Sonne hoch am Himmel und blendet mich. Schweiß rinnt mir über den kahlen Schädel, als ich den Hammer hebe und ihn auf den Felsbrocken heruntersausen lasse. Der gibt keinen Zentimeter nach. Eine SS-Frau tritt hinter mich und schlägt mich auf den Rücken.

»Du musst dich mehr anstrengen, du schwächliches kleines Ding. Wir wollen hier nur Mädchen, die arbeiten können.«

Sie verschiebt das Gewehr, das sie an der Seite trägt. Ich hole tief Luft, hebe den Hammer, bis er hinter meiner Schulter hängt und lasse ihn im hohen Bogen auf den Felsbrocken herunterkrachen. Ein dünner Haarriss zeigt sich. Ich schaue mich um, ob die SS-Frau mich noch beobachtet. Doch sie prügelt schon eine andere Gefangene. Ich seufze und hebe den Hammer wieder bis hinter die Schulter. Ich donnere ihn auf den Riss, der sich ein wenig weiter auftut, aber nur ein bisschen. Ich wiederhole den Schlag, und ein Stein, kaum so groß wie einer meiner Finger, fliegt auf die Erde. Ich lese ihn auf, als wäre es ein Diamant, und raffe mein Kleid zusammen, um ihn darin aufzuheben. Die Luft fühlt sich an, als wäre sie über fünfzig Grad heiß, und es geht nicht einmal der Hauch einer Brise.

Stunden später klopfen wir noch immer kleine Steine von den Felsbrocken. Die SS-Frauen sind fortgegangen, wahrscheinlich zum Mittagessen. Mein Magen ist wie ausgeschabt. Ich schaue, wer rings um mich steht, und stelle fest, dass sich ein kleiner Kreis junger Frauen aus unserer Stadt gebildet hat. Lilli Lieberman und ihre Schwester Resi stehen gleich neben mir. Und Gitti Stein kauert neben ihnen. Schani Raizomovich sammelt neben Lea Steine ein, und Reisel Sternweitzel hackt auf einen Felsbrocken ein, während ihr der Schweiß über den kahlen Schädel und das Gesicht rinnt. Dies sind meine besten Freundinnen aus der Kindheit. Ich höre mit Hacken auf und mustere ihre Gesichter. Ohne ihr Haar sehen sie so verändert aus; es ist kaum zu glauben, dass sie noch dieselben Menschen sind. Resi wirkt viel älter ohne ihr schwarzes, buschiges Haar, das ihr Gesicht wie eine Wolke aus Locken eingerahmt hat. Ihre dunklen, mandelförmigen Augen scheinen jetzt größer zu sein, aber ihre Lippen sind noch rot und voll. Gitti ist nicht ganz so groß wie Resi, sie ist geschmeidig wie eine Weide, aber mich überragt sie noch um einige Zentimeter. Ihr Haar war strohblond, doch jetzt ist da nichts mehr. Sie ist noch so wunderschön wie eh und je. Lilli hat die Hände in die breiten Hüften gestemmt. Schani sieht ziemlich komisch aus ohne ihre langen braunen Zöpfe, die ein wenig ihre roten Pausbacken verborgen haben. Jetzt ragen ihre Wangenknochen hervor, während sie immer und immer wieder auf der Unterlippe kaut. Alle sind noch groß, noch kräftig, die Schultern breit, die Hüften stark. Ich bin einen guten Kopf kleiner als sie, und das Mädchen von meiner Pritsche hat recht: Ich bin jetzt schon ein Muselmann*.

* In den Vernichtungslagern wurden Gefangene, die sich im letzten Stadium des Verhungerns befanden, von ihren Mitgefangenen »Muselmann« genannt.

Lilli legt mir die Hand auf die Schulter. »Sei nicht traurig, Rosi«, sagt sie. »Wir gehen von hier aus geradewegs in den Himmel.«

Lilli war immer schon die Frommste von uns allen. Ich schaue sie an. Die anderen sehen auch zu ihr hin und nicken.

»Es ist in Ordnung, weißt du, wirklich«, fährt Lilli fort. »Irgendwie habe ich das Gefühl, dass ich heimgehe. Ich habe keine Angst mehr. Das Leben war eine Reise, und sie war wunderbar, aber jetzt ist sie zu Ende.« Sie sieht wirklich ganz ruhig aus, wie sie da die Steinbrocken zu ihren Füßen aufsammelt. »Der ganze Sinn dieser Welt ist eigentlich nur auf die nächste Welt gerichtet, wisst ihr. Die jetzige Welt ist wie der Eingangsflur vor einem Palast. Wir sollen uns auf diesem Flur vorbereiten, damit wir den Palast genießen können. Das haben uns die Weisen gelehrt. Die nächste Welt ist für die Ewigkeit, diese hier ist vergänglich.«

»Ich würde mich freuen, wenn ich sehen könnte, was dann kommt. Was für eine Welt da auf uns wartet«, sagt Gitti.

»Wir kommen wahrscheinlich gleich in den höchsten Himmel«, meint Schani.

»Natürlich«, antwortet Lilli. »Du weißt doch, dass jeder Mensch, der nur deswegen sterben muss, weil er Jude ist, ganz hoch hinaufsteigt.«

»Das wird wunderschön«, sagt Gitti. »Wahrer Frieden und Ruhe, und wir sitzen Gott am nächsten.«

Die Sonne scheint mir in die Augen und brennt mir auf den Rücken. Schweiß rinnt mir vom Körper. Ich will den

Mund aufsperren und mir den Schweiß in den ausgetrockneten Hals rinnen lassen. Ich schaue in den wolkenlosen blauen Himmel hinauf und dann auf die großen, starken Freundinnen aus meiner Heimatstadt und auf ihre roten Wangen.

»Himmel«, sagt Resi mit einem Seufzer. »Wir gehen von hier geradewegs in den Himmel.«

Schwarzer Rauch steigt in den Himmel.

»Ihr könnt meinetwegen von hier in den Himmel gehen«, sage ich. »Ich aber gehe von hier nach Hause.«

Sie schauen zu mir hoch. »Rosi, was sagst du da?«, fragt Lilli.

»Ich sage, ihr könnt gehen, wohin ihr wollt, aber ich gehe von hier nach Hause. Und dann wollen wir sehen, wohin ich weitergehe, aber erst einmal gehe ich nach Hause.«

Sie schweigen alle kurz. »Du träumst«, sagt Lilli schließlich. Sie tätschelt mir die Schulter, als wäre ich ein kleines Kind. Ich schüttle ihre Hand ab.

»Ich habe deine Theorie gehört, Lilli, wirklich. Aber ich gehe von hier aus nach Hause. Das mit dem Himmel sehen wir später.«

Lilli schüttelt traurig den Kopf. Sie schaut zum Himmel hinauf. Der Rauch steigt nicht mehr auf, es sind nur noch schwebende schwarze Rauchfetzen geblieben. »Sei realistisch, Rosi. Ich glaube nicht, dass irgendwer von hier nach Hause zurückgeht. Es wäre nicht schlimm, hier zu sterben, das weißt du.«

»Ich gehe nach Hause!« Ich brülle es beinahe heraus. Und

dann sage ich mit leiserer Stimme: »Lea, wir gehen von hier nach Hause.«

Alle schauen mich an, als wäre ich verrückt geworden. Aber ich weiß, dass ich von hier nach Hause gehen werde.

Meine Freundinnen habe ich danach nie wiedergesehen.

16

Crasna, 1937

Herr, wie sind deine Werke so groß!
Deine Gedanken sind sehr tief.
Ein Törichter glaubt das nicht,
und ein Narr begreift es nicht.

Psalm 92,5–7

Als ich elf Jahre alt bin und Lea schon beinahe zehn ist, gibt uns Mama bei einer Schneiderin in die Lehre. Wir arbeiten umsonst, und im Gegenzug bringt sie uns die Grundlagen des Nähens und Schneiderns bei. Es stellt sich heraus, dass Lea nicht nur ein Genie in Rechnen und Geometrie ist, sondern auch im Schneidern. Sie setzt sich an die Nähmaschine, und die Schneiderin gibt ihr ein großes Stück grauen Stoff und sagt ihr, sie solle ein Kleid nähen. Lea sitzt so kerzengerade da wie die Stecknadeln auf dem Nadelkissen und murmelt dann vor sich hin: »22x16, 17x55, 33x4.« Sie beugt sich über die Nähmaschine und macht sich ohne ein weiteres Wort an die Arbeit. Innerhalb weniger Tage hat sie ein wunderschönes Kleid genäht. Lea hat Zauberhände. Sie ist die Prinzessin, die Stroh zu Gold spinnen kann. Ich dagegen nicht so sehr. Ich schaue den Stoff an, und mich überkommt Hoffnungslosigkeit. Wie soll ich bloß aus diesem riesigen Stück Stoff ein Kleid schneidern? Es würde mir leichterfallen, nach Amerika zu schwimmen oder vielleicht Fliegen zu lernen. Ich nestele an dem grauen Stoff herum. Ich versuche, die Dinge richtig zu berechnen. Ich steche mich an den Stecknadeln. Als ich schließlich fertig bin und das Kleid anprobieren will, geht es nicht über meinen Kopf, weil ich den Halsausschnitt zu eng gemacht habe. Die Schneiderin teilt mich dem Bügeln zu. In einer Zimmerecke ist ein riesiges Bügeleisen. Ich muss erst Kohlen aufheizen, um es heiß zu machen, damit ich es benutzen kann. Das Bügeleisen ist beinahe größer als ich, und ich muss das schwere Ding über die Kleidung zerren. Als ich fertig bin, schwitze ich, aber ich strahle auch vor Stolz, denn ich habe noch nie so glatte und faltenfreie Kleider gesehen wie diejenigen, die das Glück hatten, mir unter das Bügeleisen zu geraten.

Unsere Lehre bei der Schneiderin geht zu Ende, und wir bekommen unsere erste Anstellung bei den Kellers.

Benni Keller war früher einmal Schüler meines Vaters. Jetzt arbeitet Mama als Köchin in seinem Haus. Sein Vater ist Doktor, und seine Mutter gibt großartige Feste. Eines Tages kommt Mama von der Arbeit bei den Kellers nach Hause und setzt sich mit Lea und mir zusammen, um mit uns zu reden.

»Ich weiß, dass ihr Mädchen noch sehr jung seid, und ich will nicht, dass ihr zu schwer arbeiten müsst, aber ich glaube, dieses Angebot können wir nicht ablehnen.«

»Welches Angebot?«, fragt Lea.

»Als ich heute zum Kochen in Frau Kellers Küche gekommen bin, hat sie mir Komplimente über mein Kleid gemacht«, sagt Mama und lächelt Lea an. »Also habe ich ihr natürlich gesagt, dass meine Tochter Lea es für mich genäht hat.«

»Mama«, stöhnt Lea.

»Da brauchst du nicht so bescheiden zu tun, du bist begabt«, sagt Mama mit fester Stimme, und Lea wird rot.

»Also, was hat sie dann gesagt?«, frage ich.

»Sie war völlig verdutzt, dass Lea in ihren jungen Jahren so ein Kleid schneidern kann. Als ich fortgehen wollte, hat sie gesagt, sie hätte sich etwas überlegt. Sie würde sich freuen, wenn Lea den Sommer über jeden Tag zu ihr käme und alle Kleider für die Hochzeit schneidern könnte, für sie und ihre Töchter!«

»Du liebe Güte! Wie eine von den tollen Schneiderinnen, die vor einer Hochzeit in die Stadt kommen?«

»Ja, kannst du das glauben? Sie hat gesagt, dass sie sehr gut bezahlt.«

»Toll!«, sagt Lea. »Aber was ist mit Rosi?«

»Ich habe ihr erzählt, dass Rosi bügeln kann wie keine Zweite, und sie hat gemeint, dass sie das für die Hochzeit und all die Feste danach mit Sicherheit braucht. Also hat sie Rosi auch eingeladen. Das wird ein Spaß für euch! Das Haus ist groß und wunderschön, und, meine Güte, ihr solltet die Bibliothek sehen, die ist einfach umwerfend. Bücher von einer Wand zur anderen, vom Boden bis zur Decke.«

Die Kellers freuen sich sehr, als wir kommen, und ich freue mich sehr, Teil dieses ganz besonderen Teams zu sein, das die Hochzeit zu einem großartigen Fest machen wird.

»Ich wusste doch, dass ihr gut arbeiten würdet«, sagt Frau Keller, als Lea das Kleid, das sich Frau Keller wünscht, auf ihrem Block skizziert. »Ich werde aussehen wie Anne Chevalier«, meint sie mit einem Seufzer. »Ihr könnt gleich anfangen. Wir essen um halb acht zu Abend, kommt bitte dazu.«

»Wir können nicht zum Abendessen hierbleiben«, sage ich, sobald sie das Zimmer verlassen hat.

»Warum nicht?«

»Weil die hier nicht koscher leben.«

Lea verdreht die Augen. »Wir können doch nicht jeden Tag das Abendessen ablehnen. Das wäre unhöflich. Dann setzen wir uns einfach mit der Familie an den Tisch und essen nur Gemüse und Obst.«

»Das ist eine gute Idee.«

Wir verbringen den ganzen Sommer im Nähzimmer und schneidern ein Kleid nach dem anderen. Alle vier Töchter von Frau Keller brauchen ein Festgewand und dann noch sieben neue Kleider für die Festwoche nach der Hochzeit. Ich helfe Lea bei den einfacheren Nähten, und ich bügele alles zur Perfektion. Eines Tages, als wir gerade abends nach Hause gehen wollen, zeigt uns Frau Keller die Bibliothek.

»Ich glaube, ich träume«, sagt Lea, als wir eintreten. Frau Keller lacht.

»Meine Mädchen lesen nicht einmal gern. Genießt es.«

Ich schaue an den Wänden entlang. Die eingebauten Regale aus Kirschholz sind von oben bis unten voller Bücher. Es gibt zwei Leitern, ein großes Bogenfenster mit einem weichen Fenstersitz und drei riesengroße dunkelrote Sessel, die um einen Kamin gruppiert sind, in dem ein gemütliches Feuer brennt. Wir stöbern sofort nach Büchern. Lea nimmt sich *Krieg und Frieden* und ich *Anna Karenina*.

Als wir an diesem Abend nach Hause gehen, haben wir Bücher in der Tasche und Lei, die wir Mama geben können.

Niemand ist stolzer als ich, als ich damit zu meiner Mutter renne. Das ist das Beste an unserer Arbeit für die Kellers. Wenn wir Brot auf dem Tisch haben, dann haben wir das mir und Lea zu verdanken.

In meiner Freizeit lese ich die Bücher aus der Bibliothek. Die meisten verstehe ich nicht, aber ich liebe Bücher und Geschichten. Ich mag es, wie ein ganzes Leben in die Buchstaben gepresst ist und wie die Geschichte, wenn ich sie lese, von den Buchstaben auf der Seite in die Luft hinauf und in meinen Kopf wandert. Jede Person im Buch hat ihr eigenes Leben, das es beinahe gegeben haben könnte, und damit verbunden sind Wahrheiten und Träume, Liebe und Hass. Sejde sagt, im Talmud stehe, jeder Mensch müsse denken, dass die ganze Welt nur für ihn erschaffen wurde. Selbst wenn er der einzige Mensch wäre, der je geboren wurde, hat Gott diese ganze herrliche Welt nur für ihn geschaffen. Wenn ich vom

Leben anderer lese, verstehe ich diesen Satz ein bisschen besser. Jedes Leben ist so voller Entdeckungen und Schönheit, da scheint es mir glaubwürdig, dass die ganze Welt für jeden einzelnen Menschen geschaffen wurde.

Wir nehmen Tolstoi und Dostojewski mit. Wir verlieren uns in den Seiten, und wenn wir fertig sind, leihen wir die Bücher Lilli, Resi, Gitti und Schani weiter. Wir sind uns alle einig, dass Leo Tolstoi unser Lieblingsautor ist. Seine Bücher sind so dick, dass sie uns bis zum nächsten Arbeitstag bei den Kellers reichen. Sicherlich brauchen wir lange genug, um sie durchzulesen. Ich liebe Bücher, aber wenn ich ganz ehrlich bin, habe ich nicht alles in den Geschichten verstanden. Die Liebe hat mir gefallen, aber der Verrat und Betrug eher nicht.

Schließlich schlägt Lilli Lieberman vor, wir sollten eine Buchgruppe gründen. Wir treffen uns an jedem Schabbes nachmittags bei ihr im Garten. Lilli stellt Wassermelone hin, und manchmal gibt es sogar Kekse.

Wir sitzen im Garten auf der Holzbank, die ihr Vater gemacht hat, an dem Holztisch mit dem weißen Tischtuch, das mit Libellen bestickt ist. Lilli hält das Buch in den Händen. Sie ist die Schlauste von uns, und sie leitet die Gruppe. Sie ist vielleicht auch die Einzige von uns, die wirklich verstanden hat, was das Buch uns mitzuteilen versucht, aber wir geben uns alle Mühe, mitzumachen.

»Also, *Krieg und Frieden*«, sagt Lilli. »Habt ihr es alle gelesen?«

Wir nicken.

»Gut, sollen wir jetzt mal unsere Gedanken zu den verschiedenen Themen austauschen? Da gab es ja so viele«, sagt Lilli.

»Mir hat die Stelle gefallen, wo Pierre sagt, dass man an die Möglichkeit des Glücks glauben muss, um glücklich zu sein«, sagt Resi. »Das hat mich angesprochen. ›Lasst die Toten ihre Toten begraben, aber solange ich lebe, muss ich leben und glücklich sein.‹«

»Das hat mir auch sehr gefallen«, erwidert Lilli. »Manchmal frage ich mich, ob wir das Recht haben, glücklich zu sein, wenn so viele Männer im Krieg sind. Aber ich glaube, wir müssen immer versuchen, glücklich zu sein.«

»Es ist so wunderbar, wie sie sich geliebt haben«, füge ich hinzu. »Und so romantisch!«

»Da will ich auch gleich heiraten und eine Familie gründen«, sagt Resi.

»Ich auch«, stimme ich ihr zu. Wir lächeln.

»Dann wollen wir mal hoffen, dass das für uns nicht so kompliziert wird wie für die damals«, merkt Gitti an. Wir lachen. Ich berühre das Tischtuch und stelle mir vor, dass es ein seidiges weißes Brautkleid ist.

»Obwohl es ja manchmal keinen Frieden ohne ein bisschen Krieg gibt«, wendet Lilli ein.

»Ich wünschte, das müsste nicht so sein«, erwidert Resi. »Warum kann es nicht nur Liebe geben?«

»Das wäre schön.«

»Warum konnte Gott nicht eine solche Welt erschaffen? Er ist doch Gott! Er kann alles.«

»Darauf gibt es wahrscheinlich viele Antworten«, sagt

Lilli. »Aber mir gefällt, was Tolstoi dazu gesagt hat. Wo war es doch gleich? Ich habe die Seite umgeknickt.«

»Du darfst die Seite nicht umknicken! Das Buch gehört den Kellers. Das habe ich dir doch gesagt!«, ruft Lea aus.

»Tut mir leid, ich mach's wieder glatt.«

»Das ist nicht dasselbe.«

»Wie geht das Zitat?«, fragt Resi, die versucht, die Spannung abzumildern.

»Hier ist es. ›Wir können wissen, dass wir nichts wissen. Und das ist der höchste Gipfel menschlicher Weisheit.‹ Das schreibt Tolstoi hier. Das hat mir sehr gefallen. Wie viel ich auch zu verstehen versuche, so weiß ich doch, dass ich nichts weiß. Es ist mir alles zu hoch«, sagt Lilli.

»Mein Vater sagt, wir sind wie eine Ameise auf einem Blatt, die sich überlegt, warum auf der Oberfläche, über die wir laufen, so viele Buckel sind«, meint Schani.

»Das gefällt mir«, sagt Lilli. »Wusstet ihr, dass es am Himmel Millionen von Sternen gibt, die alle größer sind als die Erde? Verglichen damit sind wir kleiner als eine Ameise.«

Das habe ich nicht gewusst. Meine Gedanken sind ohnehin noch bei Nataschas Liebe, und vor meinen Augen verwandelt sich das Tischtuch in ein herrliches maßgeschneidertes Kleid.

17

Auschwitz, Juni 1944

Wirst du an den Toten
Wunder tun,
oder werden die Verstorbenen aufstehen
und dir danken?
Wird man im Grabe erzählen deine Güte
und deine Treue bei den Toten?

Psalm 88,10–11

Ich schwebe im Himmel. Am Boden stehen rote Schuhe, die ich tragen möchte, aber ich schwebe hoch über ihnen in der Luft. Immer und immer wieder recke ich meine Beine zu ihnen hin, aber sobald meine nackten Füße den Boden berühren, stoßen sie sich sofort wieder ab, und ich schwebe erneut nach oben. Zuerst genieße ich dieses Springen und Schweben, und ich hebe die Arme und schlage damit wie ein Vogel, fliege auf und ab. Dann werde ich unwillig, weil die Schuhe immer kleiner werden und ich mich immer weiter von ihnen entferne. Ich versuche, mich durch bloße Willenskraft nach unten zu zwingen, und deute mit meinem großen Zeh auf die Schuhe. Der Zeh streicht an den Schuhen vorbei, und ich versuche, mit dem Fuß hineinzuschlüpfen, doch ich bin viel zu schnell wieder in der Luft oben. Ich schwebe höher und sehe, dass dort unten nichts anderes ist, meilenweit nur harte Erde und die roten Schuhe. Ich drücke mich wieder nach unten, doch diesmal erreiche ich nicht einmal die Schuhe, ehe ich wie eine Marionette nach oben gezerrt werde. Ich recke die Nase vor und ziele mit meinem Körper nach unten, die Arme vor dem Leib ausgestreckt. Ich weiß, wenn ich die Schuhe erreiche, kann ich mit ihnen auf dem Boden bleiben. Zentimeter um Zentimeter nähere ich mich ihnen, doch dann fliegt mein Körper einen Bogen wie ein U, und ehe ich die Schuhe erreiche, bin ich wieder weit oben in der Luft.

Beißende Tränen steigen mir in die Augen.

»Nicht weinen«, sagt eine Stimme neben mir. Ich schaue zu der Stimme hin und merke, dass ich nicht allein bin. Je höher ich schwebe, desto mehr Menschen sind da, und einen Augenblick lang vergesse ich die Schuhe und schaue mir die Tausenden von jungen Frauen an, die alle über mir nach oben schweben. Ein Mädchen streckt den Arm zu mir und bietet mir ihre Hand an.

»Nicht weinen«, wiederholt sie. »Komm mit. Alles wird gut.«

Ich schaue den Mädchen ins Gesicht. Sie lächeln, während sie nach oben schweben. Sie sehen glücklich aus, und plötzlich bin auch ich glücklich, und ein tiefer Frieden leuchtet warm in mir. Dann schaue ich nach unten, und die Schuhe sind nur noch ein winziger roter Fleck auf der endlosen harten Erde. Mein Glück schlägt in Panik um. Die Schuhe! Ich muss zurück zu den Schuhen! Ich wende mich von dem Mädchen ab und stürze mich in einer verzweifelten Abwärtsbewegung wieder in Richtung der Schuhe. Während ich nach unten sause, sehe ich etwas aus dem Augenwinkel und schaue noch einmal zu der jungen Frau hinauf. Sie lächelt noch, aber nun fließen ihr Tränen aus den Augen. Es sind dicke Tränen, jede wie ein reißender Strom, und sie krachen wie Wellen auf mein Gesicht. Ich beachte sie nicht, setze nun meinen ganzen Willen daran, nur noch ein bisschen weiter nach unten zu fliegen. Endlich berühre ich die Schuhe und packe sie fest.

Ich wache auf, und es tropft wieder etwas auf mein Gesicht. Idi, die Blockälteste, stößt in die Trillerpfeife. Der Raum ist dunkel und muffig vom schrecklichen Gestank, und um uns herum scheinen die Ziegelmauern zu zerbröckeln. Die Mädchen auf meiner Pritsche haben die Knie noch bis ans Gesicht hochgezogen. Jede Nacht schlafen sie so, um Platz für mich zu schaffen. Mir ist schwindelig vor Hunger. Ich sehe, wie Idi junge Frauen grob von ihren Pritschen zerrt.

»Raus zum Zählappell!«, ruft sie. Wir steigen rasch aus den Betten. Wir machen uns auf den Weg zur Kaffeeschüssel, ich zusammen mit Lea und Beile. Viele kahl geschorene, knochige Mädchen drängeln sich neben uns. Es sind so viele junge Frauen mit geschorenen Schädeln und schmutzigen Kleidern und dreckiger Haut um mich herum, und sie wirbeln und taumeln vor mir her. Wir kriechen alle übereinander, sind wie ein Ameisenhaufen auf einem Krümel. Die Kerkerwände schließen sich ein bisschen dichter um mich, und ich habe das Gefühl, mittendrin zu ersticken.

»Lea, wenn ich hier raus bin, ziehe ich auf einen Berg und will keinen anderen Menschen neben mir«, sage ich. Ich stelle mir einen Berg vor, mit einem kleinen Haus obendrauf und mit kilometerweit frischer Luft und Leere ringsum.

Lea antwortet nicht. Ich nehme einen Schluck Kaffee aus der Schale und reiche sie ihr weiter. Sie trinkt, gibt sie dann Beile, die sie Chanki reicht.

»Schnell! Schnell!« Die SS-Frauen kommen in die Baracke und drängen uns nach draußen. Wir stehen in Reihen da, kerzengerade wie Soldaten. Mit kalten, harten Gesichtern gehen die SS-Leute um uns herum. Wir sind ihre Gefangenen. Gelegentlich packen sie ein Mädchen aus einer der Reihen und drängen es lachend zur Seite.

»Ihr wisst ja, wo die hingeht!«, ruft einer. Ein anderer lacht und schubst das Mädchen zu Boden. Ich schotte mich ab. Ich spüre nicht, wie mir der Schweiß unter den Achseln und das Rückgrat hinunterrinnt. Ich spüre meinen schmerzenden Magen und meine wehen Füße nicht. Ich stehe da, gerade wie eine Statue, und ich spüre überhaupt nichts.

Endlich sind sie mit Zählen fertig, und nun werden wir in Gruppen aufgeteilt.

Eine SS-Frau steht vor uns. Sie überragt mich. Ich reiche

ihr mit dem Kopf nur bis zur Brust. Ihre Beine sind dick wie die eines Elefanten, doch ihre Taille ist schmal. Ihr Gesicht ist vernarbt, als hätte jemand Linien in Ton geritzt, und ihre Augen sind klein und blau.

»Ihr kommt mit und arbeitet, wo ich es euch zeige«, sagt sie zu uns. Wir folgen ihr auf ein sumpfiges Feld. Bei jedem Schritt stecken meine Füße tiefer fest. Es sind schon andere Frauen dort, und sie sind alle über riesige Zementblöcke gebeugt. Die tragen sie zum anderen Ende des Feldes, und dann tragen die Leute am anderen Ende sie zurück. Eine SS-Frau versetzt einer Frau einen Tritt, die sich ein wenig langsamer bewegt als die anderen. Sie fällt hin und bleibt im Schlamm liegen.

»Tragt die Blöcke hier weg«, sagt die SS-Frau und deutet auf einen gewaltigen Berg Zementblöcke. Wir gehen hin und heben jede einen auf.

»Bringt sie auf die andere Seite des Feldes«, blafft sie. »Und zwar dalli!« Sie holt ihren Knüppel hervor und zieht ihn einem Mädchen über den Rücken. Sie lacht, als die junge Frau nach vorn taumelt und mit dem Gesicht gegen den Zementblock kracht, den sie trägt. Sie schlägt sie noch einmal. »Aufstehen, weitergehen!« In ihrer Stimme schwingt Freude mit.

Ich hebe einen Zementblock auf. Er reicht mir vom Knie bis zum Kinn. Ich laufe los. Der Atem stockt mir in der Brust. Jedes Mal, wenn ich auftrete, hält der sumpfige Boden meinen Fuß fest wie ein Saugnapf, und ich muss mich drehen und gewaltig anstrengen, um ihn wieder hochzuziehen. Endlich erreiche ich die andere Seite und lege den Block ab. Ich gehe zu Lea.

»Komm mit«, sage ich.

»Wohin?« Sie trägt einen Zementblock auf den Armen, der halb so groß ist wie sie. Schweiß rinnt ihr vom kahlen Schädel. Ihr Gesicht ist puterrot.

»Wir überleben niemals, wenn wir das hier weitermachen. Wir fallen tot um. Wir haben kein Essen und kein Wasser im Leib, und in dieser Hitze können wir keine Zementblöcke schleppen. Komm einfach mit, wir verstecken uns.«

Lea wendet den Kopf und schaut auf die SS-Männer, die uns mit geschultertem Gewehr bewachen. »Ich gehe nirgends hin, nur dahin, wo sie es uns sagen.«

»Lea, hier überlebst du nicht.«

Sie nimmt den Zementblock auf den Rücken und beugt sich vor. »Ich laufe nicht weg.«

Ich gehe mit ihr zum anderen Ende des Feldes. Dann schaue ich nach rechts und nach links. Niemand sieht zu mir hin. Ich renne los.

Eines der Mädchen von meiner Pritsche hat mir erzählt, dass jeden Tag eine andere Baracke von der Arbeit befreit ist. Es geht immer abwechselnd. Ich suche mir jetzt die Baracke, die heute nicht arbeiten muss. Nachdem ich ein paar Minuten gerannt bin, drehe ich mich um. Ich habe damit gerechnet, dass mich jemand verfolgen wird, aber ich bin allein. Ich schlüpfe in eine Baracke. Sie ist leer. Eine habe ich überprüft, aber da sind noch Dutzende andere. Rasch verlasse ich die leere Baracke und eile zwischen den Gebäuden hin und her, bis ich die eine finde, die voll besetzt ist. Hier liegen tausend junge Frauen auf ihren Pritschen. Sie schauen nicht zu mir auf. Ich gehe in eine Ecke und bleibe dort liegen, bis ich sehe, dass das Licht, das durch die Risse in der Mauer hereindringt, schwächer wird.

Als ich in meine Baracke zurückkomme, ist es draußen schon dunkel. Ich bin wie benommen vor Erschöpfung. Drinnen reicht Idi eine Schüssel herum. Es scheint so, als gäbe es diesmal Suppe zum Brot. Es ist eine Suppe, die wie Schlamm aussieht. Eine der jungen Frauen von meiner Pritsche steht neben mir. Ich kenne ihren Namen nicht, und ich frage auch nicht danach. Sie hat freundliche dunkle Augen.

»Von der Suppe bekommst du Durchfall«, sagt sie zu mir. »Es ist so verlockend, die zu essen, aber ich sag's dir, es lohnt sich nicht. Jetzt isst du dich satt, aber später bist du hungriger als zuvor. Die tun da Dreck rein, daran liegt's.« Ich schaue, wie die Schüssel Dreck herumgereicht wird und wie Mädchen, die wie Skelette aussehen, ihre zahnlückigen Münder weit aufsperren und die Suppe gierig herunterschlingen. Sie schlucken laut, ehe sie die Schale weitergeben.

»Danke«, sage ich zu meiner Freundin, als ich die Suppe gleich an die Nächste weitergebe, ehe ich in Versuchung gerate, davon zu trinken. Dann reicht Idi jeder jungen Frau ein hartes Stück dunkles Brot und ein kleines Stück Käse. Ich schaue auf mein Brot und den Käse. Meine Hände zittern vor Vorfreude. Gerade will ich das Brot in den Mund stecken, als mir plötzlich Mama in den Sinn kommt. Wir sitzen am Frühstückstisch, der mit frischem Brot und Käse und Tomatensalat mit Basilikum schwer beladen ist.

»Vergesst nicht, euren Käse zu essen«, sagt Mama zu mir, Lea und Jecheskel. »Davon seid ihr in der Schule noch gut satt, viel mehr als vom Brot. Käse hat was ganz Besonderes.«

Wir lachen und stopfen uns den Käse, der mit würzigem Paprika vermischt ist, in den Mund. Es stimmt. Später, wenn alle in der Schule ihr Mittagessen einnehmen, esse ich nur meine kleine Schale Obst. Ich habe nicht so viel Hunger, nur wegen des Käses.

Ich wende mich dem Mädchen neben mir zu. »Möchtest du mein Brot gegen deinen Käse tauschen?«

»Diesen schimmeligen Käse willst du haben?« Sie schnappt mir das Brot aus der Hand und legt stattdessen ihren Käse hinein. »Mit dir tausche ich immer gern.«

»Danke.« Ich falte die Käsescheibe und schäle ein winziges Stück herunter, lege es mir auf die Zunge. Es schmeckt köstlich.

Nach dem Essen mache ich mich mit den anderen auf den Weg zu meiner Pritsche. Doch Idi legt mir die Hand auf die Schulter, ehe ich dort ankomme.

»Du«, sagt sie. »Ich brauche jemanden, der mir die Krümel aus meinem Zimmer fegt. Komm mit!«

Ich schaue mich um. Ich wüsste gern, warum sie aus den tausend Mädchen ausgerechnet mich ausgesucht hat, aber ich stelle keine Fragen.

Ich folge ihr in ihr Zimmer, das eigentlich nur eine mit ein paar Decken abgetrennte Ecke ist. Sie schlägt eine Decke zurück, und wir gehen hinein. Dort stehen ein kleines Bett und ein kleiner Holztisch, und es liegt ein Läufer auf dem Boden.

»Ich habe hier das Brot für euch alle abgeschnitten. Das macht eine rechte Schweinerei. Mach's sauber.« Ich schaue auf den Boden und sehe überall große Brotkrumen herumliegen. Ich bin froh, dass Idi mich unter all den anderen für diese Arbeit ausgewählt hat. Ich gehe auf alle viere, um die Krümel aufzusammeln, während sie auf dem Bett sitzt und mir zuschaut.

»Weißt du, all die anderen Blockältesten haben hier Liebhaber …«

Ich schaue auf, um ihr zu antworten, aber ich bin zu hungrig zum Reden, und aus dem Augenwinkel sehe ich die Krümel, die wie Diamanten blitzen.

»Aber ich habe keinen. Ich bin die Tochter eines Rabbis, weißt du? Ich bin mir zu gut für Liebhaber.«

»Das bist du«, bestätige ich und wende mich wieder den Krumen zu. Mir läuft das Wasser im Mund zusammen. Mein Bauch ist flach, meine Gliedmaßen sind fast nur noch Knochen mit kaum einem Fetzen Fleisch darauf. Ich sehne mich nach diesen Krumen. Ich nehme sie mit meinen schwachen, knochigen Fingern auf. Sie werden weggeworfen. Ich glaube nicht, dass Idi etwas dagegen hätte. Ich will den Mund aufmachen, mich bäuchlings auf den Läufer legen und sie auflecken wie ein Hund. Schon mache ich den Mund auf. Doch ich bringe es nicht fertig. Ich werde nicht wie ein Tier Krümel vom Boden fressen. Nein, das werde ich nicht.

Die Krumen schauen mich an. Sie glitzern. Als ich sie mit meinen schwachen, knochigen Fingern aufklaube, muss ich den Speichel herunterschlucken, der sich in meinem Mund angesammelt hat. Ich hebe die Krümel auf und schütte sie in den Mülleimer. Ich habe vielleicht Hunger, aber es gibt Dinge, die mehr wert sind als Essen, Kleidung und Unterschlupf. Meine Würde habe ich noch.

Idi schaut mir zu, wie ich die Krümel in den Müll hineinschüttle.

»Du kannst jetzt gehen.«

Als ich bei meiner Pritsche ankomme, kann ich Lea kaum Gute Nacht sagen, weil ich so erschöpft bin, also lächle ich sie nur schwach an. Sie versucht zurückzulächeln, aber stattdessen bebt ihr Mund.

»Gute Nacht, Rosi«, flüstert sie.

Ich steige auf meine Pritsche zu den anderen Mädchen. Sie legen sich rasch hin und ziehen wieder die Beine an die Brust.

»Keine Sorge, streck dich nur aus. Wir recken uns abwechselnd auch immer mal«, sagt meine neue Freundin.

»Ich schlafe sowieso schon immer so«, sagt das Mädchen, dessen Zehen nur Zentimeter von meinen Augen entfernt sind. »Ich finde das bequem.«

Ich weiß, dass es das nicht ist, aber ich lächle trotzdem dankbar. Das Mädchen zu meiner Linken streichelt mir über den Kopf, ehe es sich hinlegt, und plötzlich verspüre ich einen schmerzhaften Stich. Ich habe mir immer mit Lea das Bett geteilt, und jetzt bin ich sogar auf dieser schrecklichen, vollgepferchten Holzpritsche froh, mir das Bett mit diesen freundlichen jungen Frauen zu teilen. Und mit diesem fast ein wenig tröstlichen Gedanken falle ich in einen hungrigen Schlaf.

18

Crasna, 1937. Elf Jahre alt

Denn er wird
den Armen nicht
für immer vergessen;
die Hoffnung der Elenden
wird nicht verloren sein
ewiglich.

Psalm 9,18

Am Tag vor Nikolaus ruft mich die Lehrerin Dumitru nach dem Unterricht zu sich. Ich stehe bei ihrem großen Holzpult, die Hände hinter dem Rücken, und warte darauf, zu hören, was sie von mir will.

»Die Schulgemeinschaft hat zu den Feiertagen Geschenke für ein paar ganz besondere Familien in der Stadt zusammengestellt«, sagt sie. Mit einem sehr breiten Lächeln langt sie hinter ihr Pult, zieht ein in Packpapier eingeschlagenes Päckchen hervor und reicht es mir.

»Danke«, sage ich, als ich es von ihr entgegennehme. Ich verlasse das kalte Schulgebäude und treffe mich vor der Tür mit Lea. Sie hat auch ein Päckchen.

Mama macht die Geschenke auf, sobald wir zu Hause sind. Blauer Samtstoff quillt aus dem Packpapier.

»Seht nur, wie schön!«, sagt Mama. Sie fährt mit den Fingern über die perfekt gewebten Ecken und streicht mit der Hand über den weichen Stoff. Unter ihrer Berührung wird das Blau abwechselnd matt und schimmernd. Für mich ist es alles andere als schön. Ich weiß genau, was es ist: ein Almosen, und damit will ich nichts zu tun haben. Manchmal kommen arme Leute in unsere Stadt und betteln um Geld, und dann bittet Mama sie immer ins Haus und gibt ihnen ein warmes oder ein kaltes Getränk, und sie hat auch immer ein bisschen Geld für sie. Einmal hat Mama gehört, wie die Nachbarin gesagt hat: »In das Haus geht nicht, da wohnt eine arme Witwe, die hat kein Geld!« Wie bestürzt Mama darüber war! Sie ist hinter dem armen Mann hergerannt und hat ihm zu seiner Überraschung Geld in die Hand gedrückt. »Niemand nimmt mir die Möglichkeit, jemandem etwas zu geben«, hat Mama gesagt. Aber anscheinend hat sie auch nichts dagegen, etwas anzunehmen. Lea schneidert uns Kleider aus dem Stoff.

Die fertigen Kleider sind wunderschön, aber ich bekomme schon schlechte Laune, wenn ich sie nur anschaue. Mama summt vor sich hin, als sie sie in unseren Schrank hängt.

»Ihr könnt beide morgen eure neuen Kleider anziehen«, sagt sie.

»Das hast du toll gemacht mit den Kleidern«, sage ich zu Lea, nachdem Mama aus dem Zimmer gegangen ist. »Aber ich mag sie nicht. Das sind Almosen. Ich wünschte, sie würden verbrennen.«

Lea zuckt die Achseln. »Ich finde sie sehr hübsch.«

Sie versteht es einfach nicht.

Am nächsten Morgen ziehe ich das Kleid an und gehe in die Küche.

»Schaut euch dieses wunderschöne Kleid an«, sagt Mama, als ich hereinkomme.

Ich habe das Gefühl, einen Mantel der Schande zu tragen.

»Ich wünschte, dieses Kleid würde verbrennen«, sage ich zu Lea, so leise, dass Mama es nicht hören kann.

Ein paar Tage später schickt Mama mich zu Herrn Balan, Milch holen. Als ich zurückkomme, bin ich völlig durchgefroren und stelle mich bibbernd zum Aufwärmen vor den Ofen. Plötzlich habe ich ein seltsames Gefühl im Bauch.

»Du brennst! Du brennst!«, schreit Lea.

»Ach du je! Ich brenne!« Ich rase zur Tür hinaus und werfe mich bäuchlings auf den Boden. Das Feuer wird erstickt und verlöscht mit einem kleinen Wimmern. Ich drehe mich auf den Rücken, und Lea kommt herausgerannt, um mir zu helfen. Sie stockt im Laufen. Wir schauen einander erschrocken an.

»Ich sollte wohl besser aufpassen, was ich sage«, murmle ich vor mich hin.

»Ach, meinst du?«, sagt Lea, der der Mund offen steht.

Eine Minute lang starren wir einander wie benommen an, dann lachen wir beide los. Mein Kleid hat in der Mitte ein Riesenloch. Es ist völlig verbrannt.

Als wir nach diesem Abenteuer mit dem Abendessen beinahe fertig sind und ich mich in einem sehr alten Kleid ganz gemütlich und ehrbar fühle, klopft es an der Tür.

»Sejde!«, sage ich.

Sejde umarmt uns und setzt sich zu uns an den Tisch.

»Ich habe mir überlegt«, sagt er, nachdem er einen großen Schluck von dem Tee getrunken hat, den Mama für ihn gekocht hat, »vielleicht möchte eine von euch mitkommen und Bobe und mir heute Nacht Gesellschaft leisten?«

»Ich! Mama, darf ich, bitte?« Ich wende mich zu Mama und versuche, nicht auf und ab zu hüpfen. Sie lächelt.

»Bitte, bitte, bitte! Lea durfte das letzte Mal.«

Lea hat keine Einwände. Sie geht nicht so gern zu Sejde und Bobe wie ich. Vielleicht will sie auch nur das Bett für sich allein haben.

»Oh, na gut«, sagt Mama. »Aber vergiss nicht, deine Schularbeiten zu machen.«

»Natürlich vergessen wir das nicht«, sagt Sejde und zwinkert mir zu, weil wir es manchmal doch vergessen, wenn wir zu viel Spaß beim Spielen haben.

»Ja!« Ich renne, um meine Schultasche zu holen.

Mama legt noch zusätzliche Unterwäsche, mein Nachthemd und meine Strümpfe hinein.

Hand in Hand gehen Sejde und ich aus dem Haus und treten in die kalte Luft des Hofs. In der Ferne hören wir

Tiere schreien. Die Bäume flüstern Gute Nacht, und der Bach plätschert träge dahin. Ich mag die Nacht. Sie fühlt sich an wie eine geheime Welt, und jetzt endlich kann ich ein Teil davon sein. In dieser Nacht scheint die Stadt menschenleer zu sein, als wären wir die Einzigen auf der ganzen weiten Welt, die hier draußen sind.

»Meine Rosi«, sagt Sejde und lächelt zu mir herunter.

»Mein Sejde!« Ich schwinge unsere Hände hin und her.

»Du weißt schon, dass ich sehr stolz auf dich bin, ja?«

»Wirklich? Auf mich?«

»Ja, auf dich. Du bist für Großes bestimmt, meine Kleine.«

Ich merke, wie mein Herz anschwillt und beinahe birst.

»Ich mache doch nichts Besonderes.«

»Du bist besonders, so, wie du bist.« Er legt mir den Arm um die Schulter und zieht mich nah an sich. »Ich bin so stolz, dass ich dein Sejde bin.«

Mein Herz schwillt weiter an, und das Gefühl steigt mir bis ins Gesicht, auf dem ein breites Lächeln erscheint.

»Ich hab dich lieb, Sejde.«

»Ich hab dich auch lieb, Rosi.«

Wir erreichen sein Haus, und wir hüpfen zusammen die Stufen hinauf, wie wir das immer machen. In der Küche wartet Bobe auf uns.

»Aha, sie wollte also mitkommen«, sagt sie. Als hätte mich jemand überreden müssen!

»Kannst du es glauben, was für ein Glück wir haben?«

»Wie kommt Chaja Necha heute zurecht?«

»Gut, Gott sei Dank!«

»Immer einen Tag nach dem anderen«, sagt Bobe. Sie schaut kurz traurig drein.

»Einen Tag nach dem anderen«, sagt Sejde.

Bobe ist nicht meine richtige Großmutter, denn die ist gestorben, ehe ich geboren bin. Also ist jetzt diese Bobe meine Großmutter anstatt der alten. Sie ist ganz nett, aber nicht annähernd so wunderbar wie mein Sejde, und manchmal schaue ich sie an und schüttle den Kopf und denke: Wie um alles in der Welt kann mein Sejde mit dieser Frau verheiratet sein?

Sejde setzt sich an den Tisch und zieht Papier aus der Tasche, legt es auf den Tisch und glättet es. Ich setze mich neben ihn und helfe ihm, Tabak auf das Papier zu legen, und rolle es mit den Fingerspitzen zu einer straffen Zigarette.

»Perfekt gerollt!«, sagt er. »Wer hat dir das bloß beigebracht?«

»Du! Du hast es mir beigebracht!«

»Ich? Ui, da muss ich aber mal ein guter Lehrer gewesen sein!«

Wir lachen beide.

Als die Schlafenszeit gekommen ist, sagt Bobe, dass ich mit ihr in ihrem Bett schlafen kann. Ich wasche mir im Badhaus hinter dem Haus die Hände und das Gesicht, dann ziehe ich mein Nachthemd über. Sejde studiert noch im Esszimmer. Ich renne zu ihm und gebe ihm einen Kuss, ehe ich zu Bett gehe. Er küsst mich auf den Kopf und studiert weiter. Seine Stimme ist stark und süß, und er singt, während er studiert.

»Amar Abaya* …«, singt er. Das ganze Haus leuchtet warm von seinem Gesang. Ich überlege, ob es wohl auf der ganzen Welt einen schöneren Klang gibt. Ich renne zu Bobes Bett und kuschle mich in die Laken und Decken. Es ist viel weicher und größer als mein Bett. Sejdes Stimme steigt hoch hinauf und dann tief hinunter, dann verstummt sie, und er murmelt leise. Später geht seine Stimme wieder hinauf und hinunter. Mir fallen die Augen zu, aber ich will noch wach bleiben und ihm noch ein bisschen beim Singen zuhören. Ich merke, wie ich eindämmere, und dann schlafe ich tief und fest.

Als ich aufwache, ist es draußen noch dunkel. Ich höre, wie Sejde herumgeht, und aus den halb offenen Augen sehe ich, dass er schon angezogen ist. Er kommt ans Bett und hebt mich sehr sanft hoch und sagt: »Pst!« Meine Lider flattern ein wenig. Er legt mich ganz sacht in sein Bett, damit ich das ganze Bett für mich habe, und breitet die Decke über mich. Er küsst mich auf die Stirn. Der Kuss fliegt geradewegs in mein Innerstes und erfüllt mich mit einem sanften Glühen, wie von einem ruhigen Feuer. Er geht auf Zehenspitzen aus dem Zimmer. »Amar Abaya …«, hebt der Gesang erneut an, und ich liege warm und sicher in einem Kokon aus Glückseligkeit und schlummere wieder ein.

Als ich das nächste Mal aufwache, scheint bereits die Sonne durch die Fenster. Ich springe aus dem Bett und ziehe

* Hebräisch: Abaya sagte. Abaya war ein Rabbi der Talmudzeit. Seine Lehren werden im Talmud oft zitiert.

mich rasch an. In der Küche kocht Bobe Haferbrei. Der süße Duft von Zimt durchströmt das ganze Haus.

»Da ist ja unser Mädchen!«, sagt Sejde und kommt zu mir geeilt.

Als wir mit dem Essen fertig sind, gehen wir zusammen nach draußen. Sejde bringt mich nach Hause zurück, damit ich mit Lea zusammen zur Schule gehen kann.

»Guten Morgen, Herr Grünstein!«, sagt ein Mann, an dem wir vorübergehen. »Ich sehe, Sie haben heute Morgen einen Gast.«

»Oh, einen ganz besonderen Gast«, antwortet Sejde, und ich strahle. »Ich wünsche Ihnen einen sehr guten Tag.«

»Guten Morgen, Herr Grünstein!«, grüßt eine Frau, als wir vorbeikommen. Sie hat einen Säugling auf dem Arm, und gackernde Hühner rennen ihr um die Füße.

»Guten Morgen, Frau Hanganu!«, sagt Sejde und lüpft den Hut. Ich komme mir wie eine Prinzessin vor, die mit dem König spazieren geht, zu dem alle hinlaufen und den alle begrüßen wollen, wenn er durch sein Königreich wandelt. Als wir bei unserem Haus ankommen, wartet Lea bereits draußen. Sie rennt zu Sejde und umarmt ihn.

»Die Schularbeiten sind hier drin«, berichte ich Mama, als sie sich zu uns gesellt, und ich tätschele meine Schultasche.

»Gut«, erwidert sie. »Und jetzt macht ihr euch besser auf den Weg, ehe ihr noch zu spät kommt.«

Ich werfe Sejde zum Abschied noch eine Kusshand zu. Er winkt, und auf geht's zur Schule.

19

Auschwitz, Juli 1944

Was nützt dir
mein Blut,
wenn ich zur Grube fahre?
Wird dir auch der Staub danken
und deine Treue verkündigen?

Psalm 30,9

Ein Donnerschlag weckt mich auf, und eine Minute lang liege ich wieder zu Hause mit Lea unter dem warmen Deckbett. Als dann meine Hände nach der Zudecke greifen und ich sie mir über die Schultern und bis zu den Wangen ziehen will, kommt mir alles wieder ins Gedächtnis, und mein Herz wird schwer. Ich bin in einer Baracke, zusammen mit tausend anderen Frauen. Ich habe kein warmes Deckbett. Ich habe nicht einmal eine dünne Decke. Mein Bett ist eine Holzpritsche, die ich mir mit vierzehn anderen Frauen teile. Mein Körper ist von der rauen Holzoberfläche mit Kratzern übersät, und zum Frühstück gibt es heute wieder schlammigen Kaffee und keinen Haferbrei. Ich schließe die Augen und wünsche mir, das würde alles verschwinden.

Da geht krachend die Tür auf, und Idi kommt mit einer Taschenlampe in der Hand herein. Sie leuchtet uns alle an.

»Aufstehen! Aufstehen!«, ruft sie. »Alle raus! Zählappell!«

Ich nehme Beile an der Hand, als wir uns Kaffee holen gehen. Sie sieht von Tag zu Tag schlechter aus. Sie ist erst siebzehn Jahre alt, und sie wirkt wie ein verlorenes Kind.

»Beile, arbeitest du auch bei den Zementblöcken und schleppst die hin und her? Du musst mit mir weglaufen. Sonst überlebst du nicht.«

»Nein«, antwortet sie. »Ich arbeite in der Fabrik. Wir machen Waffen.«

»Dann musst du dort weglaufen, Beile. Komm mit mir. Jeden Tag ist eine andere Baracke von der Arbeit befreit. Die bleiben alle auf ihren Pritschen liegen. Mach es wie ich. Geh jeden Morgen zur Arbeit, aber verdrück dich gleich und renne zu diesen Pritschen.«

»Das kann ich nicht. Ich habe einen festen Platz. Die merken, wenn ich nicht da bin. Sie schlagen mich, wie sie meine Freundin geschlagen haben, als sie ein paar Minuten zu spät gekommen ist.« Beile zittert beim Gedanken an ihre Freundin.

»Hört auf zu reden! Raus!«, schreit Idi mitten im Raum.

Ich schaue zur Tür hinaus. Es regnet stark, und der

Himmel ist tiefschwarz und mit grauen, grollenden Wolken bedeckt. Ich habe nur das dünne Kleidchen an, das man mir ausgehändigt hat. Den ganzen rechten Oberschenkel hinauf hat es einen langen Riss. Ich trage keine Unterwäsche.

Wir gehen zur Tür und treten nach draußen. Sofort trifft mich der Regen hart. Die Erde gurgelt und strömt wie ein schlammiger Fluss. Ich habe keine Schuhe. Die SS-Männer sind draußen, und sie haben die Kragen ihrer dicken schwarzen Mäntel hochgeschlagen. Die Stiefel reichen ihnen bis zum Oberschenkel, und sie halten Regenschirme in den behandschuhten Händen. Mein Kleid ist wie ein durchgeweichtes Papiertuch. Wortlos stellen wir uns in Reihen auf, genau wie gestern und vorgestern. Der Wind pfeift zwischen uns durch, und ich habe Mühe, stehen zu bleiben. Die SS-Männer gehen um uns herum und zählen.

»Eins, zwei, drei, vier«, sagt einer von ihnen, als er an mir vorbeischreitet. Eine junge Frau fällt zu Boden. Der Mann tritt auf sie, sodass sie noch tiefer im Schlamm versinkt. Ich versuche, nicht vor Kälte zu bibbern. Der Regen klatscht uns auf die kahlen Köpfe und strömt mir in die Augen, aber ich schaue stur geradeaus und wische mir nicht übers Gesicht. Rotz tropft mir von der Nase, als der Regen zu Hagel wird und wütende Eissplitter auf meine Wangen prasseln, jeder ein kleiner Stich. Die SS-Leute scheinen unter ihren Regenschirmen hervor zu lächeln, als sie langsam und mit Bedacht alle Mädchen zählen. Sie sind trocken, wir sind nasse Lappen. Aber das ist mir gleichgültig.

Nachdem sie uns alle gezählt haben, stellt sich ein SS-Mann vor uns hin und sagt: »Die Zahlen gehen nicht auf. Wir müssen noch mal zählen.« Bei diesen Worten muss er beinahe lachen.

Ich hebe die Augen ein wenig zum Himmel. Er ist dunkelgrau, aber ich bin mir fast sicher, dass die Sonne bereits aufgegangen ist, weil wir schon seit so vielen Stunden hier stehen. Die Sonne ist gewiss da, aber wir können sie nicht sehen. Ich schaue hinunter und betrachte den gurgelnden Strom, der an meinen nackten Füßen vorbeifließt, mit einer solchen Wucht bergab drängt, dass er mich leicht umwerfen könnte. Ich bin wie benommen vom Kopf bis zu den Zehenspitzen. Brettsteif stehe ich da, und die Nazis umkreisen uns erneut.

Stunden später ist es endlich vorbei. Alle sind gezählt. Der Regen lässt nach, und die Sonne schaut hinter den müden grauen Wolken hervor. Der Himmel ist wie das Gesicht einer Frau, die endlich mit Weinen aufgehört hat, ausgelaugt, aber ruhig. Ich denke nichts, ich fühle nichts, als ich mit allen anderen zur Arbeit auf die Felder marschiere. Doch als wir angekommen sind, erinnere ich mich daran, wo wir uns befinden. Ich rüttle Lea an der Schulter.

»Bitte komm mit, wir verstecken uns.«

»Weißt du nicht, was die mit uns machen, wenn sie uns erwischen?«

»Ich weiß, was passiert, wenn ich hierbleibe und arbeite.«

»Ich kann das nicht, Rosi.«

»Aber so werden wir das nicht überleben. Wir müssen

nach Hause gehen, und wir können nicht nach Hause gehen, wenn wir so schwer arbeiten. Da fallen wir tot um!«

Sie zuckt mit den Achseln und hebt einen Zementblock auf.

»Ich habe zu viel Angst«, sagt sie.

Ich wende mich von ihr ab und renne zu den Baracken zurück. Ich flitze hinter die Gebäude. Gestern ging das Gerücht um, dass heute Baracke 14 nicht arbeiten muss. Ich renne weiter, bis ich die 14 finde, und schlüpfe hinein.

»Wer bist du?«, fragt jemand, als ich eintrete.

Ich schaue auf und sehe eine kleine junge Frau, die mir von ihrer Pritsche aus zuruft.

»Ich bin Rosi Grünstein.«

»Was machst du hier?«

»Ich laufe vor der Arbeit weg.«

Das Mädchen klettert von seiner Pritsche und stellt sich neben mich.

»Wo kommst du her?«

»Aus Crasna.«

»Oh, ich bin aus Senta«, sagt das Mädchen. »Crasna? Ich habe eine Freundin, die eine Cousine in Crasna hat. Wie heißt deine Mutter?«

»Chaja Necha Grünstein.«

»Ich weiß. Mit Mädchennamen Heilbrunn?«

»Ja! Woher weißt du das?«

»Ein Mädchen hat gerade von seinen Verwandten in Crasna erzählt. Sie ist auch in dieser Baracke. Ich bringe dich zu ihr.«

Ich kann es nicht glauben.

Wir gehen zusammen durch die Baracke. Sie bringt mich zu einer großen jungen Frau, die auf dem Boden sitzt.

»Das ist Riwka Heilbrunn«, sagt das fremde Mädchen. Dann lässt sie uns allein.

»Wer bist du?«, fragt das Mädchen namens Riwka.

»Ich bin Rosi, Rosi Grünstein. Ich glaube, du bist meine Cousine. Mein Großvater war ein Heilbrunn.«

»Rosi? Ich hab schon von dir gehört. Mein Vater ist Awraham Chaim. Wer war dein Großvater?«

»Jehuda, kennst du ihn?«

»Natürlich. Das war der Bruder meines Vaters. Komm, setz dich zu mir.«

Ich setze mich neben sie auf den Boden.

»Ich habe einen Chossen*, der zu Hause auf mich wartet. Der ist auch unser Cousin.«

»Das ist aber aufregend. Wie heißt er?«

»Jitzchak. Soll ich dir von ihm erzählen?«

»Sehr gern!« Sie ist plötzlich still geworden, also frage ich: »Wie sieht er aus?«

»Sehr gut.« Sie lächelt. Sie ist wunderschön. »Er hat blondes Haar und blaue Augen. Wir haben uns vor ein paar Monaten kennengelernt. Ich konnte ihn nicht noch einmal sehen, ehe sie uns hierhergebracht haben. Ich wüsste zu gern, wo er ist.«

»Vielleicht hier.«

* Hebräisch: Bräutigam

»Ich hoffe es nicht.«

»Ich hoffe es auch nicht. Aber erzähl mir noch mehr von ihm.«

Und das macht sie, bis es Zeit ist, dass ich zum Abendessen in meine Baracke zurückgehe.

»Es war schön, dich kennenzulernen«, sagt sie zu mir und umarmt mich. Ihr Körper besteht nur aus spitzen Knochen.

»Und dich, Cousine Riwka. Ich sehe dich bald wieder.«

Aber ich sehe sie nicht wieder. Nie mehr.

20

Crasna, 1937. Elf Jahre alt

Die Himmel erzählen
die Ehre Gottes,
und die Feste verkündigt
seiner Hände Werk.

Psalm 19,1

Ein Sturm tobt die ganze Nacht hindurch. Ein paarmal höre ich das Unwetter. Der Sturm weckt mich aus dem Schlaf, und ich schaue aus dem Fenster und sehe, wie die Bäume hin und her gepeitscht werden und der weiße Schnee auf die Erde fällt. Dann steige ich wieder ins Bett und kuschle mich unter die Decke, dankbar, dass noch nicht Morgen ist. Ich wache auf, als Jecheskel uns ruft.

»Rosi, Lea, Mama, kommt schnell!«

Wir eilen alle ins große Zimmer. Er steht am Fenster, die Hände und die Nase an die eisbedeckte Scheibe gedrückt. Wir rennen aufgeregt zu ihm hin, wissen schon, was wir sehen werden. Der ganze Hof glitzert weiß. Die Dächer und Straßen und sogar die Mülleimer sind mit einem seidigen Weiß übertüncht. Die Sonne ist noch nicht ganz aufgegangen, und es liegt eine geheimnisvolle Stille in der Luft. Es sieht aus, als hätte Gott eine Decke aus dem Himmel genommen und über uns gebreitet. Diese Decke glitzert mit Millionen kleiner Diamanten, und niemand ist bis jetzt hinausgegangen und hat sie zerstört. Einen Augenblick lang stehen wir alle da und schauen auf den stillen Hof.

»Wie Manna vom Himmel«, sagt Jecheskel.

Mama lächelt und wuschelt ihm durchs Haar. »Außer dass dieses Manna dich bestimmt nicht bis zum Mittagessen satt macht«, sagt sie und ist die Erste, die aus der winterlichen Träumerei aufwacht. »Und da fällt mir ein: Rosi, geh zu Herrn Balan, schau ihm beim Melken zu und bring Milch mit, und Lea, du kannst den Tisch decken.«

Es macht mir nichts aus, in den kalten Morgen hinauszugehen. Da sind ja Fußstapfen in den Schnee zu drücken!

Bis zum Wochenende ist der See ganz zugefroren, und die Trauerweiden beugen sich wie schützende Mütter darüber. Endlich heißt es, dass das Eis sicher genug ist und wir darauf Schlittschuh laufen können. Lea und ich nehmen Jecheskel mit zum See, und wir flitzen gleich los. Wir haben keine feinen Schlittschuhe wie ein paar Kinder in der Nachbarschaft, aber das Eis ist so glatt, dass wir mit unseren normalen Schuhen gut klarkommen. Resi Waldmann leiht mir sogar eine Weile ihre Schlittschuhe. Sie sind aus weißem Leder und bis oben geschnürt. Sie behauptet, dass sie sehr gern nur auf ihren normalen Schuhen schlittert, aber ich weiß, dass sie eigentlich nur mit mir teilen will. Wir sausen rund um den See, schneller und immer schneller, und die knackig kalte Luft erfrischt mich in jeder Runde mehr. Erst als die Sonne sinkt und der Wind ein wenig heftiger wird, erinnern wir uns daran, dass wir eine Mutter haben, und gehen nach Hause. Wir trotten zusammen durch den Schnee und zu Mama zurück. Drinnen ziehen wir unsere Stiefel und triefnassen Socken aus und versuchen, unsere blau gefrorenen Zehen wieder zum Leben zu erwecken.

»Oi, schaut euch nur eure verfrorenen Hände an!«, sagt Mama zu uns. Sie nimmt Jecheskels Hände zwischen ihre und reibt hin und her, bis er sagt, dass seine Hände jetzt wieder warm sind. Dann macht sie das auch bei Lea und mir. Langsam rubbeln ihre warmen, älteren Hände wieder Gefühl in meine.

»Können wir den Ofen anmachen?«, fragt Jecheskel.

»Tut mir leid, Scheifala*, das ist heute zu teuer. Wir müssen Gas für die Tage sparen, wenn es richtig kalt ist.«

Jecheskel verzieht enttäuscht das Gesicht.

»Komm, ich wärme dir auch noch die Zehen«, sagt Mama und reibt seine Füße mit den Händen.

Nach dem Wochenende ist es wieder Zeit, in die Schule zu gehen, auch bei Schnee. Ich ziehe die dicken Stiefel an und winde mir einen Schal ums Gesicht. Lea trödelt hin-

* Jiddisch: Schäfchen

ter mir her die Straße hinunter. Am liebsten würde ich die kühle, knackige Luft aufessen.

»Warte auf mich!«, ruft Lea.

Ich wende mich zu ihr um, und da wirft sie mir einen Schneeball ins Gesicht.

»Das zahl ich dir heim!« Ich packe eine Faust voll Schnee.

Sie kreischt und duckt sich weg, und ich jage den ganzen Weg zur Schule hinter ihr her. Helen, eine Klassenkameradin, steht vor dem Schultor.

»Ist das nicht einfach wunderbar?«, ruft sie.

»Weißt du, was das Beste am Schnee ist?«, fragt Rika, die uns gerade eingeholt hat.

»Dass ich so was mit dir machen kann?«, erwidert Helen und stopft Rika eine Handvoll Schnee hinten in die Jacke.

Lea kichert.

»Oh! Kalt! Kalt! Kalt«, kreischt Rika und lacht wie verrückt. Sie windet sich wie eine Schlange, um den Schnee wieder hinten aus ihrem Mantel herauszubekommen. »Und was soll daran so lustig sein?«, fragt sie, packt auch Schnee und zielt damit auf Leas Gesicht. Wir lachen alle.

»Nein, ernsthaft«, sagt Rika schließlich. »Das Beste am Schnee ist, dass nun der heilige Nikolaus kommt.«

»Was ist denn so toll am heiligen Nikolaus?«, will ich wissen.

»Was ist so toll am heiligen Nikolaus?«, wiederholt Maria. »Was ist so toll am heiligen Nikolaus?« Sie schüttelt den Kopf und verdreht die Augen. »Erstens: Wenn der heilige

Nikolaus kommt, bringt er Schokolade. Das ist schon ziemlich toll.«

»Jede Menge Schokolade«, fügt Helen hinzu.

»Die legt er uns in die Schuhe«, sagt Rika.

»Wenn Chanukka kommt, bekommen wir Geld«, sage ich.

»O ja«, bestätigt Lea. »Jede Menge Geld.« (Das ist allerdings nicht ganz die Wahrheit.)

»Nun, wir mögen Schokolade«, sagt Helen.

Ich mag Schokolade auch.

An diesem Abend ertönt nach dem Abendessen das vertraute Klopfen an der Tür, und Sejde tritt ein. Schneeflocken glitzern wie Sternenstaub in seinem Bart.

»Sejde!«, rufe ich. »Du bist durch den Schnee gekommen!«

»Ich bin doch nicht aus Zucker«, meint er. »Ich schmelze nicht.«

Er setzt sich an den Tisch und nimmt sein Papier und seinen Tabak heraus. »Aber ich erfriere vielleicht, wenn ich mich nicht sofort aufwärme.«

Ich setze mich dazu, und er schiebt mir mit den Händen, die noch in den Handschuhen stecken, das Papier zu. Ich rolle die Zigarette perfekt, wie er es mir beigebracht hat.

»Sehr gut«, sagt er und nickt. »Du musst einen hervorragenden Zigaretten-Roll-Lehrer gehabt haben.«

»Das warst du, Sejde, du!«

»Wirklich?« Er lacht.

»Sejde, der heilige Nikolaus bringt allen Mädchen in meiner Klasse Schokolade«, platzt es aus mir heraus.

»Das ist uns einerlei, Rosi, erinnerst du dich?«, sagt Lea.

»Ich sag ja nur. Ist es schlimm, wenn ich sage, dass er ihnen Schokolade bringt?«

Sejde schaut mich an. Ich hoffe, er ist nicht bestürzt darüber, dass ich das erzählt habe. Er liebt das Chanukka-Fest so sehr. Ich liebe es auch. Ich schaue ihm gern zu, wie er die Menora am Fenster anzündet, und ich singe gern mit ihm zusammen die Lieder. Ich spiele gern mit ihm Dreidel*, auch wenn er jedes Mal schummelt und uns all die Münzen gewinnen lässt. Er soll nicht glauben, dass wir die Zeit mit ihm nicht genießen. Aber trotzdem, Schokolade …

»Hm. Schokolade?«, sagt Sejde.

Lea und ich nicken.

»Hm.« Sejde streicht sich durch den Bart. »Vielleicht kommt der heilige Nikolaus auch hier vorbei, wenn er ohnehin schon mal in der Gegend ist. Ich würde vorschlagen, ihr stellt eure Schuhe raus.«

Als ich ein paar Tage später mit den Füßen in die Schuhe schlüpfen will, blockiert mir etwas die Zehen. Ich stecke die Hand in den Schuh und hole ein silbern eingewickeltes Päckchen heraus. Lea zieht ihre Schuhe an.

»Ah!«, ruft sie erschrocken.

Sie beugt sich hinunter und fischt genauso ein Päckchen heraus. Wir schauen einander an, und auf unsere Gesichter schleicht sich ein ähnliches Lächeln. Wir wickeln das Silberpapier ab, und ein hellbraunes, sahniges Schokoladen-

* Vierkantiger Würfel, mit dem an Chanukka gespielt wird

quadrat liegt in unseren Händen. Ein warmes Gefühl flutet über mich hinweg. Ich breche ein Stückchen Schokolade ab und stecke es in den Mund. Lea tut es mir nach, und wenig später werden ihre Augen weit vor Entzücken. Die Schokolade ist wie ein Fluss aus süßer Sahnigkeit, aber anders als Bonbons hat sie auch noch einen dunklen Unterton, der sie erdet. Sie schmilzt in meinem Mund.

Als Sejde am nächsten Tag kommt, umarme ich ihn besonders fest. »Der erste jüdische Nikolaus«, flüstere ich ihm ins Ohr.

»Ich habe keine Ahnung, wovon du redest«, sagt er lächelnd. Er küsst mich auf die Stirn, und noch immer kann ich die Schokolade auf der Zunge schmecken.

21

Auschwitz, August 1944

Und ob ich schon wanderte
im finstern Tal,
fürchte ich kein Unglück;
denn du bist bei mir,
dein Stecken und Stab
trösten mich.

Psalm 23,4

Jeder Tag ist heißer als der vorherige. Jeden Morgen stehen wir stundenlang barfuß auf dem aufgeplatzten Lehmboden, schmachten unter der glühend heißen Sonne. Schweiß läuft mir über das Gesicht, und mein Körper fühlt sich verbrannt und ausgetrocknet an. Der Gestank in der Baracke ist unerträglich. Schweiß über Schweiß auf Hunderten von Körpern. Eines Nachts wache ich auf, und neben mir ist ein nasser Fleck von Exkrementen aus der Pritsche über mir. Mein ganzer Körper ist verkrustet vom Dreck, der auf mir und rings um mich herum ist. Plötzlich reicht es mir. Keine einzige Sekunde kann ich mehr so schmutzig bleiben. Ich setze mich auf und ziehe mich hoch, bis ich auf die Pritsche oben blinzeln kann. Lea liegt halb unter einem größeren Mädchen eingequetscht da. Ich lange mit der Hand zwischen die beiden und rüttle meine Schwester. Sie rollt sich kleiner zusammen.

»Lea, ich bin's, Rosi. Steh auf!«

»Was?« Sie versucht, sich aufzusetzen, und stößt mit dem Kopf an die Pritsche über ihr.

»Komm mit runter.«

»Was ist denn los?«

»Wir müssen uns waschen, sonst werden wir krank. Hier ist überall Krankheit. Wir müssen wieder sauber werden.«

Lea lächelt nicht. »Wieso machst du dir ausgerechnet jetzt Sorgen darüber, sauber zu sein? Wieso soll das jetzt noch was zu bedeuten haben?«

Ich schaue ihr ins Gesicht, das mit Dreck und Schlamm verkrustet ist. »Weil es eben was bedeutet. Auf gar keinen Fall dürfen wir jetzt krank werden.«

»Rosi, ich bin müde. Lass mich bitte schlafen.«

Ich habe keine Wahl, lasse sie also in Ruhe. Ich schleiche mich aus der Baracke.

Im Lager ist es gespenstisch still. Ein weißer Lichtstrahl fährt im Kreis herum und streicht oben über die Gebäude. Mein Herz pocht schnell, als ich einen Schritt in Richtung der großen Latrinenschuppen mache. Ich höre, wie meine Füße auf den Boden tappen, und das Echo scheint im ganzen Lager widerzuhallen. Ich bin kurz davor kehrtzumachen, doch dann denke ich an die Mädchen, die an allen möglichen Krankheiten gestorben sind, und gehe weiter.

Ein einzelner SS-Mann geht auf dem Gelände Patrouille. Mein Herz schlägt schnell, als er mit seiner Taschenlampe hierhin und dorthin leuchtet. Der weiße Strahl wandert nach oben und streicht über die großen Backsteingebäude. Außer dem Wachmann bin ich das einzige Lebewesen hier draußen. Ich bin wie ein wandelndes Gespenst. Der Mann kommt auf mich zu. Ich verstecke mich hinter der Ecke der Baracke. Er geht vorbei, und ich atme auf. Ich warte noch ein paar Minuten, bis ich sehe, dass er weit genug weg ist. Dann trete ich aus dem Schatten. Wenn er mich sieht, schießt er. Langsam gehe ich zur Latrine. Alles ist vollkommen still. Endlich erreiche ich den Latrinenschuppen und seufze erleichtert.

Jedes der vielen Löcher in den unzähligen Reihen quillt beinahe über vor Exkrementen. Auf der anderen Seite sind sechs Waschbecken nebeneinander. Ich drehe einen Wasserhahn auf, nichts passiert. Ich versuche es beim nächsten. Der fünfte funktioniert endlich. Kaltes Wasser tröpfelt heraus. Neben einem der Latrinenbretter steht eine Schüssel mit Laugenpulver. Seit unserer Ankunft hier habe ich diese Schüssel im Blick.

Ich ziehe mein dreckiges Uniformkleid aus und stopfe es in das Waschbecken. Ich mache es so nass wie möglich und streue ein paar Flocken des grünen Laugenpulvers über meine nasse Uniform. Ich mache mir die Hände nass und massiere das Pulver ein, lasse dann mein eingeseiftes Kleid einweichen. Als Nächstes gehe ich meinen Körper an. Ich verteile das Laugenpulver auf der Haut. Zunächst brennt es, doch dann spritze ich mit hohlen Händen Wasser darüber, und das Brennen vergeht. Das Wasser ist kalt, aber das ist eine Erleichterung für meine verschwitzte Haut. Ich verreibe die Lauge grob, verteile sie am ganzen Körper. Ich schaue zu, wie das Wasser zu meinen Füßen braun abfließt und meine Haut wieder pfirsichrosa wird. Als ich mit meinem Körper fertig bin, wasche ich mein dünnes Kleidchen aus und hänge es zum Trocknen an den Wasserhahn des nächsten Beckens. Ich muss wach und aufmerksam bleiben, also summe ich leise vor mich hin, während es trocknet. Endlich ist das Kleid nur noch klamm, und ich kann es anziehen. Ich schleiche durch das Lager zurück. Wenn ich die weißen Strahlen auf mich zukommen sehe, ducke ich mich hinter die Gebäude. In unserer Baracke angekommen, schlüpfe ich ins Bett und schlafe schon beinahe, ehe ich überhaupt die Augen schließe. Ich bin noch in der stinkenden Baracke, und ich liege noch neben einem Haufen Exkremente, und ich teile mir noch mit über einem Dutzend anderer Frauen eine Pritsche als Bett, aber ich bin sauber, und ich fühle mich so gut wie seit Wochen nicht.

Ab jetzt gehe ich alle paar Tage zum Latrinenhaus. Ich schrubbe mich so fest ab, wie ich nur kann. Nicht immer habe ich die innere Stärke, um auch mein Kleid zu waschen und darauf zu warten, dass es trocknet, aber immer wasche ich mich, bis kein einziger Fleck mehr an meinem Körper ist. Jedes Mal schaue ich, ehe ich die Latrine verlasse, voller

Erstaunen auf die Ströme von Exkrementen, die aus jedem Toilettenloch überlaufen. Am dreckigsten Ort der Welt bin ich sauber geschrubbt.

Eines Tages kommt Beile von der Arbeit zurück und stinkt nach Benzol.

»Beile!«, sage ich, als sie sich mir nähert. Ich kann sie kilometerweit riechen.

»Was?«

»Du stinkst nach Benzol!«

Sie zuckt mit den schmalen Schultern. »Wir arbeiten in der Fabrik damit.«

»Aber warum riechst du jetzt so stark danach?«

Sie schaut auf ihre Füße. Ich folge ihrem Blick. Ihre langen, knubbeligen Beine sind mit Lumpen umwickelt, die mit Lösungsmitteln durchtränkt sind.

»So ist mir wärmer.«

Der Sommer neigt sich dem Ende zu. Wir merken es an der leichten Kühle in der Nachtluft. Stella ist so knochig, dass sie sich nicht aufwärmen kann.

»Gib mir die Lappen, ich mache sie für dich sauber.«

»Ich will sie nicht verlieren.«

»Du bekommst sie gleich zurück, gib sie mir einfach.«

Sie starrt mich an. »Nein.«

Ich setze sie auf den Boden und wickle ihr die Lumpen von den Beinen. Sie ist angespannt, aber sie wehrt sich nicht. Als ich jünger war, habe ich den jungen Mädchen in unserer Stadt immer die Tanzschuhe angezogen. Ich habe ihre Waden mit Stoffresten aus dem Textilladen umwickelt.

Ich habe sie so eingewickelt wie jetzt Beiles Beine, aber mit weichen, leuchtend bunten Stoffstreifen – nicht mit steifen, dreckigen Lumpen, die nur so von brennbaren Flüssigkeiten triefen.

»Beile, heute Nacht wasche ich die für dich, und ich gebe sie dir zurück, und dann sind sie so gut wie neu, hörst du?«

»Gib sie mir zurück.«

»Ich verspreche es dir.«

Sie schaut sehnsuchtsvoll auf ihre Lumpen.

In dieser Nacht schlüpfe ich so leise wie möglich von meiner Pritsche. Ich lauere an der Tür und warte, bis die weißen Lichtstrahlen vorbeigewandert sind. Durch das verlassene Lager gehe ich auf den Latrinenschuppen zu. Kilometerweit ist niemand zu sehen, nur der einsame Wachmann mit der Taschenlampe und der Lichtstrahl, der im Zickzack hoch oben über meinem Kopf geschwenkt wird.

Ich erreiche die Latrine sicher und atme erleichtert auf. Ich kümmere mich um Beiles Lumpen und schrubbe dann meinen Körper ab. Als ich fertig bin, sind Beiles Lumpen blitzsauber. Am nächsten Morgen wickle ich sie ihr vor dem Appell wieder um die Beine. Sie bewundert, wie sauber die Stoffstreifen sind.

»Da ist ja gar kein Benzol mehr dran«, sagt sie erstaunt.

»Siehst du? Ich kümmere mich um dich.«

»Ich weiß«, sagt sie, und wir gehen zusammen nach draußen zum Zählappell.

22

Crasna, 1936. Zehn Jahre alt

Der ihnen allen
das Herz geschaffen hat,
achtet auf
alle ihre Werke.

Psalm 33,15

Der Frühling kommt, als das Eis krachend zerbirst und in den Fluss hineinschmilzt. Kühles Wasser rinnt von den Berghängen in den Bach, der summt und gurgelt und köstlich kalt wird. Als der Frühling kommt, marschiert ein Zirkus durch unsere Stadt. In der Schule reden alle über nichts anderes mehr.

»Da waren Elefanten und Tiger, so groß wie der ganze Hof!«, sagt Rika. »Und die Elefanten haben ihre riesigen Füße ganz hoch gehoben, aber die Frau, die auf ihnen geritten ist, die ist nicht runtergefallen. Und dann waren da diese Akrobaten, Trapezartisten nennen sie sich, und die konnten fliegen!«

»Fliegen? Wie das denn?«, frage ich.

»Sie haben ganz hoch oben auf einer kleinen Plattform gestanden, die auf einer Stange war, höher als das Fenster da im zweiten Stock. Und sie haben diese Trapezschaukel festgehalten, und dann sind sie nach unten geflogen und hingen nur noch mit den Fingerspitzen an der Schaukel, und dann haben sie losgelassen und haben Saltos in der Luft geschlagen, und die Person am anderen Trapez hat sie gerade noch rechtzeitig aufgefangen!«

Beim bloßen Gedanken daran rebelliert mein Magen.

»Erzähl ihr von dem Jongleur!«, fordert Hanna Reka auf.

»Oh, der Jongleur hat mitten in der Arena gestanden, aber der hat nicht mit Bällen jongliert, sondern mit riesengroßen, scharfen Messern!«

Ich keuche auf.

»Und dann haben die Messer zu brennen angefangen!«, fügt Hanna hinzu. »Mitten beim Jonglieren sind die in Flammen aufgegangen!«

»Und dann hat er sie geschluckt!«, ruft Rika.

»Und du hättest sehen sollen, wie das Mädchen ganz oben im Himmel über das Hochseil gelaufen ist! Das Seil war dünner als ein Haar. Alle im Publikum haben die Luft angehalten, denn wenn das Mädchen gefallen wäre, wäre das sein Tod gewesen, aber es ist perfekt auf die andere Seite gelaufen.«

»Das muss ich sehen«, sage ich.

»Dir gefällt bestimmt das Tanzen am besten«, sagt Rika. »Das war so wunderschön.«

»Ich glaube nicht, dass jüdische Mädchen in den Zirkus gehen können«, sagt Hanna.

»Da hast du recht. Ich habe da keine jüdischen Mädchen aus unserer Schule gesehen«, meint Reka.

Ich weiß, dass sie recht hat. Jüdische Mädchen dürfen nicht in den Zirkus. Doch da ist ein Ziehen in meinem Herzen, und nichts wünsche ich mir mehr, als die Zirkusvorstellung zu sehen. Ich denke an den Zirkus, wenn ich im Unterricht eigentlich in der Rechenstunde zuhören sollte. Ich denke an den Zirkus, wenn ich Geschirr spüle. Ich denke an den Zirkus, wenn ich am Morgen aus dem Bett aufstehe, und dann wieder, wenn ich am Abend zu Bett gehe. Ich muss da hin!

Mama frage ich erst gar nicht. Ich kann mir gut vorstellen, wie sie mich dann streng anschauen würde. Aber ich bekomme den Zirkus nicht aus dem Kopf. Ich versuche mein Glück und gehe Sejde besuchen.

Als ich ins Haus komme, sitzt er am Tisch.

»Rosi, was verschafft mir die Ehre deines Besuchs?«

Ich setze mich auf den Stuhl neben ihm. »Sejde, ich muss mit dir über etwas reden«, antworte ich und baumele mit den Beinen.

»Alles, meine liebe Rosi«, sagt er.

»Ich weiß, dass ich mir das eigentlich nicht wünschen sollte, aber ich tu's doch. Wirklich, wirklich.«

»So ist es oft«, antwortet er und lächelt.

Ehe ich den Mut verliere, platze ich schnell damit heraus. »Der Zirkus ist in der Stadt, Sejde, und ich möchte ihn wirklich sehen.«

Er schaut mich an, und zunächst glaube ich, dass er bestürzt ist, aber ich kann an meinen Gefühlen nichts ändern. Ich bin hin- und hergerissen zwischen meinem Verlangen, wie alle anderen zu sein, und dem Verlangen danach, den Tanz und die Kostüme zu sehen. Mit pochendem Herzen blicke ich zu ihm auf. Ein langsames Lächeln tritt auf sein Gesicht, und ich habe das Gefühl, dass er geradewegs auf das Tauziehen in meinem Herzen sieht. Er steckt die Hand in die Tasche und zieht ein paar Scheine heraus.

»Das sollte für den Eintrittspreis reichen«, sagt er und drückt mir das Geld in die Hand.

Mir war nicht klar gewesen, dass man bezahlen muss, um dort hinzugehen!

»Du bist so ein braves Mädchen, meine kleine Rosi. Viel Spaß, Mamale!«

Ich lege die Arme um ihn und drücke ihn ganz fest. Er drückt mich auch und tätschelt mir den Kopf. In vollen Zügen genieße ich diesen Augenblick, in dem mich jemand vollkommen versteht.

Ich gehe allein in den Zirkus und schaue mir alles von Anfang bis Ende an. Ich mag die Tanznummern sehr und merke sie mir gut, damit ich sie zu Hause nachtanzen kann. Ich mag auch das Mädchen auf dem Hochseil und die fliegenden Trapezartisten. Die armen Tiere, die im Kreis Parade laufen müssen, gefallen mir nicht, obwohl sie lustig aussehen. Und der Mann, der den Löwen zähmt, macht mich traurig. Als ich nach Hause komme, führe ich die Tänze aus dem Zirkus immer und immer wieder vor. Ich springe im Hof herum, lasse meine Füße klappern und wirbele im Kreis.

»Warum hat Sejde dich in den Zirkus gehen lassen und mich nicht?«, grummelt Lea.

»Du hast ihn nicht gefragt.« Ich wirbele um sie herum.

Sie streckt mir die Zunge raus.

Ich singe die Lieder lauter und versuche Lea dazu zu bringen, dass sie mit mir tanzt.

»Ich gehe jetzt lernen«, sagt sie.

»Na gut«, erwidere ich und tanze von ihr weg.

Plötzlich habe ich eine Idee, wie ich Lea einbeziehen kann.

»Lea«, sage ich, »lass uns unseren eigenen Zirkus machen. Nur das Tanzen.« Sie kommt zu mir zurück.

»Wie können wir das anstellen?«

»Ich zeig es dir, komm mit.«

Ich nehme sie mit zu Resi Fischmanns Haus. Ihr Vater handelt mit Eiern, und er hat immer Eierkisten aus Holz auf dem Hof stehen. Ich klopfe dort an.

»Guten Tag, Rosi und Lea«, sagt Resis Mutter.

»Guten Tag, Frau Fischmann. Ist Resi da?«

»Resi, deine Freundinnen sind hier!«, ruft Frau Fischmann.

Resi kommt zur Tür gerannt. »Tag«, sagt sie. »Mama, ich spiele draußen, ja?« Wir gehen zusammen auf den Hof.

»Also, Resi und Lea«, fange ich an. »Ich habe einen Plan. Wollt ihr bei unserem Zirkus mitmachen?«

»O ja!«, rufen beide Mädchen sofort.

»Aber du hast mir noch immer nicht gesagt, wie wir das machen sollen«, meint Lea.

»Mit Eierkisten! Wir bauen ein Podium draus.«

»Das ist eine gute Idee«, sagt Resi.

»Kannst du deinen Vater fragen?«

»Das mach ich, sobald er nach Hause kommt.«

»Und Lea, du kannst mit bei den Kostümen helfen. Wir bringen all unseren Freundinnen einen Tanz bei. Und dann machen wir eine Vorstellung für die ganze Stadt.«

»Unser eigener Zirkus!«, ruft Lea und klatscht in die Hände.

Resis Vater erlaubt uns, die Eierkisten zu verwenden, und so schleppen wir sie in unseren Hof und stapeln sie zu einem Podium auf. Dann rufen wir alle Mädchen zusammen, die mitmachen möchten, und ich bringe ihnen Schritt für Schritt einen Tanz bei. An dem Abend, an dem wir auftreten wollen, gehen wir herum und klopfen an die Türen und laden die Leute ein. Wir stellen Bänke und Stühle für alle auf. Lea näht wunderschöne kleine Kostüme aus einem Stoffrest, der aussieht wie Buntpapier. Die Röcke sind kurz, und so wickle ich den Mädchen Papierstoff um die Beine, als wären es dazu passende Strümpfe. Es kommen sehr viele Leute. Sie sitzen im Publikum, und wir geben für sie eine Vorstellung. Als wir fertig sind, stehen sie auf und klatschen und klatschen.

Wir geben unsere Vorstellungen noch ein paar Wochen lang weiter. Dann werden sie uns langweilig, und sie laufen langsam aus, bis wir sie schließlich ganz aufgeben.

Der Sommer kommt, und der Zirkus zieht in eine andere Stadt. Ich vergesse den glühenden Wunsch, den ich hatte, die Zirkusvorstellung zu sehen. Ich vergesse die Elefanten und den Feuerschlucker und die Mädchen, die im Tanz ihre Beine in die Luft geschleudert haben. Aber niemals, nie vergesse ich das Gefühl, das mir mein Sejde geschenkt hat.

23

Auschwitz, September 1944

Der Herr wird ihn erquicken
auf seinem Lager;
du hilfst ihm auf
von aller seiner Krankheit.

Psalm 41,3

Es wird kälter am Morgen und am Abend. Ringsum stehen keine Bäume, und auf dem Boden wächst kein Gras. Ich bin mir nicht sicher, glaube aber, dass die schlimmste Sommerhitze vorüber ist. Jetzt bibbern wir beim Zählappell, versuchen aber trotzdem, ganz still zu stehen, damit man uns nicht wegschleppt. Alle um mich herum werden jeden Tag knochiger. Ich erkenne Lea nicht wieder. Ihre ehemals so schönen mandelförmigen Augen wölben sich nun aus ihrem Gesicht heraus. Überall an ihrem Körper stehen spitze Knochen hervor. Ihre Wangenknochen ragen heraus, die Umrisse ihrer Beckenknochen und Hüften zeichnen sich messerscharf unter ihrem Kleid ab. Auch Chanki ist wie ein Skelett. Sie war einmal so wunderschön. Ich erinnere mich, dass ich eifersüchtig auf sie war, als David sich mit ihr verlobt hat. Sie war nie eine dünne Frau. Sie hatte volle Hüften und ein Gesicht, das prall vor Leben und Möglichkeiten war. Jetzt sieht sie wie ausgesaugt aus. Ich muss auf sie genauso wirken. Ich versuche zu ergründen, wieso uns so etwas zustoßen konnte, aber mein Gehirn kann vor Hunger nicht denken. Ich kann nur an meine Mutter denken und daran, was ich zu ihr sagen werde, wenn ich sie zu Hause wiedersehe.

Eines Tages erzählt uns Idi, dass es noch einmal eine Selektion geben wird. »Die überprüfen nur, ob jemand krank ist, und die schicken sie dann ins Krankenrevier, bis es ihnen besser geht.«

»Ich hätte nichts dagegen, ins Krankenrevier zu gehen«, flüstert mir Beile zu. »Da ist wahrscheinlich weniger Arbeit zu tun.«

»Wer weiß, was da vor sich geht«, sagt Chanki.

»Schlimmer als hier kann es auch nicht sein«, meint Lea.

»Oder doch«, erwidere ich.

»Raus zum Zählappell!«, ruft Idi.

Wir gehen nach draußen und stellen uns zum Appell in Reihen auf. Beile steht neben mir, und es sieht aus, als könnte der Wind sie wegtragen.

»Mir nach, ihr faulen Schweine!«, brüllt eine SS-Frau. Sie hat ein breites Gesicht und kleine blaue Augen, und ihr blondes Haar ist im Nacken straff zu einem Pferdeschwanz zusammengebunden. Sie geht so schnell, wie ihr eng geschnittener Wollrock es erlaubt.

Nach einer Weile erreichen wir ein Feld.

Da stehen ein paar Männer in gestreiften Uniformen. Sie sind ausgezehrt und kahl geschoren wie wir.

»In Reihen aufstellen! In Reihen, haben wir gesagt!«

Wir stolpern alle in eine Reihe.

»Alles ausziehen!«

Die Männer stehen da und schauen zu, die Hände hinter dem Rücken verschränkt.

»Ausziehen, hab ich gesagt!«, blafft die SS-Frau das erste Mädchen in der Reihe an. Das Mädchen nestelt an seinem Kleid herum, um es abzulegen, doch ehe sie das schafft, schlägt ihr die SS-Frau ihren Knüppel krachend an die Schläfe, und sie sackt auf dem Boden zusammen.

»Das blüht euch, wenn ihr Befehle nicht schnell genug befolgt!«

Wir ziehen uns alle rasch aus, stehen nackt da und warten im Freien. Wir sind nichts als eine Reihe lebendiger Skelette, unsere Hüftknochen ragen hervor, und unsere Bäuche wölben sich nach innen wie hohle Bäume, jeder kann unsere Rippen zählen.

»Jetzt ist kein Grund zur Sorge mehr. Diese Männer hier sind Ärzte, und sie werden eure Haut untersuchen. Wenn ihr Pusteln oder Hautflecken habt, was ein Hinweis auf eine Krankheit wäre, nehmen wir euch zur Seite, damit wir euch zur Behandlung ins Krankenrevier bringen können.« Die SS-Frau winkt die Ärzte heran. »Kommt jetzt und untersucht sie.«

Die Ärzte gehen herum und untersuchen uns. Sie umrunden jede und fahren uns mit den Fingern über den Rücken, sie zwicken und drücken und schauen von oben bis unten nach Pusteln. Ich habe keine Pusteln am ganzen Körper. Ich bin gesund. Langsam kommt am anderen Ende des Feldes eine Gruppe von Mädchen zusammen. Sie ziehen ihre Kleidung wieder an und setzen oder legen sich auf den Boden und warten. Ein Arzt kommt zu mir, und die SS-Frau macht einen Schritt zurück, als dächte sie, dass ich schon verseucht bin. Der Arzt schaut an mir auf und ab, er berührt meine Wangen, hebelt mir den Mund auf und untersucht meine Zunge. Dann geht er hinter mich, fährt mir mit dem Finger den Rücken hinunter und stockt bei einem blauen Fleck. Ich weiß, dass es keine Pustel ist, sondern nur ein Kratzer von der Holzpritsche letzte Nacht.

»Ist sie krank?«, fragt die SS-Frau.

Bitte sag nicht, dass ich krank bin, denke ich.

»Ja, sie ist krank«, sagt der Arzt.

Die SS-Frau geht noch weiter von mir weg und weist mich mit einer Handbewegung an, auf die andere Seite zu gehen.

Ich rühre mich nicht.

»Du hast es gehört. Los!« Ihr Kinn schwabbelt, als sie dorthin zeigt, wo die kranken Mädchen warten. Lea steht ganz reglos neben mir.

»Du hast es gehört!«

Ich bewege mich nicht.

»Ich bin nicht krank«, sage ich. »Das ist nur ein Kratzer.«

»BEWEGUNG! LOS!«

Ich bleibe wie festgewurzelt stehen.

Sie schlägt den Arzt mit ihrem Knüppel.

Der fasst mich unter den Achseln und schiebt mich zur anderen Seite.

Ich stehe bei den Mädchen, die für krank befunden worden sind. Ich schaue ihre gelbliche Gesichtsfarbe und ihre eingesunkenen roten Augen an. »Ich gehöre nicht hierher«, sage ich zu ihnen. »Ich bin nicht krank.«

Sie zucken mit den Achseln. »Wen schert es, ob wir wirklich krank sind oder nicht? Im Krankenrevier bekommen wir mehr zu essen«, sagt eins der Mädchen.

»Ja, das stimmt vielleicht, aber ich bin nicht krank, also gehöre ich nicht hierher. Ich weiß, was ich bin, und niemand kann mir was anderes weismachen.« Mit diesen Worten renne ich zurück zur anderen Seite. Ich stelle mich neben Lea.

»Rosi! Was machst du da?«

»Ich bin nicht krank.«

Die SS-Frau kommt zurück, und ich versuche, den Blick abzuwenden, aber sie erkennt mich wieder.

»Was macht die hier?«, kreischt sie. »Du!« Sie deutet auf den Arzt. »Bring sie zurück!«

»Ich bin nicht krank«, sage ich.

»Der Arzt sagt, dass du krank bist, also bist du krank!« Und schon lässt sie mir ihren Knüppel auf die Schulter krachen. Ich falle zu Boden. Lea schreit auf. Der Knüppel klatscht auf meinen Bauch. Ich bekomme keine Luft. »Bringt das Mädchen hier auf die andere Seite!«

Wieder fasst mich der Arzt unter den Achseln und zerrt mich auf die andere Seite. Ich trete auf dem ganzen Weg nach ihm. Sobald er mich abgestellt hat, mache ich erneut kehrt und renne zu Lea zurück. Eine Minute lang stehe ich neben ihr, bis die SS-Frau mich wieder entdeckt, die inzwischen am ganzen Leib vor Wut zittert. Sie klatscht mir ihren Knüppel an die Wange. Ich falle zu Boden, und sie lässt den Stock auf meinen Rücken niedersausen. Es schmerzt, aber das ist mir gleichgültig. Auf keinen Fall gehe ich auf die andere Seite. Niemand redet mir ein, dass ich krank bin, wenn ich weiß, dass ich gesund bin. Ich versuche aufzustehen, und sie zieht mir noch einmal den Knüppel übers Gesicht. Meine Ohren schmerzen und klingeln.

Der Arzt kommt wieder und schleift mich weg.

Ich renne sofort zurück.

»Warum tust du mir das an?«, fragt Lea. Sie hat Tränen in den Augen. »Lass dich doch einfach ins Krankenrevier bringen. Da geben sie dir was zu essen und Arznei, und dann kannst du gleich wiederkommen.«

»Ich bin nicht krank, Lea! Niemand redet mir ein, dass ich krank bin, wenn ich's nicht bin.«

»Wen schert das? Das ist es doch nicht wert.«

Ehe ich ihr antworten kann, entdeckt mich die SS-Frau wieder und zerrt den Arzt wütend zu mir hin.

»Schaff die hier weg!«

Wieder schleift er mich fort, aber ich winde mich aus seinem Griff und renne zu Lea zurück. Die kranken Mädchen schauen mich mit weit aufstehenden Mündern an, aber das ist mir egal.

»Warum bist du so stur?«, fragt Lea.

Als die SS-Frau mich sieht, will sie zu mir rüberkommen. Ich mache mich auf ihre Prügel gefasst oder auf die Ärzte, die mich wegschleifen, aber dann verdreht sie nur die Augen zum Himmel und geht fort.

»Ha«, sage ich leise vor mich hin.

»Du bist so stur«, wiederholt Lea.

»Das macht das rote Haar.«

»Welches Haar?«

»Sehr komisch.«

»Kannst du bitte beim nächsten Mal einfach machen, was man dir sagt?«

»Nicht, wenn ich weiß, dass es nicht stimmt.«

Lea schüttelt den Kopf. Aber die kranken Mädchen sehen wir nie wieder.

24

Crasna, 1937. Elf Jahre alt

Du lässest Brunnen
quellen in den Tälern,
dass sie zwischen den Bergen
dahinfließen,
dass alle Tiere des Feldes trinken
und die Wildesel ihren Durst löschen.
Darüber
sitzen die Vögel des Himmels
und singen
in den Zweigen.

Psalm 104,10–12

Eines Abends kommt Sejde nach dem Abendessen zu uns, und er hustet so sehr, dass er kaum reden kann.

»Tate, das klingt nicht gut, warst du beim Arzt?«, fragt Mama.

»Du redest gerade wie Bobe«, erwidert Sejde, als er sich

an den Tisch setzt. »Ja, ich war schon vor Monaten beim Arzt. Er hat gesagt, es ist bloß ein Husten.« Wieder hustet er in sein Taschentuch, und schon bald keucht er trocken. Das Taschentuch färbt sich rot. Lea und ich schauen einander mit panisch aufgerissenen Augen an. Mir ist schlecht. Ich weiß, dass etwas nicht stimmt, aber ich will lieber nicht darüber nachdenken. »Kommt, Jecheskel und Lea, wir müssen jetzt unser Zimmer sauber machen.«

»Aber wir haben doch erst heute Morgen sauber gemacht«, meint Jecheskel.

»Es ist schon wieder unordentlich«, erwidere ich. »Kommt!«

Lea und Jecheskel folgen mir in unser Zimmer. Schweigend sitzen wir zusammen auf dem Bett. Aus dem Esszimmer hören wir Mamas leise Stimme.

»Es ist in Ordnung, wenn du zum Arzt gehst, weißt du. Ich bring dich morgen hin. Wir gehen zu einem guten Arzt in Bukarest.«

»Nein, nimm dir nicht bei der Arbeit frei. Bobe geht mit mir.«

»Aber du gehst hin?«

»Ja«, antwortet Sejde. Seine Stimme klingt so erschöpft, ist kaum mehr als ein Flüstern.

Als wir aus unserem Zimmer zurückkommen, lächeln Mama und Sejde uns zu, aber wir wissen, dass ihr Lächeln nicht echt ist.

»Wer will heute Abend mitkommen und bei mir schlafen?«, fragt Sejde.

Niemand sagt ein Wort.

»Oh, schaut nicht so ernst, ihr drei. Ihr seht aus, als wäre jemand gestorben. Es ist nur ein dummer Husten.« Er atmet pfeifend, und ich sehe, wie sich seine Brust verkrampft. Da bemerke ich, dass er dünner ist, als ich ihn je gesehen habe.

»Kommt schon! Kopf hoch! Wer will heute bei mir schlafen? Lea, ich glaube, du bist an der Reihe, stimmt's?«

»Darf ich gehen?«, fragt Lea Mama.

»Ja, sicher, ich packe deine Tasche.«

Am nächsten Tag bringt Sejde Lea nach Hause und küsst uns alle, bevor wir in die Schule gehen. Wir hören, wie er zu Mama sagt, dass er in einer Stunde zum Arzt gehen wird.

»Er hat die ganze Nacht hindurch gehustet«, sagt Lea.

»Es ist nur ein Husten. Husten ist nichts Schlimmes.«

»Ich konnte kaum schlafen.«

Ich zucke mit den Achseln. »Reden wir über was anderes.«

Spätabends kommt Sejde vom Arzt nach Hause, und Mama sagt, wir sollen schon schlafen gehen. Sie will eine Weile zu Sejde gehen, um zu hören, was er zu berichten hat. Als sie zurückkehrt, stellen wir uns alle schlafend, aber wir hören, wie sie in ihrem Bett weint. Lea und ich liegen auf dem Rücken da, halten uns an den Händen und sagen kein Wort. Es dauert Stunden, bis irgendwer von uns schläft.

Beim Frühstück sind Mamas Augen rot, als sie im Haferbrei rührt und den Salat zubereitet. Sie lächelt uns müde an. Erst sagt eine Weile niemand etwas, doch dann fragt Jecheskel: »Warum sind heute alle so still?«

Mama setzt sich hin und winkt Jecheskel, dass er auf ihren Schoß kommen soll. Sie spielt an seinen Pejess herum und seufzt.

»Der Arzt hat gesagt, dass Sejde sehr krank ist.« Ihre Stimme ist gleichmäßig und seltsam ruhig.

»Hat er ihm also eine Arznei gegeben? Gebt ihm einfach eine Arznei«, meint Jecheskel.

Mama schüttelt den Kopf. »Ja, sie geben ihm zu Hause Medikamente. Aber er ist sehr, sehr krank, und das solltet ihr wissen.«

Mir wird das Herz schwer. Ohne Vorwarnung schießen mir Tränen in die Augen. Im Hinterkopf habe ich irgendwie schon gewusst, dass dies passieren würde, aber als ich gehört habe, wie Mama es aussprach, wurde es erst Wirklichkeit.

Aber er ist doch mein starker Sejde, denke ich. Ihm kann nichts wirklich Schlimmes zustoßen. Er wird es überstehen, und dann wird alles gut.

Nach der Schule gehen wir ihn besuchen. Er sitzt auf seinem Stuhl im Studierzimmer und dreht sich zu uns um, als wir eintreten.

»Oh, warum macht ihr denn alle so besorgte Gesichter?«, fragt er. »Ihr seht aus, als hättet ihr ein Gespenst gesehen.«

Wir lächeln einfältig, denn uns wird klar, dass wir mit offenen Mündern hier stehen. Und er sieht wirklich ein bisschen wie ein Gespenst aus.

»Wie geht's dir, Tate?«, fragt Mama, als sie sich zu ihm hinunterbeugt und ihn küsst.

»Mir geht's gut. Zumindest dann, wenn meine Enkelkinder kommen und mich umarmen.«

Lea, Jecheskel und ich eilen zu ihm hin und umarmen ihn.

»Oh, ich bin nur ein bisschen krank. Ich breche nicht in der Mitte durch, wenn ihr mich ordentlich packt.«

»Kommt und setzt euch zum Abendessen hin«, sagte Bobe, als sie durch das Studierzimmer geflitzt kommt und uns alle zum Küchentisch jagt.

Wir essen zu Abend und versuchen, uns wie immer zu benehmen. Wir schaffen das auch beinahe, bis Sejde Blut in seine Serviette hustet und wir wieder totenstill werden.

Sejde kommt jetzt nicht mehr nach dem Abendessen zu uns. Stattdessen gehen wir zu ihm. Innerhalb von wenigen Wochen ist er zu schwach, um aus dem Bett aufzustehen, und er gibt offiziell seine Arbeit als Schojchet* auf.

Jede freie Minute, die ich zwischen der Schule und meinen Aufgaben im Haus habe, verbringe ich bei Sejde, obwohl es furchterregend anzuschauen ist, wie rasch er immer kranker und kranker wird. Mein Sejde ist immer für mich da gewesen, jetzt will ich für ihn da sein.

Eines Tages komme ich in sein Haus, und Bobe hält den Finger vor die Lippen, sobald ich eintrete.

»Er ist endlich eingeschlafen«, sagt sie, als sprächen wir über einen Säugling. »Er braucht jetzt seine Ruhe, also sei bitte leise.«

* Jiddisch: Schächter

»Darf ich mich zu ihm setzen? Ich bin auch ganz still.« Sie nickt und geht mit mir in sein Zimmer.

Sejde liegt auf dem Bett. Sein magerer Körper ist nur mit einem dünnen Laken bedeckt. Er atmet schwer und pfeifend, als versuchte er mit aller Gewalt, Luft durch einen dünnen Strohhalm einzusaugen. Ich stehe völlig still da und schaue auf meinen Großvater, der vor mir liegt. Er ist der Vater, den ich nicht hatte, er ist die Sonne in meiner Welt. Er ist die tiefste Liebe, die ich je gekannt habe. Ich lege meine Hand auf seine große, zerbrechlich wirkende, und nach einer kleinen Weile drückt er sie mir ein bisschen, und ich weiß, er merkt, dass ich bei ihm bin. Ich stehe bei ihm und halte seine Hand, bis Mama Lea schickt, die mich nach Hause holen soll.

Zu Hause nehme ich die rumänische Zeitung, die am Morgen gekommen ist, und schneide alle Witze aus. Mein Sejde ist krank, aber ich werde ihn aufmuntern.

Nach der Schule mache ich mich schnurstracks auf den Weg zu seinem Haus. Die zusammengeknüllten Zeitungsausschnitte habe ich in die Taschen meiner Strickjacke gestopft. Als ich ankomme, gehe ich gleich in sein Zimmer. Die Fensterläden sind geschlossen, und das Zimmer ist dunkel. Es riecht wie das Innere eines Schuhs, und als hätte man versucht, den Geruch mit Alkohol zu übertönen. Mein großer, schöner Sejde liegt auf dem Bett. Ich beobachte, wie sich seine Brust hebt und senkt, langsam und bedächtig.

»Guten Tag, Sejde«, sage ich, als ich mich auf den Stuhl neben sein Bett setze.

Er wendet sich mir zu, und sein Gesicht ist schmerzverzerrt, aber er versucht zu lächeln.

»Sejde, ich habe wirklich gute Witze für dich«, sage ich, als ich die zusammengeknüllten Zettel aus der Tasche ziehe. Ich streiche sie auf meinem Rock ordentlich glatt. »Hier ist der erste: Ein Mann geht mitten im Winter durch Bukarest und brüllt an der Fassade eines Wohnungsblocks hoch: ›Macht das Fenster zu, mir wird eiskalt!« Sejde hat den Schatten eines Lächelns auf dem Gesicht. »Aha, der hat dir also gefallen, Sejde. Ich hab noch mehr.«

»Dann erzähl.« Ich streiche den nächsten Zettel glatt.

»Kommt ein Mann mit seinem Bären in eine Kneipe und fragt: ›Servieren Sie auch Ungarn?‹ – ›Ja‹, antwortet der Wirt. ›Setzen Sie sich, und was hätten Sie gern?‹ – ›Ein Bier für mich und zwei Ungarn für meinen Bären.‹«

Sejde lacht pfeifend. »Weißt du, mein Großvater ist von der ungarischen Polizei erschossen worden, also gefällt mir dieser Witz besonders gut.«

»Wie ist es dann mit dem hier?«

Ich nehme den nächsten heraus und falte ihn auf.

»Hast du alle Witze aus der Zeitung ausgeschnitten?«

»Nur die, die ich komisch fand.«

»Dann habe ich ja einen schönen Abend vor mir«, sagt Sejde und schaut auf die Papierknäuel, die wie ein Berg auf meinem Schoß liegen.

»O ja«, sage ich und lese ihm alle meine Witze vor, bis ich keinen mehr habe.

Kurz darauf schläft er ein, also beuge ich mich zu ihm

und küsse ihn auf die Wange. Ich küsse ihn sanft, um ihn nicht zu wecken, und es kommt mir falsch vor, ihn so vorsichtig zu behandeln.

Jeden Tag kaufe ich so viele Zeitungen, wie ich mir leisten kann, und schneide alle Witze aus. Nach der Schule renne ich zu ihm, setze mich an sein Bett und lese ihm alle Witze immer und immer wieder vor. Selbst wenn er nicht mehr reagiert, lese ich weiter. Ich glaube immer noch, dass ich ein Lächeln auf seinem Gesicht sehen kann. Ich weiß, dass Lachen die beste Medizin ist, und wenn ihm die Ärzte keine wirksame Medizin geben können, dann behandle ich ihn mit meinen Witzen, bis ich meinen Sejde zurückhabe.

Als Lea und ich eines Tages aus dem Schulgebäude kommen, sehen wir Mama, die am Tor auf uns wartet.

»Sejde?«, frage ich.

»Sie haben ihn ins Krankenhaus gebracht«, antwortet sie.

Lea fängt gleich auf der Straße zu weinen an, aber ich verziehe keine Miene. Das Krankenhaus. Aber dort werden sie ihn mit wunderbarer Medizin heilen, und er wird einfach wieder gesund. Er muss gesund werden.

Schon zwei Wochen später bin ich auf der Beerdigung meines Sejde. Wir sitzen zusammen: Mama, Jecheskel, Bobe und ich. Die Bank bebt von unseren Schluchzern, als weinte sie mit uns. Alle meine Tanten und Onkel sind da, und die Schul ist gedrängt voll von allen, die wir kennen. Juden, Nichtjuden, Leute allen Alters haben sich in die kleine

Synagoge gequetscht. Alle weinen, aber ich weine aus dem Allerinnersten. Es ist, als hätte man mich aufgeschnitten, und jedes Eckchen meiner Seele schluchzt unter Schmerzen. Mir laufen Tränen über das Gesicht, und es ist mir ein bisschen peinlich, weil ich so schluchze und stöhne, aber ich kann nicht anders. Der Sarg steht für alle sichtbar da, und ich kann einfach nicht glauben, dass mein Sejde da hineinpasst. Ich erwarte beinahe, dass der Holzdeckel aufgeht und seine große Gestalt herausschlendert und alle fragt, was sie mitten am Tag in der Synagoge verloren haben.

Der Rabbi steht auf und beginnt zu sprechen. Er steht am Pult und beginnt zu weinen.

»Wir haben heute einen großen Mann verloren«, sagt er, »einen Mann, der über niemanden je etwas Böses gesagt hat und der immer einen Grund dafür gefunden hat, warum jemand die Dinge auf eine bestimmte Weise gemacht hat. Er war sehr erfinderisch, sage ich euch.« Ein paar Leute lachen, aber Mama schluchzt noch mehr. »Er hatte stets ein freundliches Wort, ein strahlendes Lächeln, ein offenes Ohr – und wenn man von Jehuda fortging, hatte man einen besonderen Schwung in den Schritten, ein Glück im Herzen und eine Hoffnung für die Gegenwart und die Zukunft. Wir haben einen Riesen verloren. Er wird auf dieser Welt sehr vermisst werden.«

Verloren. Ein seltsames Wort. Ich habe meine Hausschlüssel verloren oder mein Rechenbuch, aber jetzt auch meinen Sejde, der wirklich wie ein Vater für mich war. Ich suche ihn, wie man etwas sucht, das man verzweifelt wiederhaben will. Man weiß zwar, wo es sein muss, aber wenn man alle Taschen durchsucht, ist da nur das Futter, und die Hände tasten in der weiten, wirbelnden Leere herum. Wieder stöhne ich auf, und Mama streicht mir über den Rücken. Ich bin dankbar, dass ich sie hier bei mir habe, denn ich fühle mich noch immer von Liebe umgeben, selbst in all dem Schmerz.

Nach der Beerdigung, nachdem Sejde begraben ist, versammeln wir uns alle in Bobes Haus, und Mama und Chana und alle meine Onkel sitzen auf niedrigen Schemeln auf dem Boden. Ein paar Minuten lang sagt niemand etwas. Die Kinder rennen draußen herum. Jecheskel gesellt sich zu ihnen, und es ist seltsam, sie lachen zu hören, genauso seltsam, meine erwachsenen Onkel weinen zu hören. Ich möchte David in den Arm nehmen. Er ist erst achtzehn und hat schon beide Eltern verloren. Ich habe zumindest noch Mama.

»Wie konnte das nur passieren?«, fragt Chana. »Er war noch so jung.«

»Die Ärzte haben gesagt, seine Lunge sei so zusammengeschrumpelt und schwarz gewesen, es sei ein Wunder, dass er so lange durchgehalten hat«, erzählt Bobe.

David schaut sie traurig an. »Jetzt fühlt es sich gerade nicht wie ein Wunder an«, meint er, als er den Kopf in den Händen birgt.

Ich bin erst elf, aber ich weiß, dass es ein Wunder war. Jede Sekunde, die mein Sejde gelebt hat, war ein kostbares, wunderschönes Wunder.

Nach den sieben Trauertagen gehen alle nach Hause. Wir kehren in unser Alltagsleben zurück, aber es ist so, als täten wir nur so. Ich fühle mich matt und leer. Erst Wochen später höre ich auf, nach dem Abendessen auf die Tür zu schauen und darauf zu warten, dass Sejdes große Gestalt erscheint.

»Ah, ein Vorgeschmack auf Gan Eden*«, hat er immer gesagt, wenn er Mamas Cholent** gekostet hat, aber nun sitzt niemand an seinem Platz, als sie den Eintopf ausgibt. Ich esse mit einem trüben Gefühl in der Brust und Tränen in den Augen. Manchmal gehe ich einfach ins Bett und drücke weinend mein Gesicht ins Kopfkissen.

Langsam geht das Leben weiter, und eines Nachts mache ich mein Schlafzimmerfenster auf, und die Frösche und Vögel singen ihre wunderschönen Lieder, und der Bach tanzt dazu. Ich merke, dass ich zwar immer noch traurig bin, aber auch wieder glücklich. Ich kann beinahe hören, wie Sejde bei den Fröschen mitsingt. Ich denke an all die Menschen, die nicht mehr hier sind: an meinen Vater, meinen Bruder, meinen Sejde. Ich frage mich, warum ich diejenige bin, die jetzt hier ist und das süße Lied der Welt anhört. Obwohl ich keine Antworten habe – und die Traurigkeit in meinem Herzen mich manchmal nach unten zu ziehen und zu begraben droht –, verspüre ich trotzdem einen seltsamen und wunderschönen Frieden, wo ich jetzt bin, und ich weiß, dass alles gut wird. Ich schaue auf das Wasser und die Berge und die

* Hebräisch: Garten Eden

** Langsam geschmortes Eintopfgericht für den Sabbat

Blumen und fühle mich eins mit ihnen. Mein Körper fließt über vor Liebe und Traurigkeit und Freude. Als ich in dieser Nacht das Fenster aufmache, geselle ich mich zum Fluss und den Fröschen, und ich singe.

25

Auschwitz, Oktober 1944

Ich werde nicht sterben,
sondern leben
und des Herrn Werke verkündigen.

Psalm 118,17

Wieder einmal stehen wir zum Zählappell draußen. Es ist kälter geworden. Ich kann nicht glauben, dass es Frühling war, als die Soldaten in unsere Stadt kamen. Es kommt mir vor, als wäre es Millionen von Jahren her. Wir stehen kerzengerade in der Kälte und versuchen, uns nicht vom Wind erschüttern zu lassen.

Nachdem wir gezählt sind, stellt sich eine SS-Frau vor uns. »Alle! Ihr geht jetzt duschen. Zieht eure Kleider aus, lasst sie hier.«

Eine andere SS-Frau geht mit ihrem Knüppel herum und beginnt, damit auf die kahlen Köpfe der Mädchen einzuschlagen. »Ausziehen!«, befiehlt sie. Im Nacken ist ihr

Haar zu wasserstoffblonden Löckchen gedreht. Sie trägt glänzende schwarze Schuhe und ein Kostüm mit zweireihiger Jacke.

Die skelettdünnen Mädchen rings um mich herum ziehen sich die Kleider über den Kopf.

Mit einem flauen Gefühl im Magen zerre auch ich den dünnen, löchrigen Stoff hoch und streife ihn mir über den Kopf. Die kalte Luft zwickt mich in die Brust.

»Schnell! Schnell!«, blafft uns die SS-Frau an. Sie schaut uns an und lacht.

»Oskar!«, ruft eine andere SS-Frau. »Die Mädels hier gehen heute duschen!«

Die SS-Männer auf der anderen Seite des Feldes drehen sich um. Ihre Augen weiten sich erregt, als sie sehen, wie die Mädchen ihre Kleider ablegen.

»Danke für den Hinweis, Irma«, sagt einer von ihnen, und sie lachen.

Die Männer gehen auf uns zu, während wir uns ausziehen. Sie lächeln einander zu. Zwei von ihnen schlagen ein. Ich senke den Blick zu Boden, weil mein ganzer Körper vor Demütigung und Kälte bibbert.

Die SS-Frau tritt vor uns. Sie trägt ein blaues Wollkostüm und hat Seidenstrümpfe an. »Kommt schon!« Sie sagt es mit einem Lachen in der Stimme. »Stellt euch in einer Reihe auf, ihr Tiere!«

Wenn wir nur die Würde von Tieren hätten! Tiere haben zumindest ein Fell am Körper.

»Abmarsch!«, brüllt sie. Wir marschieren hinter ihr her

auf die Duschräume zu. Eine Reihe Mädchen nach der anderen. Mir hallt das Gelächter der SS-Leute in den Ohren wider. Die Luft um mich herum sticht mich wie mit Eisnadeln.

Wir gehen in das Gebäude mit den Duschen. Neben den Duschköpfen, die von der Decke hängen, stehen SS-Männer. Sie halten Gummiknüppel in den Händen.

Die SS-Frau, die uns hergebracht hat, drängt uns enger zusammen. Das erste Mädchen in der Reihe schaut auf das strömende Wasser.

»Schnell jetzt!«, ruft der SS-Mann. Zögerlich geht die junge Frau Zentimeter um Zentimeter hinein, und dann ist es, als wäre ihr Feuer oder Eis entgegengeschlagen, und sie fährt zurück. Der SS-Mann rammt ihr seinen Knüppel in den Mund und hält sie damit unter dem Wasserstrahl. Sie schreit, Blut strömt ihr aus dem Mund und verläuft rosa im Wasser. Lange hält er sie so fest. Es sieht aus, als würde der Knüppel sie ersticken. Dann schiebt er sie zur Seite, und sie taumelt fort.

Der SS-Mann winkt die nächste junge Frau unter den Wasserstrom. Sie zögert. Das Gesicht des Mannes verzieht sich wutentbrannt.

»Beeilung!«, brüllt er. »Ich habe nicht den ganzen Tag Zeit!« Er klatscht ihr seinen Gummiknüppel vor den Bauch und schiebt sie unter das Wasser. Sie kreischt, aber er hält sie dort fest.

Auch das nächste Mädchen zögert, und ihr geschieht das Gleiche.

Rosi, sage ich mir. Denk scharf nach. Das Wasser ist wahrscheinlich eiskalt. Du hast zwei Möglichkeiten: Entweder gehst du gleich rein und wirst nicht mit dem Knüppel geschlagen, oder du hast Angst und wartest und wirst dann sowieso reingeschubst und noch dazu mit dem Knüppel geschlagen.

Langsam rückt die Reihe vor, und jetzt bin ich dran. Ohne auch nur einen Sekundenbruchteil zu zögern, trete ich unter das Wasser. Es trifft mich wie Eisnadeln und Feuerfunken gleichzeitig. Der Wasserstrahl ist so kalt, dass er schon brennt. Ich habe das Gefühl, dass mein ganzer Körper attackiert wird. Ich kann nicht atmen. Doch dann ist es vorbei. Der SS-Mann schubst mich mit seinem Knüppel zur Seite, und ich bin frei. Ich zittere heftig.

Kleine jüdische Arbeiterinnen reichen uns am anderen Ende des Raumes neue Uniformen. Ich bin sehr froh, dass ich etwas anderes bekomme als mein kleines blaues Kleid mit dem langen Riss an der Seite. Eine Frau händigt uns allen Pakete aus. Ich gehe zu ihr, um meines in Empfang zu nehmen. Es ist ein perfekter Packpapierwürfel. Drinnen finde ich ein Paar raue Holzschuhe und ein adrett zusammengefaltetes blaues Kleid. Ich breite das Kleid aus und sehe es mir an. Es ist mit kleinen schwarzen Punkten übersät. Die Punkte bewegen sich: Es wimmelt von Läusen.

Ich schaue mich um. Alle anderen ziehen sich an. Ich habe keine andere Wahl. Ich schlüpfe in das verseuchte Kleid. Meine gerade sauber gewordene Haut ist jetzt mit kleinen krabbelnden Tierchen übersät.

Die Läuse sind überall. Die Baracke riecht nicht mehr annähernd so schrecklich wie in der Gluthitze, aber jetzt wimmelt sie von Läusen. Es sieht aus, als bewegte sich der Raum von ganz allein. Schlaf, unsere einzige Zuflucht, wird nun alle paar Minuten durch das endlose Jucken unterbrochen. Auch die Schuhe sind nichts als eine weitere Quelle des Schmerzes. Sie machen uns das Gehen noch schwerer, weil alles an der Holzsohle hängen bleibt und wir schließlich allen möglichen Unrat an den Füßen mitschleppen.

Ein paar Tage nach dem Duschen stellen uns die SS-Männer nach dem Appell in Fünferreihen auf. Rechts von mir sind zwei junge Frauen, zwei zu meiner Linken. Reihe um Reihe stehen wir da. Fünf, fünf, fünf, fünf hinter fünf. Wir marschieren eine Weile, ohne eine Ahnung zu haben, wohin wir gehen. Wir stoßen auf eine Reihe mit noch mehr wartenden jungen Frauen. Die SS-Leute schubsen uns näher zu ihnen hin. Wir wissen nicht, was wir hier zu tun haben. Endlich rücken wir langsam vor, und ich sehe, was hier vorgeht. Vorne sitzen an Tischen ein paar von denselben knochigen Gefangenenmädchen, die uns den Kopf geschoren haben. Als eine junge Frau aus unserer Reihe zu einem Tisch geht, packt eine dieser Gefangenen deren Unterarm und sticht mit einem Holzstock mit einer blitzenden Metallspitze auf ihn ein. Sie scheinen da vorn jedem Mädchen etwas auf den Arm zu schreiben, aber ich kann nicht sehen, womit sie schreiben. Als ich näher komme, keuche ich auf. Sie haben so etwas wie Nadeln in den Händen. Ich reibe mir den Arm. Sie halten diese Instrumente, die wie Nadeln aussehen, in eine heiße

Flamme, brennen Zahlen in die Haut und reiben dann mit einem grünen Lappen drüber. Ich schaue, wie die Mädchen zusammenzucken, wenn die Schrift in ihr Fleisch gebrannt wird. Ich halte Leas Hand.

»Warum machen die das?«, fragt sie. »Was schreiben die?«

Ich kneife die Augen zusammen, um es zu sehen. »Ich glaube, sie schreiben allen Mädchen Nummern auf den Arm«, antworte ich.

Als wir näher rücken, mustere ich die Gefangenen, die die Zahlen schreiben. Die vorne an unserer Reihe packt eine junge Frau am Handgelenk und schiebt deren Ärmel hoch. Sie bewegt die Hand der Frau auf und ab, bewegt dabei kaum das eigene Handgelenk. Ich schaue auf den Arm der jungen Frau. Da stehen große, ungleichmäßige Zahlen.

Ich wende den Blick zu der Gefangenen am nächsten Tisch. Sie scheint ruhiger zu arbeiten. Sie schaut den jungen Frauen nicht in die Augen, aber sie schiebt deren Ärmel sanft nach oben und schreibt langsam und mit kleinen, ebenmäßigen Zahlen. Das sieht viel hübscher aus als bei der anderen. Ich will diese großen Zahlen nicht auf dem Arm haben. Ohne lang nachzudenken, renne ich in die Reihe neben mir. Ein Offizier schreit etwas, aber niemand schießt.

Jetzt bin ich beim Tätowieren an der Reihe. Ich halte der Gefangenen meinen Arm hin. Sie nimmt ihn, ohne mir ins Gesicht zu schauen, und sticht sorgfältig Zahlen auf meinen Arm. Mir kommen die Tränen, aber ich schreie nicht auf. Dann taucht sie ihren Lappen in grüne Tinte und reibt ihn über die Einstiche auf meinem Arm. Ich schaue hinunter: A-13488. Die Zahlen sind klein und perfekt.

Lea tritt aus der Reihe, als sie tätowiert ist, und stellt sich neben mich.

Ich sehe, dass große Zahlen auf ihren Unterarm gekrakelt sind.

»Warum bist du aus unserer Reihe weggelaufen, Rosi?«

»Ich wollte ordentliche Zahlen.« Ich zeige ihr meinen Arm.

»Ordentlich? Ordentliche Zahlen? Daran denkst du jetzt? Wen schert das? Die hätten dich dafür umbringen können!« Leas Stimme ist schwer vor Wut und Angst. »War es das wert? Bist du verrückt, Rosi? War es das wert?«

Ich blicke auf meinen Arm hinunter und dann auf die Menschen um mich herum. Wie benommen gehen sie umher, als wären sie schon tot. Nein, ich bin nicht verrückt. Ich weiß es jetzt, ich weiß es besser und tiefer als die versinkenden Seelen der Gespenster rings um mich, ich weiß es.

»Ja, das war es wert, Lea«, antworte ich. »Es war es wert, weil wir nach Hause gehen! Wir gehen von hier aus nach Hause. Es war es wert, weil uns noch nicht alles egal ist. Hörst du? Uns ist noch nicht alles egal, Lea!«

Idi führt uns zu den Baracken zurück. Mich juckt es in meiner von Läusen verseuchten neuen Uniform. Die Läuse scheinen vom Kleid herunterzuspringen und sich in meiner Haut einzugraben, die so dünn und straff über meine Knochen gespannt ist. Ehe ich einschlafe, hebe ich den Arm an die Augen. Die Haut um die Zahlen herum ist gerötet, aber ich kann die kleinen schwarzen Zahlen deutlich sehen. A-13488. Hübsch und ordentlich geschrieben. »Du gehst von hier nach Hause«, scheinen sie mir zu sagen.

Als wir am nächsten Morgen zum Zählappell draußen stehen, rufen sie uns nach Nummern auf. Es dauert noch länger als sonst, weil sie sich mit jeder Zahl sehr viel Zeit lassen. Als sie zu mir kommen, blinzle ich auf meine Nummer: A-13488. Perfekt steht sie auf meinen Arm geschrieben, und es tröstet mich, das zu sehen. Schon bald kenne ich meine Nummer im Schlaf. Manchmal werden wir aufgefordert, unsere Nummer zu sagen, und die Mädchen, die ihre nicht schnell genug rausbringen, werden geschlagen. Die SS-Leute lachen tatsächlich dabei. Ich lerne meine Nummer auswendig, und wenn sie mich aus dem Schlaf rütteln und sie wissen wollen, kann ich sie aufsagen. Ich spucke sie schneller aus, als sie mich danach fragen können: A-13488.

26

Crasna, 1940. Vierzehn Jahre alt

Denn mein Vater und meine Mutter
verlassen mich,
aber der Herr nimmt mich auf.

Psalm 27,10

Nach Sejdes Tod scheint es mit uns bergab zu gehen. Es war uns nicht klar gewesen, wie sehr er uns mit Geld geholfen hat. Nun, da er fort ist, wird es sehr viel schwieriger. Von den großen Dingen (wie dem Geld, das er uns jede Woche gab) bis zu den kleinen (wie dem Mehl, das er in unseren Schrank legte, wenn es uns ausgegangen war) – all das kommt zusammen, und wir sind öfter hungrig als satt, doch es geht uns trotzdem gut. Wir haben einander. Wir haben alles, was wir brauchen.

Rings um uns ändern sich die Dinge auch, doch alles geschieht sehr langsam, und wir sind zu nah dran, um es zu bemerken. Es ist, als nähme man nicht wahr, wie groß der

Bruder wird, weil man ihn jeden Tag sieht. Doch dann ist Jecheskel gewachsen, und in unserer Stadt ist etwas anders geworden. Es liegt etwas in der Luft.

Da übernimmt Ungarn bei uns das Kommando. Nach ein paar netten Jahren unter rumänischer Herrschaft werden wir wieder von Ungarn regiert. Mama sagt, dass das schon einmal so war, und es würde uns gut gehen, genau wie in der Vergangenheit. Wir begrüßen mit allen anderen die Ungarn. Als Allerterstes schließen sie die Jeschiwa. Für alle anderen ist es bestürzend, dass sie eine in der Nähe gelegene Schule für ihre Söhne verlieren, doch wir verlieren damit das Essen auf dem Tisch. Mama war Vollzeitköchin in der Jeschiwa, und nun, da sie geschlossen ist, hat sie ihre Arbeit verloren.

Ein paar Tage nachdem Mama die Arbeit verloren hat, kommen wir nach Hause und sehen sie mit einem Brief in der Hand am Tisch sitzen.

»Von wem ist er?«, fragt Lea.

»Von Tante Chana«, antwortet Mama.

»Oh, wie geht es ihr? Wir haben sie so lange nicht gesehen. Seit sie mit ihrem Mann in die Großstadt gezogen ist, hat sie uns nur ein paarmal besucht.«

»Das letzte Mal, als Sejde gestorben ist«, sage ich.

»Ich weiß. Nun, es ist nicht leicht, mit drei kleinen Kindern zu reisen«, erwidert Mama. »Aber genau deswegen schreibt sie. Sie könnte ein bisschen Hilfe mit den Kleinen brauchen.«

»Können wir zu Besuch kommen?«, fragt Lea. »Ich liebe kleine Kinder!«

»Nun, Chana meint, dass sie ein zusätzliches Paar Hände gut brauchen könnte, jetzt, da Jakob mit dem Geschäft so viel zu tun hat.« Mama schaut mich an. »Rosi, sie fragt, ob du eine Weile bei ihr wohnen und ihr aushelfen kannst.«

»Das würde ich sehr gern machen, aber wie lange? Meinst du, dass ich euch nicht vermissen werde?«

»Natürlich wirst du uns vermissen, aber du schaffst das schon. Du würdest ein paar Monate hingehen, und dann sehen wir weiter. Hoffentlich habe ich bis dahin eine neue Arbeit gefunden und bin wieder auf die Füße gekommen.«

»Darf ich auch mit?«, fragt Lea.

»Ja, darf Lea mitkommen?«, werfe ich ein.

»Chana braucht nicht zwei Münder zusätzlich, die sie füttern muss, nur einen. Und Onkel Lipa hat mir gestern geschrieben und gesagt, dass er sehr gern Lea eine Weile bei sich hätte.«

»Warum kann ich nicht mit Rosi zu Chana gehen«, fragt Lea.

»Oder ich mit Lea zu Lipa?«, frage ich.

»Weil keiner von beiden euch beide braucht«, antwortet Mama.

Ich will weinen. Ich will nicht von Mama und meinem Zuhause weggehen. Aber ich halte die Tränen zurück. Mama sieht ohnehin schon niedergeschlagen aus, weil sie uns gesagt hat, dass wir gehen müssen. Ich will ihr nicht alles noch schwerer machen.

»Chana könnte wirklich deine Hilfe brauchen, Rosi, und vielleicht kannst du auch ein bisschen für sie nähen. Ich bin sicher, dass es dir Spaß machen wird, eine Weile bei deiner Lieblingstante zu sein. Und Lea, dir wird es bei deinem Onkel und den Vettern gefallen. Und nur mit mir und Jecheskel wäre es doch auch langweilig, nicht?«

Nein, will ich antworten.

»Das wird ein Spaß«, sagt Lea. »Ich bin schon ganz aufgeregt.«

»Ja, ich auch. Ich habe Chana lieb«, sage ich. »Und eh wir's uns versehen, sind wir wieder hier.«

Ich komme mit dem Pferdewagen bei Tante Chana an. Als ich an der Haltestation aussteige, trifft mich als Erstes der Lärm. Hier fahren Autos! Sie brummen an mir vorüber, hupen und rasen um die Ecken. Die Leute überqueren rasch die Straßen, um ihnen aus dem Weg zu gehen. Mütter treiben ihre Kinder zur Eile an, und die Leute sehen einander kaum an. Ich schaue ihnen mit offenem Mund nach.

»Rosi!«, sagt ein kleines Stimmchen.

»Wosi!«, piepst ein anderes.

»Willkommen, Rosi!«, sagt Chana, als sie die Kinder davon abhält, mich anzuspringen. »Rechel Chava, umarme deine Cousine. Und du auch, Jehudit.« Rechel Chava lächelt schüchtern. Jehudit kommt zuerst zu mir herübergewackelt und umarmt mich.

»Oh, bist du aber süß«, sage ich und tätschele ihre Löckchen.

»Rechel Chava, geh und nimm deine Cousine auch in den Arm. Du weißt doch noch? Ich hab dir erzählt, dass sie kommt?« Rechel Chava beachtet ihre Mutter nicht und starrt mich nur an. »Sonst ist sie nie schüchtern. Genieß es also«, meint Chana. Sie streckt über die Köpfe der Kinder hinweg den Arm aus, drückt mich an sich und gibt mir einen dicken Kuss auf die Wange. »Es ist so gut, dich zu sehen, Schatz. Du bist bestimmt halb verhungert und sehr erschöpft. Komm zum Auto. Mendel ist mit Debora dort. Sie ist eingeschlafen, und ich wollte sie nicht wecken. Sie ist so niedlich, ich kann es gar nicht abwarten, dass du sie siehst!«

Onkel Mendel ist auf dem Fahrersitz. Er lächelt mich an, als er mich sieht. »Tag, Rosi! Wir sind so froh, dass du gekommen bist.« Er steigt aus und bringt meinen kleinen Koffer hinten unter.

Chana macht die Seitentür auf, und Rechel Chava springt ganz allein ins Auto, dann hebt Chana Jehudit hoch und setzt ihn ins Wageninnere. Der Säugling hat einen besonderen Sitz.

»Sag der kleinen Debora Guten Tag«, fordert mich Chana auf.

»Ach du liebe Güte, Chana, die ist ja wunderschön!«

»Ein kleiner Fettkloß, nicht?«

»Ihre Wangen sind dicker als ihr ganzer restlicher Körper!«

Ich nehme neben dem schlafenden Säugling im Auto Platz. Mendel setzt sich ans Lenkrad und lässt den Motor an. Ich schaue aus dem Fenster, als alles an mir vorüberzieht. Da sind große Geschäfte, eines neben dem anderen, und in jedem Schaufenster ist etwas anderes ausgestellt. In einem hängen riesige Stücke Fleisch, in einem anderen steht eine Schneiderpuppe mit einem Kleid, im nächsten sind Hüte in allen Farben zu sehen. Dann fahren wir zu schnell, als dass ich noch etwas erkennen könnte. Ich bin fasziniert davon, wie schnell und ruhig wir uns fortbewegen.

Wir kommen an ein paar Straßen vorüber, auf denen alle Häuser kleine Rasenstücke vor der Tür haben, und an vielen, vielen Straßen mit Kopfsteinpflaster. Dann biegen wir um eine Ecke, und da stehen viele hohe Gebäude nebeneinander. Das Auto wird vor einem grauen Ziegelgebäude immer langsamer.

Plötzlich weint Debora auf ihrem Autositz.

»Pst, pst, Liebchen«, sagt Chana.

Debora heult noch lauter.

»Macht es dir etwas aus, ein bisschen an ihrem Sitz zu ruckeln, um sie zu wiegen?«, fragt Chana. »Oh, schau mal, Mendel, da drüben ist eine Lücke!« Mir wird ganz schwindlig, als Mendel rasch umschwenkt und rückwärts an den Gehsteig fährt. Ich versuche, Debora zu wiegen, aber sie schreit nur noch lauter. Chana springt aus dem Auto, macht die Tür auf und hebt Debora aus dem Sitz.

»Hier, nimm du die Kleine, ich hole die Mädchen«, sagt sie.

Ich übernehme Debora und hoffe, dass ich sie nicht fallen lasse, während Mendel meinen Koffer hinten aus dem Auto holt.

»Das ist alles ein bisschen viel für den Anfang«, sagt er.

»Ja, aber ich werde mich schon dran gewöhnen.«

»Bestimmt, und die Kinder werden dich bestimmt lieben. Vielen Dank, dass du hergekommen bist und uns hilfst.«

»Natürlich! Ich hab Tante Chana lieb.«

Er lächelt und schaut zu Chana, die die Kinder über die Straße geleitet. »Sie ist was ganz Besonderes«, sagt er.

Als wir ins Haus kommen, tischt Tante Chana das Abendessen auf. An diesem Abend esse ich mehr als in der ganzen Woche zuvor. Ich bin so müde von der Reise, dass ich, gleich nachdem mir Chana mein Zimmer gezeigt hat, ohne einen einzigen Gedanken im Kopf einschlafe.

Als ich am nächsten Morgen die Augen aufschlage, höre ich statt des Vogelgesangs lautes Hupen, und ich erinnere mich, wo ich bin. Ich bin so müde. Die ganze Nacht über hat immer wieder Deboras Schreien meinen Schlaf unterbrochen, dazu noch Mendel und Chana, die im Haus herumliefen, um sie zu beruhigen. Kein Wunder, dass Chana immer so müde ist.

Als ich in die Küche komme, schüttet sie schon etwas aus einer Schachtel in Schüsseln. Rechel Chava und Jehudit sitzen am Tisch. Jehudit wirft Brocken braunen Breis von ihrem Hochstuhl herunter.

»O nein, Jehudit!«, ruft Chana. Sie bückt sich, um die Bröckchen aufzuheben, und küsst im Aufstehen Jehudit auf die kleinen Zehen. Jehudit kichert.

»Ich glaube, du bist fertig«, sagt Chana, hebt Jehudit hoch und umarmt sie. Debora schreit aus ihrem Bettchen in der Ecke, und Chana läuft zu ihr, um sie zu schaukeln.

»Pst, meine Kleine, Mama hat dich lieb«, sagt sie.

»Kannst du sie ein paar Minuten halten? Ich muss Rechel Chava anziehen«, sagt sie zu mir.

»Sicher«, antworte ich, hebe Debora hoch und halte sie ungeschickt.

Wenige Minuten später kommt Chana mit der angekleideten Rechel Chava zurück, der sie auch das Haar hinten zusammengebunden hat. Sie stellt auch mir eine Schüssel hin.

»Setz dich und gib mir die Kleine.«

Ich setze mich vorsichtig hin, um mir den Rock nicht mit der Milch zu verschmutzen, die auf den Stuhl gespritzt ist. Ich habe ja nur zwei Röcke mitgebracht und will nicht gleich am ersten Tag einen waschen müssen. Während die Kinder ein bisschen spielen, nutze ich die Gelegenheit, mich richtig umzuschauen. Chana hat einen Ofen gleich hier in der Küche und keinen Holzbottich zum Spülen wie wir zu Hause.

»Alles ein bisschen anders als in Crasna, was?«

Ich lache. »Sehr anders.«

»Du gewöhnst dich bestimmt genauso schnell daran wie ich. Kannst du vielleicht mit den Kindern in den Park gehen, wenn ihnen das Spielen im Haus langweilig geworden ist? Also in etwa drei Minuten. Ein paar Häuserblocks weiter ist ein Park. Die Kleinen werden dir schon zeigen, wo ihr hingehen müsst. Wenn du mit ihnen einen Spaziergang machst, wäre das wunderbar. Ich kann weiß Gott ein Nickerchen brauchen.«

»Natürlich kann ich das machen.«

»Du bist ein Schatz, meine kleine Nichte.« Sie legt Debora in den Kinderwagen, und sobald die Kleine drin ist, macht sie ihren winzigen Mund auf und stößt einen lauten Schrei aus. Ich kann kaum glauben, dass er aus ihrer kleinen Lunge gekommen sein soll.

»Keine Sorge, wenn du sie rumfährst, hört sie gleich auf. Nicht weinen, Debora. Du gehst jetzt Ta-ta. Rechel Chava, Jehudit, wollt ihr in den Park?«

»Ja!«, rufen beide wie mit einer Stimme, als sie von ihrem Puzzle aufspringen.

»Kommt her. Ich ziehe euch die Jacken an.«

»Alleine machen«, sagt Rechel Chava.

»Gut, aber ihr müsst jetzt los. Komm, zieh sie an, los!«

Chana hilft mir, den Kinderwagen die Treppe hinunterzutragen. Rechel Chava geht allein die Stufen hinunter, und dann rennt Chana hoch und holt Jehudit, während ich mit Rechel Chava und Debora warte.

»Alleine! Alleine!«, protestiert Jehudit.

»Tut mir leid, Kleines. Das dauert zu lange. Vielleicht auf dem Rückweg. Wenn du artig bist, kauft Rosi dir auch ein Bonbon.«

»Ich will ein Bonbon«, sagt Rechel Chava.

»Du bekommst auch eins, aber du musst artig sein.«

»Rosi, schau immer in beide Richtungen, ehe du über die Straße gehst. Sprich nicht mit fremden Leuten. Du findest doch später zu unserem Haus zurück? Ein paar Häuserblocks weiter ist, wie gesagt, ein schöner kleiner Park. Dort klettert Jehudit gern über die Steine. Das darfst du sie ruhig machen lassen. Und hier sind Kekse, falls sie Hunger bekommen. Für Jehudit brichst du sie bitte in kleine Stücke, ich will nicht, dass sie dran erstickt. Aber Rechel Chava kannst du einen ganzen geben. Hast du eine Flasche Wasser? O nein, ich habe vergessen, sie dir zu geben. Warte, ich hole sie rasch.«

Ich versuche, alles zu behalten, was sie mir sagt: Park. Kekse in Stücke brechen. Wasser. Im Kinderwagen schreit Debora und zappelt mit den Armen. Ich starre sie an. Ihr Kreischen macht mich ganz wirr im Kopf.

»Mir geht's genauso, Deboralein«, sage ich leise, damit Chana mich nicht hört.

Da kommt sie schon mit dem Wasser zurück. »Gut, jetzt ab mit euch, fahr sie mit dem Kinderwagen, dann hört sie auf. Vielen, vielen Dank, Rosi! Mädchen, haltet euch am Kinderwagen fest, bis ihr im Park seid, ja? Wiedersehen, ich hab euch lieb, bis gleich! Oh, hier hast du noch ein bisschen Kleingeld. Die Mädchen dürfen sich im Laden am anderen Ende des Blocks eine Süßigkeit aussuchen.«

Chana reicht mir das Geld, macht kehrt und geht die Treppe hinauf. Ich schiebe Deboras Wagen. Zuerst halten sich die Mädchen auch brav fest, während wir am Häuserblock entlanggehen. Doch kaum sind wir um die Ecke gebogen, da rennt Rechel Chava los. Debora kreischt noch immer, und Jehudit trödelt zehn Schritte hinter uns. Ich gerate in Panik. Wie bekomme ich die drei wieder zusammen? Ich renne mit dem Kinderwagen hinter der Ausreißerin her.

»Pst, pst, kleine Debora«, sage ich. Sie schreit noch lauter. Mein Herz pocht. Rechel Chava ist an der Ecke, und

Autos rasen vorbei. Sie springt vom Randstein, dann wieder hoch, wieder hinunter. Ein Auto kommt zu nah an sie heran und muss ihr ausweichen. Ich werfe einen verzweifelten Blick zurück zu Jehudit, die gemütlich anspaziert kommt, den Daumen im Mund. Ich entscheide blitzschnell, Jehudit erst einmal sich selbst zu überlassen. Ich renne zu Rechel Chava und reiße sie von der Straße.

»Ich will springen!«, ruft sie.

Mein Herz schlägt wild. »Im Park kannst du springen.«

»Ich will aber hier springen!«, kreischt sie und weckt Debora, die endlich eingeschlafen war. Das Geheul geht wieder los.

»Pst, Rechel Chava, du darfst nicht auf der Straße springen, das ist zu gefährlich! Willst du ein Bonbon?«

»Ja!«

»Dann hör auf zu springen.«

Sie zuckt mit den Achseln.

Diese Runde habe ich gewonnen. Endlich holt uns auch Jehudit ein, und wir stehen zusammen am Straßenrand und warten darauf, dass die Autos anhalten. Das machen sie aber nicht. In der Stadt sehen alle so aus, als wären sie unterwegs zu wichtigen Verabredungen, und zwar eiligst. Debora schreit noch lauter, und mein Kopf ist ganz wirr von ihrem Jammern. Ich verrenke mir den Hals und schaukele gleichzeitig den Kinderwagen. Als schließlich das nächste Auto so weit weg scheint, dass wir die Straße überqueren können, ohne überfahren zu werden, schnappe ich mir Jehudit auf einen Arm, stütze sie auf dem Kinderwagen ab, nehme mit dem anderen Arm Rechel Chava und schiebe den Kinderwagen mit Schwung über die Straße. Als wir endlich im Park sind, streiten sich Jehudit und Rechel Chava, wer auf die Rutsche in der Mitte darf. Ich hebe beide auf und setze sie auf die Schaukel. Ich schubse sie an, und sie blicken einander an und kichern.

Als wir nach Hause zurückkehren, bin ich völlig erschöpft. Chana sagt, sie würde jetzt Debora zum Mittagsschlaf hinlegen. Ich erkläre, ich würde mich gleich zu ihr gesellen. Ich lege mich ins Bett und schlafe sofort ein.

Ein dumpfes Dröhnen weckt mich auf. Ich stehe auf, wasche mir das Gesicht und gehe in die Küche. Rechel Chava steht auf dem Tisch und springt von dort auf den Stuhl. Dann hüpft sie mit dem Geschick einer Zirkusakrobatin wieder auf den Tisch hoch. Chana steht an der Arbeitsfläche vor einem Tablett mit Hühnchen und vielen Gewürzen und beachtet die Kinder überhaupt nicht.

»Rosi!«, ruft Rechel Chava. »Schau, wie ich springe!«

»Vielleicht solltest du zum Zirkus gehen«, sage ich.

»Bring sie bloß nicht auf dumme Gedanken«, warnt Chana. »Wie hast du geschlafen?«

»Ziemlich gut. Soll ich dir beim Kochen helfen?«

»Nicht beim Abendessen, aber du kannst die Kinder unterhalten, während ich das hier fertig mache.«

»Klar.«

»Danke, Rosi! Du bist meine Lebensretterin.«

Kann sein, dass ich Chanas Lebensretterin bin, aber ich bin müde bis auf die Knochen. Als wir endlich zu Abend essen, ist für alle mehr als genug Hühnchen da. Dazu gibt es noch Apfel im Schlafrock. Ich häufe mir das dampfende Essen auf den Teller, und wir speisen alle zusammen. Mein Magen ist voll, aber mein Herz ist leer, denn ich vermisse meine Familie.

So vergehen die Wochen. Chana beteuert immer, was für eine große Hilfe ich bin. Doch insgeheim hasse ich das Leben hier von ganzem Herzen. Eines Tages bleibe ich in der Wohnung und passe auf Debora auf, während Chana mit den anderen Mädchen Schuhe kaufen geht. Während sie fort sind, kommt die Post. Es ist ein Briefumschlag mit einer vertrauten Handschrift darunter. Mein Herz beginnt zu rasen, als ich die Briefe zusammenklaube und auf den Küchentisch lege.

Ich nehme den Umschlag in die Hand und berühre das weiche Papier. Beinahe muss ich weinen, wenn ich daran denke, dass die zarten Finger meiner Mutter die Blätter hier hineingesteckt und Chanas Adresse darauf geschrieben haben. Das ist aber genau das Problem. Der Brief ist an Chana adressiert, doch er ist von Mama, und ich will nicht mit dem Lesen warten, sondern gleich herausfinden, wie es allen geht.

Ehe mein Gewissen mir das ausreden kann, reiße ich den Umschlag auf. Mamas freundliche geschwungene Schrift fließt über das Papier, das ich in der Hand halte. Meine Augen wollen die Buchstaben verschlingen und gleichzeitig ganz festhalten. Mama schreibt:

Liebste Chana,
danke, dass du Rosi schon so lange bei dir hast. Ich bin so froh, dass sie es bei euch so gemütlich hat. Du bist ein Schatz, kleine Schwester. Hier geht alles recht gut. Jecheskel wird groß und hilft mir schon im Haus. Wir kommen klar, obwohl ich dir nicht verheimlichen will, dass es nicht einfach ist. Wie geht es dir? Grüße Mendel recht schön, umarme alle Kinder ganz fest und gib ihnen von mir einen Kuss. Wir vermissen euch sehr. Ich weiß, dass du noch Hilfe brauchen kannst, also könnt ihr Rosi, obwohl es eigentlich an der Zeit wäre, sie zu mir zurückzuschicken, noch einen Monat bei euch behalten, wenn du sie brauchst. Es wäre auch mir eine Hilfe, obwohl ich es nur ungern zugebe, denn es fällt mir noch immer schwer, all die hungrigen Mäuler zu stopfen, und so bin ich dir und Mendel sehr dankbar, dass ihr Rosi bei euch aufgenommen habt. Sag mir, ob das für dich gut passt. Wenn nicht, dann schicke Rosi gern nächste Woche nach Hause. Wir vermissen sie hier sehr! Grüße sie ganz lieb von mir.
In Liebe und Dankbarkeit
Chaja Necha

Noch einen Monat! Mir wird das Herz schwer. Ich schaue aus dem winzigen Fenster auf die vorbeibrausenden, hupenden Autos, doch in Gedanken lausche ich dabei auf das aufgeregte kleine Flüstern des Bachs, der zu Hause vor meinem Fenster vorbeiplätschert. Ich sehe Jecheskel, der nach einem langen Tag in der Schule zu uns gerannt kommt und uns alle zum Lachen bringt, ganz gleich, wie unser Tag bisher war. Ich sehe Lea neben mir im Bett. Ich sehe Mama am Feuer, die uns ihre süße Milch zubereitet. Ich höre Vögel fröhlich singen, nicht Autos unverschämt hupen. Ich will keine Minute länger als geplant in dieser Großstadt bleiben. Nein, ich gehe nach Hause.

»Es ist mir egal, wenn ich jeden Tag außer einem Stück Brot nichts zu essen bekomme«, sage ich laut in die leere Küche hinein. »Ich gehe nach Hause.«

Mit raschen Bewegungen zerreiße ich den Brief und den Umschlag und knülle die Fetzen in der Hand zusammen. Ich renne ins Bad, werfe alles in die feine Toilette und reiße an der Kette. Zufrieden beobachte ich, wie das Papier im Wasser strudelt und wirbelt und schließlich in der Kanalisation verschwindet. Niemand wird mich zwingen, auch nur eine zusätzliche Minute hier zu verbringen. Wenn es sein muss, gehe ich zu Fuß nach Hause.

Mir klopft ein wenig das Herz, als Chana nach Hause kommt und die Post durchsieht.

»Ich warte auf einen Brief von deiner Mama«, sagt sie. »Vielleicht hat sie zu viel zu tun, um zu schreiben?«

»Die Post in Crasna ist völlig unberechenbar«, sage ich und versuche, so lässig wie möglich zu reden.

»Ja, daran erinnere ich mich. Kleinstadtprobleme eben.« Chana lächelt. »Ist schon gut, du siehst sie ja ganz bald von Angesicht zu Angesicht. Nächsten Montag!«

Und so strudelt und wirbelt auch mein schlechtes Gewissen und verschwindet mit dem Brief in der Kanalisation. Ich gehe nach Hause!

27

Auschwitz, November 1944

Lass vor dich kommen
das Seufzen der Gefangenen;
durch deinen starken Arm
erhalte die Kinder des Todes.

Psalm 79,11

Die Tage vergehen in einem verschwommenen Nebel. Ich kann die Tage und Nächte nicht mehr zählen, denn jeder Tag fühlt sich wie tausend Stunden an. Ich gehe in das Latrinengebäude und wasche mich, sooft ich kann, aber ich bekomme die störrischen Läuse, die sich an meinem Körper festklammern, nicht weg. Sie sind überall. Ich beobachte, wie sie einer Kameradin auf der Pritsche beim Schlafen in den Mund krabbeln. Ich beobachte, wie eine andere junge Frau sie auf ihrem Schädel zerquetscht. Sie schlägt den Kopf gegen das Holz, um dem Jucken ein Ende zu machen.

Jeden Morgen bekommen wir den gleichen Kaffee, diesen schwarzen Schlamm, und dann stehen wir Stunde um Stunde in der Kälte, während wir immer und immer wieder gezählt werden. Wir stehen da in Holzschuhen, die uns Blasen an den Füßen bescheren und so kalt sind wie der Erdboden. Immer mehr junge Frauen werden aus den Reihen gezogen, und wir sehen sie nie wieder. Ich verspüre eine ständige Sehnsucht nach Essen, das ich nie bekomme. Es gibt keine Mahlzeiten, nur einen Schluck Schlamm am Morgen und ein Stück Brot oder manchmal eine Scheibe Käse am Abend, und das war's. Meine Gelüste sind wie ein Magnet, der mich zu einem ausgetrockneten Brunnen hinzieht.

Als an diesem Morgen der Zählappell endlich zu Ende ist, teilt Idi uns auf.

»Alle Mädchen, die in der Fabrik arbeiten, auf diese Seite!«, sagt sie.

Beile und mindestens hundert andere gehen dorthin.

»Die anderen hierher!«, sagt Idi und deutet auf die andere Seite.

Wir gehen alle an die Stelle, auf die sie gezeigt hat.

Vor uns steht eine SS-Aufseherin. »Mädchen, ihr geht heute alle zum Duschen. Keine Sorge, diesmal ist es eine schöne warme Dusche, und danach könnt ihr euch eine Weile in einem warmen Raum ausruhen. Macht keinen Ärger und folgt mir.«

Ich bin froh, dass ich wieder duschen werde. Vielleicht bekommen wir dieses Mal neue Kleider, die nicht mit Läusen verseucht sind. Mir tut Beile leid, weil sie heute nicht duschen darf, aber vielleicht haben die Fabrikarbeiterinnen einen anderen Duschplan als wir.

In einer riesengroßen Gruppe folgen wir der SS-Frau bis an eine Ecke des Lagers, wo ich noch nie zuvor war. Vielleicht gehen wir in die Gebäude, wo sie warmes Wasser für die Duschen haben! Das wäre schön. Plötzlich erstarre ich. Ich höre Musik! Ein Jahr lang habe ich keinen einzigen Ton gehört. Irgendetwas in mir wird lebendig, bleibt aber gleichzeitig völlig ruhig. Die Musik singt mir Lügen vor. Sie erzählt mir, dass alles gut wird. Wir sind eine große Gruppe junger Frauen. Einige Hundert wahrscheinlich. In Fünferreihen gehen wir wie in Trance dorthin, wo uns die SS-Frau hinbringt. Aus dem Augenwinkel sehe ich, dass da ein kleines Orchester sitzt. Die Musiker sind auch Gefangene, klapperdürr und ausgemergelt wie wir. Wie Marionetten spielen sie auf ihren Cellos und Mandolinen. Ich senke den Blick und erlebe die zweite Überraschung des Tages. Blumen säumen den Weg, auf dem wir gehen. Aus dem braunen und grünen Gras ragen scharlachrote, gelbe und rosa Blüten hervor. Sie wiegen sich leise im Wind zur Musik. Ich lächle sie an.

»Ihr geht jetzt in die Dusche«, sagt eine SS-Frau vorne an unserer Kolonne.

»Es sieht aus, als würde das eine richtig heiße Dusche«, flüstere ich Lea zu.

»Keine Angst, ihr müsst euch keine Sorgen machen«, fährt die SS-Frau fort. Wir nicken alle. Manche der jungen Frauen haben glasige Augen. Sie sind von der Musik wie verzaubert. Man führt uns zu einem großen Backsteinbau. Im Gänsemarsch gehen wir in einen großen Raum, an dessen Wänden ringsum Bänke verlaufen.

»Zieht jetzt eure Sachen aus«, sagt die SS-Frau. »Faltet sie ordentlich zusammen und legt sie auf die Bänke. Keine Sorge, die sind noch da, wenn ihr fertig seid. Die Schuhe stellt ihr unter die Bänke. Merkt euch den Platz, damit ihr sie hinterher leichter wiederfindet.«

Die anderen Mädchen fangen an, ihre Uniformen auszuziehen und rasch zusammenzufalten.

»Und jetzt stellt euch vor dieser Tür auf. Wir öffnen sie bald.«

»Du siehst aus, als wärst du zuverlässig«, sagt ein SS-Mann, der zu mir herantritt.

Ich nicke.

»Ich möchte, dass du all diese Kleider durchschaust. Nach Gold, Silber, allem, was irgendwie wertvoll aussieht. Hier ist ein Beutel, worin du alles sammeln kannst, was du findest, und den gibst du mir dann.«

»In Ordnung«, sage ich. Dann beschließe ich, ganz mutig zu sein und ihm eine Frage zu stellen. »Wenn Sie nichts dagegen haben, würde ich wirklich sehr gern duschen. Habe ich nach dem Suchen noch Gelegenheit, dort mit hineinzukommen?«

»Oh, keine Angst«, sagt er lachend. »Die warten auf dich.«

Erleichtert mache ich mich an die Arbeit. Ich setze mich neben den immer höher werdenden Kleiderstapel, taste alle

Uniformen nach Wertsachen ab. Dann falte ich alle wieder fein ordentlich zusammen. Ich nehme mir jedes Kleid einzeln vor, klopfe es sorgfältig ab und prüfe auch die Säume. Der SS-Mann steht neben mir und schaut zu, ob ich etwas finde. Ich weiß, dass er die Sachen selbst nicht anfassen will, weil sie so verseucht sind. Ich finde nichts.

»Du kannst jetzt reingehen, ehe sie die Tür schließen«, sagt er, als ich fertig bin.

Ich renne rasch auf die kleine Tür zu. Sobald ich drinnen bin, wird sie hinter mir geschlossen, und ich höre, wie sie mit lautem Klirren verriegelt wird. Ich schaue mich um. Der Raum ist riesig, aus grauem Beton. Hunderte von jungen Frauen stehen herum und blicken zu den Duschköpfen auf. Sie warten darauf, dass sie aufgedreht werden. Manche von uns haben die Arme um den Leib geschlungen, um sich warm zu halten. Es sind keine Fenster in diesem Raum, außer einem einzigen, das aussieht, als ginge es in der Decke oben auf.

Ich schlüpfe durch die Menge und suche Lea.

»Endlich eine normale Dusche«, sage ich.

Sie zuckt zusammen.

»Ich hab dich nicht mehr gesehen.«

»Ja, ich musste für die noch eine Arbeit erledigen.«

»Hast du ein Glück, ich friere hier und warte. Hoffentlich drehen sie diese Dusche bald an, und hoffentlich ist sie richtig heiß.«

Lea nimmt meine Hand. Ich halte ihre fest umklammert. Ich hasse, was hier mit uns geschieht, aber als Lea den Kopf auf meine Schulter legt und zum Duschkopf aufblickt, weiß ich eines: Ganz gleich, was passiert, es ist ein unendlich großes Glück, dass ich sie zur Schwester habe. Ich bin gesegnet, dass ich sie hier in alldem bei mir habe. Zusammen schauen wir zu den Duschköpfen hoch und warten darauf, dass sie endlich angedreht werden.

Es kommt kein Wasser heraus. Stattdessen hören wir ein lautes Klopfen an der Tür. Das Schloss wird klirrend aufgeschoben, und die Tür fliegt auf. Mit hochrotem Kopf steht ein SS-Mann da und brüllt die Aufseherinnen an, die bei ihm neben der Tür stehen.

»Ich hab's euch doch gesagt. Wir brauchen mehr Mädchen in der Munitionsfabrik! Was habt ihr euch bloß gedacht? Nur weil es Ärger gibt, kann keiner mehr die einfachsten Anweisungen befolgen? Ihr hättet uns beinahe siebenhundertfünfzig kostenlose schwer arbeitende junge Frauen weggenommen! Das ist eine Katastrophe! Holt sie raus, und zwar sofort!«

»Was soll das heißen?« Eine der Aufseherinnen brüllt zurück. »Diese Mädchen waren für die Gaskammern ausgesondert!«

»Keine Widerworte, Frau! Wir brauchen mehr Arbeiterinnen! Hol sie sofort da raus!«

Die Aufseherinnen wenden sich uns zu und fangen an, junge Frauen herauszuzerren.

»Los! Los!«, brüllen sie. Sie packen die Frauen bei den Armen und ziehen sie aus dem Duschraum.

Alle gehen wir durch die kleine Tür wieder hinaus.

»Zieht euch Uniformen an! Es muss nicht eure eigene sein. Nehmt die erstbeste.«

Ich schlucke meine Enttäuschung herunter. Ich hatte mir so sehr eine schöne Dusche gewünscht. Alle wühlen wir nun nach einer Uniform und Schuhen und ziehen uns an.

Idi steht mit dem Rücken an die Wand gelehnt da. Schockiert schaut sie auf, als sie uns aus dem Duschraum kommen sieht.

»Was? Was ist los?« Sie blinzelt heftig. Ihre Stimme bebt. »Was macht ihr?« Ihre Augen sind riesengroß. Idi, die immer so wirkt, als wäre sie aus Stein, sieht plötzlich aus wie schmelzendes Metall in einem Ofen. Ihre ganze Miene verändert sich, Tränen strömen ihr übers Gesicht.

Wir schauen sie entsetzt an.

»Sie brauchen uns für die Arbeit«, sagt jemand. »Wir können nicht duschen, weil wir irgendwo arbeiten müssen.«

»Kinder!«, schluchzt sie. Sie sieht uns an, als wären wir Gespenster. »Wisst ihr, wo ihr gerade herkommt? Wisst ihr, wovon ihr gerade verschont wurdet? Ihr wunderschönen jungen Frauen, ihr wunderschönen Kinder.« Sie schluchzt und holt dann tief Luft. »Ihr kommt geradewegs aus dem Tod. Ihr seid lebendig. Wisst ihr, wo ihr gerade herkommt?«

Wir gaffen sie an.

Sie berührt einige Gesichter. »Ihr seid gerade aus der Hölle selbst herausspaziert. Ihr seid herausspaziert. Das habe ich noch nie gesehen. Aus der Hölle seid ihr herausspaziert!«

Ich weiß nicht, wovon sie redet. Es verstört mich, dass unsere Blockälteste, die nie irgendetwas gerührt hat, nun weint wie ein kleines Kind. Ich spüre, dass gerade etwas Großes geschehen ist, aber ich verstehe nicht, was es war.

»Ich weiß nicht, wo ihr hingeht, Kinder. Aber begreift ihr es nicht? Ihr seid hier rausgekommen!« Sie birgt das Gesicht in den Händen, und dann bricht sie zusammen und schluchzt keuchend.

»Ihr wunderschönen Kinder, ihr seid lebendig. Ihr geht lebendig von hier fort.«

Ich drücke Leas Hand. Wir gehen fort von hier!

Wieder stellen uns die SS-Leute in Fünferreihen auf. »Los! Rennen!«

Wir versuchen, mit ihnen Schritt zu halten. Zunächst denke ich, dass wir zu unserer Baracke zurückmarschieren, doch schon bald wird klar, dass wir ganz woanders hingehen. Stundenlang marschieren wir. Die SS-Leute stoßen uns vorwärts. »Weitergehen!«, rufen sie. Wir gehen und gehen und gehen. Aus Stunden werden Tage. Wie im Traum sehe ich die Sonne untergehen, und wir marschieren noch immer. Dann sehe ich die Sonne wieder aufgehen. Wir bekommen nichts zu essen oder zu trinken. Endlich erreichen wir einen Bahnhof, und die SS-Leute drängen uns in den Zug. Ich kann nicht mehr denken. In meinem Körper ist nicht mehr genug Energie zum Denken. Ich stehe eingequetscht zwischen Hunderten von jungen Frauen und schaukle beinahe leblos im Rhythmus des Zuges.

28

Crasna, 1940–44

Du lässest unsre
Nachbarn sich um uns streiten,
und unsre Feinde
verspotten uns.

Psalm 80,6

Als ich von Chana zurück nach Hause komme, sieht Mama anders aus, als ich sie mir all die Monate immer vorgestellt habe. Ich umarme sie fest und sage ihr, sie solle uns nie wieder irgendwohin gehen lassen.

»Wir müssen auch Lea nach Hause holen«, sage ich, als wir um den Tisch sitzen und zum Abendessen Mamas Sauerteigbrot und einen kleinen Salat verspeisen. Ich schaue auf das Zimmer mit unserem Bett und kann es gar nicht abwarten, dort hineinzuschlüpfen, aber nur mit Lea. »Ich war einmal zusammen mit Chana bei Zadok zu Besuch und habe Lea gesehen. Zadok wohnt ja nicht weit von Chana.

Zadoks Kinder saßen alle am Tisch und haben gegessen, nur Lea musste in einem Hinterzimmer Selterswasser für den Laden aufsprudeln. Ich will nicht, dass sie in so einem Haus bleibt.«

»Meine liebe Kleine«, sagt Mama. »Ich habe nichts zu essen für sie.«

»Mama. Sie isst, was wir essen. Sie kommt nach Hause.«

Mama nickt und setzt sich auf der Stelle hin und schreibt einen Brief an Onkel Lipa. Eine Woche später kommt Lea nach Hause, und nun ist es wieder ein Zuhause.

Es ist ein Zuhause, doch dann wird es uns weggenommen.

Eines Tages klopft eine Ungarin an unsere Tür. Sie hält offizielle Papiere in der Hand.

»Dies ist jetzt ungarisches Eigentum. Dieses Haus gehört euch nicht mehr. Gleich heute Abend müsst ihr hier weg.«

Mama starrt sie nur an, nickt und macht dann die Tür zu.

Als ich an diesem Tag nach Hause komme, hilft Emma Kokisch meiner Mutter gerade beim Packen. Sie weint, doch das Gesicht meiner Mutter ist ungerührt.

»Aber wieso? Wie können die euch zwingen, hier wegzugehen?«, fragt Emma Kokisch. »Das ist doch völlig sinnlos.«

Mama antwortet nicht. Sie faltet unsere Pullover zusammen und legt sie in den Koffer.

»Rosi, geh für Emma Kokisch den Korb mit dem Geld aus dem Schrank holen.«

»Oh, Chaja Necha, ich will das Geld nicht. Ich will, dass

meine beste Freundin meine Nachbarin bleibt. Ich will, dass meine beste Freundin ihr Haus behält.«

Ich gehe zum Schrank und hole einen Weidenkorb, der von Geldscheinen überquillt. Emma Kokischs Ehemann gehört die Fleischerei, und er traut den Banken nicht, also bewahren wir sein Geld für ihn auf. Das können wir jetzt nicht mehr machen, wenn wir am anderen Ende der Stadt wohnen. Emma nimmt mir den Korb aus der Hand und stellt ihn auf den Boden. Sie nimmt Mama den Pullover aus der Hand und faltet ihn erneut.

Wir ziehen in ein einziges kleines Zimmer am anderen Ende der Stadt. Lea und ich finden Arbeit bei einer alten Schneiderin, sodass wir mit der Miete helfen können. Da es nie ganz reicht, beschließen wir, so wenig wie möglich zu essen und unser Geld für eine Nähmaschine zu sparen, damit wir uns selbstständig machen können.

Nachdem wir ein Jahr lang Geldscheine in unseren eigenen Weidenkorb gestopft haben, reicht es endlich.

Mama geht in den Laden. Wir warten gespannt darauf, was sie mit nach Hause bringen wird. Sie kommt mit einer Nähmaschine durch die Tür, die halb so groß ist wie sie selbst und ein Fußpedal hat. Sie stellt sie lächelnd auf dem Tisch ab, und wir rennen hin.

»Die ist aber schön!«, sagt Lea und fährt mit den Händen über das geschwungene elfenbeinfarbene Oberteil.

»Die sieht wirklich professionell aus«, sage ich verwundert. Ich streiche mit dem Finger an der dünnen silbernen Nadel auf und ab.

»Das ist sie auch«, meint Mama. »Sie haben mir ein wenig Rabatt gegeben; das ist die beste Nähmaschine weit und breit.«

Wir feiern mit sauren Gurken und einem kleinen Kuchen. Das Zimmer ist klein, aber für uns fühlt es sich perfekt an.

»Auf unsere erfolgreiche Zukunft«, sagt Mama, als sie uns ein Stück von ihrem Kuchen abschneidet. Ich kann ihn schon jetzt süß auf der Zunge schmecken. »Ihr seid nun keine Mädchen mehr, ihr seid junge Damen«, fügt sie hinzu, als sie uns den Kuchen reicht. Ich schaue Lea an. Sie sieht aus wie eine jüngere Version von Mama. Sie wird wunderschön mit ihren scharfen Augen, der zarten, aber erwachsenen Nase und ihren scharlachroten Lippen. Ich lehne mich zurück und verschränke die Hände vor der Brust und frage mich, wie wir so schnell hier angelangt sind.

Lea hat gleich Kundschaft. Sie wird mit ihren geschickten langen Fingern und ihrem mathematischen Gehirn zur Legende – und weil sie eine Kundin nur einmal anzuschauen braucht und wenige Wochen später ein herrliches, perfekt sitzendes Kleid in den Händen hält. Ich bin immer da und helfe Lea beim Maßnehmen und beim Bügeln und bei ein paar Nähten, wenn sie viel zu tun hat.

Eines Tages spaziert eine neue Kundin in unsere Wohnung und sagt: »Ich brauche etwas, mit dem ich *csinos** aussehe. Lea, kannst du das für mich machen?«

* Ungarisch: fesch, schick gekleidet

Lea mustert die Frau.

»Möchten Sie einen bestimmten Stoff verwenden, oder würden Sie sich für einen von unseren interessieren? Dann hätte ich diesen herrlichen malvenfarbenen Stoff, der wunderbar zu Ihrem Teint passen würde, denke ich.«

»Ich habe was dabei ...«, sagt die Frau, aber sie beäugt schon die Stoffballen hinter Lea.

»Gut, ich zeige Ihnen mal, was ich mir vorgestellt hatte, dann fällt Ihnen die Entscheidung vielleicht leichter.«

»Ja, das scheint mir eine gute Idee zu sein.«

Lea nickt mir zu, und ich gehe den Stoffballen holen. Ich weiß genau, wovon Lea gesprochen hat. Es ist ein weicher, beinahe samtiger Stoff, nicht ganz rosa und nicht ganz violett. Ich komme damit zurück, und da flattert Lea schon mit ihrem Maßband um die Frau herum und murmelt Zahlen vor sich hin.

»Hier«, sagt Lea, als sie mir den Stoff abnimmt. »Schauen Sie mal.«

Sie legt der Frau eine Stoffbahn um die Schulter und führt sie zum Spiegel. Die Augen der Frau leuchten auf.

»Weißt du, ich könnte mal was anderes anziehen als immer nur marineblaue Kleider«, sagt sie.

»Aber ganz sicher«, stimmt ihr Lea zu. »Sie haben etwas verdient, in dem Sie sich richtig gut fühlen, wenn Sie es anziehen, wissen Sie? Jetzt muss ich nur Ihre Maße aufschreiben. In drei Wochen ist das Kleid fertig.«

Die Frau geht mit einer Flut von Dankeschöns und Anweisungen für die Besätze fort, und ich frage mich, warum in mir ein solcher Strom unguter Gedanken ist, wenn ich meine Schwester anschaue. Erst in der Schule und jetzt bei der Arbeit, immer ist sie besser als ich.

Ein paar Wochen später kommt die Frau wieder. Lea lächelt sie an und reicht ihr das Kleid. Ich habe es gestern bis spät in die Nacht gedämpft und gebügelt. Es ist perfekt. Kein Schatten von einem Knitter ist zu sehen. Zumindest gut bügeln kann ich.

Die Frau verschwindet in dem improvisierten Umkleideraum und kommt ein paar Minuten später heraus. Sie tritt vor den Spiegel. Sie ist wie verwandelt. Das Kleid umschmeichelt ihren Körper und umarmt sie wie ein guter Freund, nicht zu eng, aber schön nah und bequem.

»Sie sehen wunderschön aus«, sage ich. Lea beißt sich auf die Lippen, während wir auf eine Reaktion warten.

Die Frau stützt die Hände in die Hüften und mustert sich im Spiegel.

»Ich muss sagen, du hast wunderbare Arbeit geleistet«, sagt sie, und zum ersten Mal, seit wir sie kennen, lächelt sie. »Vielen herzlichen Dank! Ah, und hier ist die Bezahlung.« Sie zieht ihre Börse aus ihrer schäbigen schwarzen Handtasche und blättert ein paar Geldscheine hin. Ich freue mich über das, was Lea für unsere Familie tut, obwohl es meinen Stolz verletzt.

Die Jahre vergehen, und wir arbeiten weiter als Näherinnen für die Leute in der Stadt. Eines Tages verlobt sich Gitta, und Lea und ich können über nichts anderes reden.

»Wir müssen Kleider für ihre Hochzeit nähen. Du musst gut aussehen. Du bist schon achtzehn, Zeit zum Heiraten.«

»Nur weil Gitta sich verlobt hat, als sie gerade mal siebzehn war, müssen wir das nicht alle nachmachen.«

»Ha! Du brennst doch nur darauf zu heiraten, und versuch bloß nicht, mir weiszumachen, das würde nicht stimmen.«

»Ich brenne nicht darauf.« Ich erröte. »Aber ich meine, es wäre doch schön.«

»Ich wüsste zu gern, wen wir schließlich heiraten. Ich will nur einen, der wirklich, wirklich nett ist.«

»Ich will einen, der nett ist und wirklich gut aussieht.«

»Ha! Gut aussehend, das würde mich auch nicht stören.«

Wir gehen zu unserer Wohnung.

Dort sitzt Jecheskel mit seinem Buch am Tisch. Er blickt auf, als er uns hereinkommen hört. Ein Bluterguss unter seinem Auge ist tiefblau mit einem Wirbel gelber Flecken.

»Tag, Cheskel«, sage ich. »Wie geht es dir?«

»Oh, mir geht's gut. Erzählt bloß Mama nicht, dass ich früher aus der Schule nach Hause gekommen bin.«

Letzte Woche haben ihn zwei ältere Jungen auf der Straße verprügelt, als er im Dunkeln nach Hause ging. »Drecksjude«, haben sie hinter ihm hergerufen. Am nächsten Tag ist Mama mit uns zum Gericht marschiert, wild entschlossen, dass diese beiden Jungen, die ihren Sohn angerührt haben, dafür büßen müssen.

»Sie dämliche Jüdin!«, hat man ihr dort gesagt. »Gerechtigkeit wollen Sie? Was wollen Sie? Gehen Sie nach Hause, gute Frau. Sie können von Glück sagen, dass wir Sie überhaupt gehen lassen.«

An diesem Abend kommt Mama verwirrt und besorgt nach Hause, doch als wir uns alle zum Essen hinsetzen und es Jecheskel besser geht, stellt sie die Salatschüssel mit Schwung auf den Tisch und sagt: »Ich nehme mal an, auf der Welt wird es wohl immer Verrückte geben. Das passiert nicht noch mal.«

Vor ein paar Wochen war ein Mann aus Polen in der Stadt. Die Frau des Metzgers hat ihn bei sich zu Hause verköstigt, und er hat alles Essbare, was sie vor ihn hinstellte, in drei Minuten verschlungen. Ich habe ihn selbst gesehen: Er hatte etwas Verrücktes an sich und noch dazu wildes, schmutziges Haar und einen halb abrasierten Bart. Er hat wirr davon geredet, in Polen würde jemand Juden umbringen. Uns waren bereits ähnliche Gerüchte zu Ohren gekommen, aber ein Gerücht ist nur ein Gerücht, und wir wollten jetzt nicht nervös werden, nur weil ein Mann, der eindeutig nicht ganz bei Trost war, so was erzählte. Außerdem waren wir ja hier nicht in Polen; wir waren in Ungarn. In diesem Land würde uns nichts zustoßen.

»Rosi heiratet«, neckt mich Lea.

»Dann sollte er dich besser gut behandeln, sonst bekommt er es mit mir zu tun«, sagt Jecheskel.

»Ha! Du siehst ja auch mit deinem blauen Auge wirklich gefährlich aus.«

Wir lachen. Ja, hier kann uns nichts Schlimmes zustoßen.

TEIL III

29

Bergen-Belsen, November 1944

Er zog mich
aus der grausigen Grube,
aus lauter Schmutz und Schlamm,
und stellte meine Füße auf einen Fels,
dass ich sicher treten kann;
er hat mir ein neues Lied
in meinen Mund gegeben,
zu loben unsern Gott.
Das werden viele sehen
und sich fürchten
und auf den Herrn hoffen.

Psalm 40,2–3

Als wir unser Ziel erreichen, ist es stockfinstere Nacht. Ich klettere aus dem Zug und bibbere. Die Dunkelheit ringsum scheint bis in mich hineinzureichen und mir alle Freude, die ich je empfunden habe, mit einem brutalen Ruck aus dem

Leib zu reißen. In mir bleibt nur eine kalte, klaffende Leere. Die SS-Leute führen uns über sumpfiges Gelände zu einem scheunenartigen Gebäude. Meine Füße werden bei jedem Schritt tauber. Die Holzschuhe sind hart und schicken eine Schockwelle nach der anderen durch meinen ganzen Leib. Beim Gebäude angekommen, befehlen uns die SS-Männer, unsere Schuhe draußen zu lassen, öffnen die große Tür und schubsen uns mit ihren Knüppeln hinein. Ich stolpere kopfüber über die junge Frau vor mir, und Lea fällt über mich. Zwar bewegen wir uns alle vorwärts, aber keine von uns steht mehr auf den Beinen. Ich fasse mir ins Gesicht und fühle Schlamm. Mühsam rappele ich mich wieder auf. Als ich endlich wieder stehe, reicht mir der Schlamm bis zu den Knöcheln. Die Dunkelheit ist so dicht, dass ich mich durchkämpfen muss, um voranzukommen. Das schreckliche Gefühl in meinem Magen wird dringender. Sobald sich meine Augen an die Dunkelheit gewöhnt haben, sehe ich, dass wir uns in einer Art Sumpf in einer Scheune befinden. Überall ist Schlamm, nirgends ist ein einziges Bett zu sehen. Lea ist gleich neben mir, aber Chanki habe ich aus den Augen verloren. Die SS-Leute schlagen die Tür zu, und uns wird klar, dass das hier unsere neue Unterkunft ist. Niemand kann mehr aufrecht stehen, so schwer wiegt der Hunger in uns. Plötzlich schreien wir alle gleichzeitig auf. Wir legen uns hin, wo wir sind, eine auf die andere, als wären wir schon Leichen. Ich bin völlig ausgelaugt. Ich lasse mich auf den sumpfigen Boden sacken. Die Dunkelheit umschlingt mich. Ich will nur, dass der schlammige Boden, auf dem ich liege, mich ganz verschluckt. Schleimig dringt mir das Wasser in die Ohren, und große Klumpen Schlamm und Exkremente schwimmen mir um Hals und Oberschenkel. Ich bin kurz vorm Erfrieren und vorm Verhungern. Schreie und Jammern hallen von den Wänden wider – das Jammergeschrei von Menschen, die nur eines wollen: dass das hier aufhört. Schlamm kriecht mir die Oberschenkel hinauf bis zum Rücken. Ich bin darin eingehüllt wie in eine Decke. Lea legt ihren Kopf auf meinen. Ich schließe die Augen und stimme in das Schreien aller anderen ein. Das hier ist der dunkelste Ort, an dem ich je gewesen bin.

Plötzlich hört man von der anderen Seite des Raums ein Summen. Allmählich verebben die Schreie und machen einem schockierten Schweigen Raum, als das Summen lauter wird. Jemand singt. Die Stimme erschallt lauter, und alle werden ruhiger. Plötzlich weiß ich, wer das ist.

»Lea, da singt Fejgele*«, flüstere ich. Diese Stimme würde ich überall erkennen.

»Ja, das ist sie«, flüstert Lea zurück.

Schweigend lauschen wir ihrem Gesang.

Meine Cousine Fejgele hat schon immer wunderschön gesungen, wie der Vogel, nach dem sie benannt ist. Sie hat die allerschönste Stimme auf der Welt. Wenn wir zu Hause die Eltern meines Vaters auf dem Land besucht haben, war sie immer da. Während sie uns alles zeigte, was es auf dem Bauernhof Neues gab, summte sie immer, was dann schnell

* Jiddisch: Vögelchen

in lauten Gesang überging. Ihre Stimme klang wie die kleinen Glocken, die man aufhängt, damit sie im Wind klingen. Sie war hoch und glasklar wie frisches Bachwasser. Wenn sie auf dem Bauernhof sang, kamen das grüne Gras und der helle blaue Himmel und die Wildblumen zusammen und tanzten dazu.

Und jetzt liegt sie hier mit uns allen im Schlamm, und ich traue meinen Ohren nicht. Sie singt. Fejgele singt lauter, und nun hört das Jammergeschrei vollends auf. Es ist still in der dicken Luft in dieser schlammigen Scheune. Sie singt:

Ich möcht' euch eine Frage stellen.
Sagt's mir, wenn ihr's wisst:
Welch großen Schatz gibt Gott als Segen,
den kein Geld uns kaufen kann?
Den gibt es nur umsonst,
und wenn man ihn verliert,
wie viele Tränen fließen da.
Niemand kriegt ihn zweimal,
und kein Weinen hilft.
Oi, wer den verloren hat,
der weiß schon, was ich mein'.
Es ist die jiddische Mame.
Nichts Bess'res gibt's auf Erden:
eine jiddische Mame.
Wie bitter, wenn sie fehlt,
wie schön und hell ist es zu Haus,
wenn dort die Mame ist.

Wie traurig dunkel wird es dann,
wenn Gott sie nach Olam Haba holt.*
Durch Wasser, durch Feuer
wär sie gerannt für ihr Kind.
Sie nicht zu lieben
ist sicher die größte der Sünden.
Wie glücklich und reich ist der, der sie hat,
ein so wunderschönes Geschenk von Gott
wie eine alte jiddische Mame,
meine jiddische Mame.

Sie singt *Meine jiddische Mame* von dem großen Kantor Rosenblatt. Ich vermisse meine Mutter. Ich möchte sie bei mir haben. Ich hoffe, es geht ihr gut. »Bitte sing weiter«, sagt jemand. Also macht sie das. Sie singt weiter, all die Lieder, mit denen wir aufgewachsen sind. Schon bald dämmere ich, eingeschmiegt zwischen Schlamm und der Schulter einer anderen, mit Gedanken an meine Mutter in den Schlaf.

Wir hören ein gewaltiges Knarzen, und dann strömt graues Licht in die Scheune. SS-Männer stehen an der Tür und warten darauf, dass wir aufstehen. Wir alle fahren aus dem Schlaf auf und versuchen, uns wenigstens ein bisschen den Schlamm abzuwischen, der jeden Zentimeter unseres Körpers verkrustet. Ich warte darauf, dass die jungen Frauen, die über mir liegen, sich auseinanderfalten. Als endlich ein

* Jiddisch: die kommende Welt

wenig Luft und Platz ist, hebe ich den Kopf und stehe auf. Ich muss auf die Toilette.

Draußen stehen viele junge Frauen bei einem großen Graben. Oben auf einer Plattform mit Blick auf den Graben sitzt ein SS-Soldat auf einem Stuhl. Er beobachtet uns. Mich würgt es bei dem Gestank, der in der Luft hängt. Die Grube ist unsere Toilette. Es sind zwei Balken darübergelegt, auf die wir treten können. Ich schaue zu, wie ein Mädchen in meiner Nähe die Grube benutzt. Sie hockt sich leicht hin und springt dann schnell wieder runter. Dann benutzt das Mädchen neben ihr die Grube. Sie setzt sich auf die Balken, und plötzlich geben die mit einem jammervollen Quietschen nach, und das Mädchen verschwindet in den Exkrementen. Der SS-Mann schaut zu, wie sie eine Minute lang kämpft und mit erhobenen Armen herumfuchtelt. Er lacht und klatscht sich auf die Schenkel. Die Grube ist zu tief und zu voll von Exkrementen, als dass sie mit eigener Kraft herauskommen könnte, also lässt sie nach einer Weile die Arme sinken, geht unter und ertrinkt. Sie stirbt! Sie stirbt einfach da in den Exkrementen. Ich weiß nicht, was ich denken soll. Ich will nicht sterben, aber ich will auch nicht hier sein. Hier, wo das Leben schlimmer ist als der Tod und wo das Sterben eine Unterhaltung für die SS ist. Der Himmel ist beinahe so dunkel und tief wie die Grube, und ich kann nichts machen. Ich konnte dieses Mädchen nicht retten, und ich kann das hier nicht mehr aushalten. Warum schien Idi bloß so glücklich gewesen zu sein, dass wir aus dem letzten Lager fortgingen? Das hier ist viel schlimmer. Etwas kreischt in meinem Kopf. Ich muss hier raus. Schreckliche Dämonen wabern in meinem Hirn herum. Der Hunger reißt mich von innen entzwei, Stück für Stück. Ich spüre, wie mein Magen revoltiert, irgendetwas zu packen versucht, das er verdauen kann, aber er kann sich nur selbst verschlingen. Ich drehe mich herum und suche einen anderen Ort, wo ich mich erleichtern kann. Dies ist der schlimmste Ort, an dem ich je im Leben war, und ich kann meine inneren Qualen kaum aushalten.

Als wir in der nächsten Nacht wieder im Schlamm liegen wie Schweine im Koben, singt Fejgele wieder für uns. Ich wüsste zu gern, wie das für die SS-Soldaten klingt, die draußen vor der Tür stehen. Wir sind ein paar Hundert junge Frauen ohne ein Gramm Fett am Leib, nur Haut und Knochen und ein Hohlraum, wo einmal unser Bauch war. Wir sind ein paar Hundert junge Frauen, die in mehr als einem Fuß Schlamm und Schleim liegen, in der Hölle. Und doch ist da eine unter uns, die uns mit ihrer Engelsstimme in den Schlaf singt wie eine Mutter.

»Weißt du, wo wir sind?«, frage ich das Mädchen, das neben mir liegt.

»In Bergen-Belsen«, antwortet sie. »Ich habe gehört, dass sie uns hierhergebracht haben, weil die Alliierten den Krieg gewinnen. Nicht, dass wir eine Chance hätten, es lebendig hier rauszuschaffen.«

»Die Alliierten gewinnen den Krieg!«, erzähle ich Lea weiter. »Ich wusste nicht, dass jemand für uns kämpft. Wir gehen von hier aus nach Hause.«

»Das hoffe ich«, sagt Lea und kuschelt sich enger an mich. Noch mehr Schlamm streift meinen Hals. Lea schläft an meiner Schulter ein.

Am Morgen bekommen wir ein Stückchen Pferdefleisch zu essen, und dann führt man uns wieder zu der Latrinengrube. Wieder sitzt ein SS-Soldat hoch oben am Himmel auf der Plattform. Er beobachtet uns, wie wir uns über die Grube hocken, um uns zu erleichtern. Ich passe sorgfältig auf, dass der Balken nicht unter mir durchbricht.

In Bergen-Belsen arbeiten wir nicht. Wir stehen stundenlang beim Zählappell da, und dann schicken sie uns in die schlammige Baracke zurück. Wir haben nicht einmal die Kraft, uns miteinander zu unterhalten. Wir schlafen nur, und wenn wir wach sind, starren wir vor uns hin.

30

Crasna, 1943. Siebzehn Jahre alt

An den Wassern zu Babel
saßen wir und weinten,
wenn wir gedachten an
Zion.

Psalm 137,1

Seit dem Tod meines Vaters haben wir jeden Sommer zwei Monate bei unseren Großeltern auf dem Land verbracht. Sogar nachdem wir Schneiderinnen geworden sind und nicht mehr zur Schule gehen, nehmen wir uns die Sommer frei, um bei der Familie unseres Vaters zu sein.

Wir fahren mit dem Pferdewagen hin, und wir vertreiben uns den Tag im Wagen mit Spielen und schauen aus dem Fenster auf die Apfel- und Birnbäume hinaus, die sich meilenweit in die Ferne erstrecken.

Als wir beim Haus unserer Großeltern aus dem Wagen steigen, warten meine Tante und meine Onkel schon und begrüßen uns. Sie leben im selben Gebäude wie die Großeltern. Mein Onkel hilft Mama mit den Koffern, und Tante Lea Mariam umarmt sie lange. Sie ist mindestens einen Kopf größer als meine Mutter und atemberaubend schön, wie ein Filmstar aus einer anderen Welt, und sie hat ein zutiefst liebenswürdiges Wesen.

»Wie lange wir uns nicht mehr gesehen haben, Chaja Necha«, sagt sie.

»Ich weiß, wir haben viel zu erzählen«, erwidert Mama. »Oi, ich hab dich so vermisst.«

»Komm, ich helfe euch, euch einzurichten«, sagt Lea Mariam. »Ma und Ta warten im Wohnzimmer. Alle Kinder sind bei ihnen.«

Mama lacht. Lea Mariam hat einen Haufen Kinder. Alle zwei Jahre hat sie Zwillinge zur Welt gebracht. Nie hat sie nur ein einzelnes Kind bekommen!

»Hallo, meine wunderschönen Nichten und mein lieber Neffe!«, sagt sie freundlich zu uns. »Jecheskel, wie bist du gewachsen!«

»Ich bin schon Bar-Mizwa!«, sagt er.

»Du liebe Güte, wie die Zeit vergeht! Und Rosi und Lea, ihr seid auch jedes Mal, wenn ich euch sehe, noch schöner geworden.«

Wir lächeln. Aus ihrem Mund bedeutet uns das sehr viel.

Wir gehen zusammen zum Haus. Es ist größer und prachtvoller als unseres. Meine Großeltern sitzen im Wohnzimmer auf dem Sofa, als wir eintreten. Mir ist es ein bisschen zu still im Raum. Großvater ist ganz anders als Sejde

Grünstein. Er lächelt uns an, als wir zu ihm hingehen, und er umarmt uns, aber weil er bereits in jedem Arm einen Säugling hält, kann er nicht so nah an uns heran. Mama und Lea Mariam gehen in die Küche, um Tee zu kochen, und dann nach oben, um unsere Sachen auszupacken. Wir beobachten in der Zwischenzeit die jüngeren Kinder und erzählen Bobe und Sejde alles, was seit unserem letzten Zusammentreffen geschehen ist.

Mama kommt mit Lea Mariam die Treppe herunter.

»Gefallen euch die Zimmer?«, fragt Bobe.

»Wunderbar, danke.«

Wieder ist es still, und dann fängt einer der Zwillinge zu weinen an, und Lea Mariam nimmt ihn auf den Arm.

»Ich wickle ihn.«

»Kommt mit uns nach draußen!«, sagen Lea Mariams fünfjährige Zwillinge Beile und Mosche.

Das machen wir gern. Die warme Sommersonne und das kühle grüne Gras locken uns.

Sobald wir uns eingerichtet haben, ist der Sommer bei unseren Großeltern herrlich. Lea und ich waren es allmählich satt, den ganzen Tag mit einem heißen Bügeleisen und winzigen Stecknadeln, die uns die Finger zerstechen, im Zimmer zu hocken. Die Felder beim Haus unserer Großeltern erstrecken sich endlos in die Ferne. Die Sonne scheint warm, aber uns wird es nicht zu heiß, weil die vielen Bäume dort uns Schatten spenden. Die Luft ist frisch und duftet nach Gras und Sonne. Jeden Morgen wachen wir auf, und ein ganzer Tag liegt vor uns, an dem keine Arbeit zu tun ist.

Alle unsere Cousins und Cousinen kommen uns besuchen. Fejgele, unsere gleichaltrige Cousine, kommt auch her. Wir verbringen eine ganze Woche miteinander. Bei allem, was sie tut, singt sie wie ein Vogel. Sie merkt nicht einmal, dass sie singt. Ihr Vater hat große Weizenfelder, und eines Tages nimmt er uns mit auf einen Ausflug, um sie uns zu zeigen. In der Nähe der Felder steigen wir aus dem Auto und betrachten ehrfürchtig Reihen um Reihen von Weizenhalmen, die sich im Wind wiegen. Ich kann nicht glauben, dass sie daraus die Mazze* für Pessach backen. Meinem anderen Onkel gehört eine große Essigfabrik. Eines Abends kommt er vorbei und erzählt uns zum Einschlafen mit seiner tiefen Stimme Geschichten. Ich wünschte, er würde uns Geschichten aus der Zeit erzählen, als mein Vater noch ein kleiner Junge war, doch niemand redet von ihm.

Im August kommt der Fastentag Tischa be Av**. An diesem Tag betrauern wir die Zerstörung des Tempels. Ehe das Fasten beginnt, setzen wir uns auf den Boden und essen hart gekochte, mit Asche besprenkelte Eier und Roggenbrot ohne Butter. Die Sonne geht unter, und das Fasten beginnt. Sejde verlässt den Raum. Ich höre, wie er im Studierzimmer laut wehklagt. Mich schockiert, dass ich meinen stillen, barschen Sejde so klagen höre.

Als wir uns später schlafen legen, bemerke ich, dass Jecheskel einen Stein von draußen auf den Boden legt.

* ungesäuertes Weizenbrot

** der neunte Tag des Monats Av

»Was machst du denn da?«

»Es ist Tischa be Av. Der einzige Tag im Jahr, an dem wir uns die Zeit nehmen, daran zu denken, dass das Leben nicht so ist, wie es sein sollte.«

»Na gut, du fastest doch schon. Da brauchst du nicht auch noch einen Stein.«

»Ich will nicht mit einem bequemen Kopfkissen schlafen. Ich will mich sogar im Schlaf erinnern.«

»Also, dann schlaf mit dem Kopf auf dem Boden. Wozu der Stein?«

»Wusstest du, dass Jakob, als er auf dem Gelände schlief, wo der Tempel gebaut werden sollte, zwölf Steine unter seinen Kopf gelegt hat, und dass sie alle zu einem einzigen zusammengeschmolzen sind? Das ist ein Symbol dafür, dass wir zwar alle so verschieden sind wie die zwölf Stämme Israels, aber dass wir doch alle eins sind. Ich will das auch machen. An dem Tag, an dem wir uns an den Tempel erinnern, den wir verloren haben. Ich will mich daran erinnern.«

»Du bist so süß, Cheskel, aber das ist einfach verrückt. Du kannst doch nicht auf einem Stein schlafen. Hier, nimm dein Kopfkissen.«

»Ich will das Kopfkissen nicht. Weißt du, warum unser Tempel zerstört wurde? Wir haben ihn zerstört, weil wir uns selbst zerstört haben. Wir sind alle eins, aber wir wussten das nicht, und wir haben uns entzweit, und wir haben uns dabei selbst in Stücke gerissen. Wir scheinen unterschiedlich zu sein, aber ich bin du, und du bist ich, und wir sind alle Teil voneinander. Wir sind alle ein Teil von Gott, leben in Ihm. Das müssen wir immer wissen!«

»Was hat Tischa be Av damit zu tun?«

»Alle Zerstörung kommt daher, dass du denkst, andere seien anders als du. Du kannst andere nur dann grausam behandeln, wenn du nicht denkst, dass sie sind wie du. Also machen wir sie in unseren Augen zu Fremden. Als hätten wir nicht alle dasselbe Blut in den Adern, als atmeten wir nicht alle dieselbe Luft. Niemand kann grausam sein, es sei denn, er sieht die anderen als anders, aber genau das zerreißt unsere Welt. Wir dürfen nicht anders sein. Wir sind alle Teil desselben Gottes. Wir sind nie allein.«

»Und deswegen wurde der Tempel zerstört?«

»An Tischa be Av wurde nicht nur der Tempel zerstört. Tischa be Av ist der Tag, an dem alles Böse in diese Welt kam. Und ja, zur Zeit des Tempels haben wir uns selbst von innen heraus zerstört. Wir waren wie ein Kind, das versucht, sich aus dem Mutterschoß loszureißen, weil wir nicht mit der Mutter eins sein konnten. Aber wir waren nicht in der Lage, selbstständig zu atmen. Wusstet ihr, dass wir einander in der Zeit, als der Tempel zerstört wurde, grausam behandelt haben und dass Gott uns eigentlich hätte alle töten sollen? Aber Er liebt uns so sehr, dass Er stattdessen Seinen Tempel niederbrennen ließ? Und jetzt hat Er keinen Ort auf Erden mehr. Ich nehme das Kopfkissen nicht.« Mit diesen Worten legt er den Kopf auf den Stein und hüllt sich in eine Decke.

»Eines Tages wird Tischa be Av ein Festtag sein«, flüstert er, als wir uns alle zum Schlafen hinlegen. »Wir werden lernen, wir werden als eins zusammenkommen, und das werden wir nur wegen Tischa be Av lernen. Und dann tanzen wir miteinander und essen ein köstliches Festmahl und können gar nicht mehr glauben, dass wir früher an diesem Tag einmal gefastet haben. Glaubt mir, eines Tages feiern wir an Tischa be Av.«

»Wie erwachsen er ist!«, flüstert mir Lea zu, als er einschläft.

»Kannst du glauben, dass das unser kleiner Bruder ist?« Wir schauen beide auf den Halbwüchsigen, der auf dem Stein liegt.

»Ich hoffe, er hat recht«, sagt Lea.

Wir wissen nicht, was kommt. Wir wissen nicht, dass man uns schon bald als Fremde – nicht einmal mehr als Menschen – sehen wird, sodass man uns die grausamsten Dinge der Welt antun kann. Alles, was Jecheskel heute Nacht gesagt hat, wird in nur einem Jahr Wirklichkeit werden. Die Welt, wie wir sie kennen, wird aus den Nähten platzen und in tausend kleine Splitter explodieren, jeden und alles zerstören, was ihr in den Weg gerät. Und alles nur, weil wir nicht gelernt haben, einander als gleich, als Teil voneinander zu betrachten. Weil wir nicht gelernt haben, dass wir das genaue Gegenteil von Fremden sind – dass wir alle Teil eines Ganzen sind. Doch manche Menschen wollen immer für sich bleiben, und indem sie uns auseinanderreißen, zerstören sie das Innerste, das die Welt zusammenhält, bis die Welt keine andere Wahl mehr hat, als zu explodieren. Wie ein Krebsgeschwür, das die Zellen des Körpers zersetzt, bis alle Organe zusammenbrechen und der Körper, der sich das selbst antut, stirbt.

Der restliche Sommer bei den Großeltern verläuft ereignislos. Als der September kommt und die Baumwipfel sich schon bunt zu färben beginnen, sind wir traurig, weil wir gehen müssen. Wir umarmen unsere Großeltern und Tanten und Onkel zum Abschied.

»Bis nächsten Sommer!«, rufen sie, als sie uns nachwinken.

Wir winken vom Pferdewagen zurück. »Bis dann!«

31

Munitionsfabrik Duderstadt, November 1944

Und mein Geist ist
in mir geängstet,
mein Herz ist erstarrt
in meinem Leibe.
Ich gedenke an die früheren Zeiten.

Psalm 143,4–5

Wenige Wochen nach unserer Ankunft in Bergen-Belsen werden wir wieder in Waggons verfrachtet. Kein Wort darüber, wo es hingeht. Ich habe keine Kraft mehr, auch nur daran zu denken, was vor uns liegen mag, während wir über die unebene Strecke rumpeln und geschüttelt werden.

Ich wache auf, als die Türen des Waggons aufgeschoben werden. Man lädt uns aus, und ich erkenne, dass wir uns mitten in einem Wald befinden. Tausende von Bäumen umgeben uns. Deren Zweige beschirmen uns und halten uns verborgen. Vor mir sind drei Baracken, die von einem hohen Stacheldrahtzaun umgeben sind. Die SS-Frauen sind überall, und sie tragen alle Uniformen und haben Gewehre geschultert. Schreiend befehlen sie uns, wir sollen uns in Fünferreihen aufstellen. Auf dem ganzen Weg hierher haben wir nichts gegessen, also kommen wir nur sehr langsam in diesen Reihen zusammen. Die Aufseherinnen schlagen uns mit ihren Gewehren, damit wir uns schneller bewegen. Sie führen uns in die Baracke, in der wir schlafen werden. Sie erinnert mich an Militärzelte, von denen ich einmal gelesen habe. Hier sind Pritschen übereinandergestapelt.

»Schlaft jetzt, ihr Schweine!«, sagt eine SS-Frau. Dann schließt sie die Tür der Baracke.

Ein schrilles Pfeifen ertönt, und eine SS-Frau kommt in die Baracke, um uns zu wecken. Ich muss all meine Kraft aufbringen, um meinen Körper aus dem Bett zu zerren. Vorne an der Baracke steht eine zweite SS-Frau mit einem Topf. Wir reichen den Topf herum. Als er bei mir ist, sehe ich, dass es Gerste ist. Ich setze ihn an den Mund und schlucke ein wenig davon herunter. Es schmeckt wie Gift.

»Schnell!«, kommandiert die SS-Frau.

Manche Mädchen haben noch kein Essen bekommen.

»Los! Schnell!«

Wir gehen nach draußen in die dunkle, kalte Nachtluft. Der Mond steht hoch am Himmel. Es muss drei Uhr morgens sein.

Die Frau führt uns in Fünferreihen einen langen, verschneiten Weg entlang.

Wir gehen etwa zwanzig Minuten, bis wir ein großes,

L-förmiges Gebäude erreichen. Wir sind ganz still, als wir das Haus betreten, weil wir nicht wissen, was uns erwartet. Es ist eine Fabrik mit langen Tischen ringsum und mit grauen Metallwänden und winzigen Fenstern. Viele polnisch aussehende Leute sind bereits hier und arbeiten an verschiedenen Stationen. SS-Männer gehen überall herum. Ein junger SS-Soldat stellt sich vor uns.

»Ihr arbeitet hier in der Munitionsfabrik. Ich bin der Kommandoführer. Wir teilen euch verschiedene Arbeiten zu. Jede stellt sich an den Platz, den wir ihr zuweisen. Niemand bewegt sich, ehe wir es sagen. Und macht eure Arbeit perfekt, sonst erschießen wir euch mit den Waffen, die ihr gerade reinigt oder repariert. Ihr helft uns dabei, Waffen zu machen, mit denen wir gegen unsere Feinde kämpfen. Wartet hier, bis wir euch einen Platz zuweisen.«

Er geht herum und weist uns an, wohin wir gehen sollen. Mich stellt man vor eine große Kiste mit Patronen und einen großen, mit Wasser gefüllten Holzbottich. Ich will daraus trinken wie ein Pferd.

»Du musst die Hülsen sauber machen, auch innen, genauso die Patronen, bis sie heller als die Sonne glänzen. Dann packst du sie in die Kiste da hinter dir. Fang an, worauf wartest du noch?« Er tritt mir vors Schienbein.

Ich beuge mich über den Bottich und lasse die Patronen hineinfallen, während alle ringsum andere Arbeiten verrichten. Chanki arbeitet an der Station neben meiner. Lea ist ganz auf der anderen Seite des Raums. Wir arbeiten alle schwer, aber während meine Hände tätig sind, wird mir schwindelig und ganz leicht im Kopf. Ich schaue zum Fenster heraus und kann Sterne sehen, die über den Samthimmel ausgestreut sind. Ich habe das Gefühl, dort hineinzuschweben, doch dann reiße ich mich zusammen und versuche weiterzuarbeiten. Mir verschwimmt alles vor den Augen, dann wird die Sicht wieder klar. Die Fabrik wabert vor mir – zeichnet sich scharf ab, verschwimmt wieder. Ich habe kein Essen im Körper, ich vergehe. Ich konzentriere mich auf den Holzbottich vor mir. Ich starre auf die Dauben, und sie sind mir beinahe vertraut. Plötzlich wird daraus der Holzbottich in meiner Küche zu Hause. Die Wände der Fabrik verwandeln sich in die Wände unserer Küche. Auf dem grauen Zementboden liegt ein türkisfarbener Läufer. Unsere rote Tür geht knarzend auf, und Onkel David kommt herein.

»Schau dich nur an, Rosi, du spülst das ganze Geschirr«, sagt er. »Da ist jemand wirklich heiratswütig.«

»Immer schön langsam, David«, erwidert Mama. »Sie ist erst sechzehn, und sie spült schon für mich Geschirr, seit sie acht ist.«

»David hat nur einen einzigen Gedanken im Hirn, den an seine Chanki, seine Kale«, sage ich.

»Chanki, Chanki, Chanki«, singt Lea. »David denkt nur noch an Chanki.«

»Hört auf, euren Onkel zu necken, das ist nicht respektvoll«, ermahnt uns Mama, aber sie muss auch lachen, und David klopft Lea leicht mit seinem Buch auf den Kopf.

»Chanki, Chanki, Chanki«, wiederholt Lea.

»Ich gehe«, verkündet David.

»Na gut, wir sind schon ruhig«, sagen Lea und ich rasch. »Bleib da.«

»Das mache ich«, erklärt David, lässt sich auf dem Sofa nieder und verschränkt seine langen Beine. »Aber nur, weil da so ein guter Duft aus dem Ofen kommt.«

»Ah, Abendessen, da bist du ja endlich«, sagt Lea. Sie schiebt den Stuhl von der Nähmaschine weg und reckt die Arme in die Luft.

»Rosi, nimm die Hände aus dem Waschzuber und deck schon den Tisch«, sagt Mama. Ich staple meine frisch abgetrockneten Teller und bringe sie zum Tisch. Vor jeden Stuhl stelle ich einen Teller. Einen für Mama, einen für mich, einen für Lea, einen für Jecheskel und einen für Onkel David. Ich lege noch Messer und Gabel ordentlich an beiden Seiten daneben, falte die gestärkten Servietten und platziere sie unter den Tellern. Mama nimmt das Brot vom Ofen, und wir seufzen alle, während wir ihr zuschauen, wie sie es in Scheiben schneidet und sich der Dampf wie ein Traum zur Decke hinaufschlängelt. Ich gebe Olivenöl und Salz in kleine Schüsseln, und Mama löffelt den Kichererbseneintopf auf eine Platte mit Süßkartoffeln.

Ich strecke den Kopf zur Haustür hinaus und rufe: »Jecheskel! Zeit zum Abendessen!«

»Sehr damenhaft«, schnaubt David.

»Ganz anders als deine Freundin«, sage ich und strecke ihm die Zunge heraus.

»Sie ist nicht meine Freundin, sie ist meine Braut«, erwidert David.

»Das Abendessen gebe ich euch nur, damit ihr endlich einmal ruhig seid«, meint Mama.

»Dann necke ich die Mädchen gern noch ein bisschen, wenn das die Folge ist«, erwidert David, nachdem er den ersten Löffel Eintopf gegessen hat. Mamas Taktik ist gut, denn nun sind wir alle leise, während wir das dampfende Brot in den süß-würzigen Eintopf tauchen und die Wärme unseren Körper erfüllt. Wir essen und essen, bis wir meinen, unsere Bäuche könnten sich nicht mehr weiter ausdehnen. Jede Zelle in mir schnappt sich die kleinen Energiehappen aus dem Eintopf. Jeder Teil von mir wird lebendig und kräftig. Alle Teller sind sauber abgekratzt, also sammle ich sie mit Lea ein und tauche sie in den Wasserzuber. Ich fange an, sie abzuspülen und abzutrocknen, doch plötzlich bin ich schrecklich müde. Die Schwerkraft zieht mich nach unten. Ich kann keine Minute länger stehen. Ich nehme die Kiste, in die ich die Teller räumen soll, drehe sie um und lege den Kopf darauf, während ich noch stehe.

»Ich häng dich auf, gleich hier«, sagt eine Stimme nah an meinem Ohr.

32

Duderstadt, November 1944

Meine Tage sind
dahin wie ein Schatten,
und ich verdorre
wie Gras.

Psalm 102,11

Ich schlage die Augen auf und bin wieder in der kalten Fabrik. Der SS-Kommandoführer steht da, sein Gesicht kaum zwei Zentimeter von meinem entfernt. Er macht einen Schritt zurück. Sein Gesicht ist jung, und seine Augen haben ein kaltes Blau. Sein Haar ist kurz geschoren, er ist beinahe so kahlköpfig wie ich.

»Siehst du die Stange da an der Decke?«, fragt er und beugt sich wieder nah zu meinem Gesicht. Sein Atem riecht nach Tabak. Das erinnert mich an meinen Sejde. Es hilft mir, mich stark zu fühlen. »Da an der Stange häng ich dich auf. Ich leg dir selbst das Seil um den Hals, und ich trag dich selbst die Leiter hoch, und dann lass ich dich fallen, bis du nur noch wie eine Puppe da hängst und stirbst. Für wen hältst du dich eigentlich? Hier einfach mitten unter der Arbeit einzuschlafen? Wenn du da über all den Mädchen schwebst, dann kannst du schlafen. Und ich lass dich da hängen, bis deine Haut auf die anderen Arbeiterinnen runterfällt!«

Aus dem Augenwinkel sehe ich einen alten Soldaten. Er macht einen Schritt zu uns hin, um dem jungen Kommandoführer zuzuhören.

»Schau mich gefälligst an!«, fordert mich der Kommandoführer auf. »Hast du keine Angst? Du wirst da oben an der Decke hängen und verrotten, das versprech ich dir!«

Ich schaue ihn an, als wäre er eine Wand. Der wird mich aufhängen? Der wird mich nicht aufhängen. Er geht im Kreis um mich herum. Ich schaue ihm geradewegs ins Gesicht, während seine Augen über meine Schultern, meine Brust, meine Hüften und meine nackten Füße wandern. Als sein Blick auf meinen trifft, liegt ein grausiger Hunger darin.

»Du kapierst es nicht, Mädchen, oder?«, fragt er und ist wieder sehr nah an meinem Gesicht, doch er hat Angst, mich zu berühren, um sich nicht zu verseuchen. Ich sehe die weißen Pünktchen in seinen Augen und die Beulen auf seinen sauber rasierten Wangen. Ich rieche seinen Tabakatem und sehe, wie sich in seinem Mund Speichel bildet. »Gleich hier häng ich dich auf, und zwar sehr bald.« Ich stehe brettsteif da. Ich atme ein und aus. Dieser Mann wird mich nicht anrühren, schon gar nicht aufhängen. Irgendwie weiß ich das. Der Soldat knurrt etwas, dann macht er kehrt und lässt mich stehen. Ich fange an, eine Patronenhülse auszuwaschen. Als der Kommandoführer weggegangen ist, kommt der alte Soldat zu mir.

Er sagt ein paar Minuten lang gar nichts, schaut mir nur zu, wie ich die Kiste wieder umdrehe und die abgetrockneten Patronenhülsen ordentlich hineinstapele.

»Das ist sehr gut«, sagt er und deutet mit dem Kopf auf die Kiste. Dann dreht er sich zu mir hin und lächelt mich traurig an. Schockiert vergesse ich zurückzulächeln.

Die Stunden vergehen, und dann werden wir in Fünferreihen wieder von der Munitionsfabrik weggeführt. Die Sonne steht hoch am Himmel. Eine SS-Frau bläst in ihre Trillerpfeife und ruft: »Ihr geht jetzt den Bauern auf dem Feld helfen. Erinnert euch immer daran: Wir können hier nur Mädchen brauchen, die arbeiten. Also arbeitet!«

Wir marschieren lange, ehe wir ein längliches Feld erreichen. Kleine Zuckerrübenpflanzen schauen aus dem Boden.

»Ihr sollt die Zuckerrüben aus dem Boden ziehen und sie für die Bauern einsammeln«, sagt die SS-Frau. »Jede nimmt eine Schaufel. Eure Arbeit fängt jetzt sofort an!«

Es ist kalt, und wir haben keine Mäntel an. Ich beuge mich zum Boden. Er ist hart und kalt. Die SS-Frau teilt uns Schaufeln aus. Ich drücke meine in den Boden. Nichts bewegt sich. Ich drücke noch einmal.

Meine Finger sind so steif gefroren wie der Boden. Ich drücke gegen die Rübe. Endlich kann ich eine herausziehen und auf den Haufen legen.

Draußen ist es bereits stockdunkel, als wir zur Baracke zurückgeführt werden.

Irgendwo im Hinterkopf begreife ich, dass ich hier einen langsamen Tod sterbe. Entweder sterbe ich vor Hunger oder vor Erschöpfung, aber ich bin zu müde, um auch nur darüber nachzudenken.

In dieser Nacht schlüpft Lea neben mich auf die Pritsche.

»Die benutzen die Munition, an der wir hier arbeiten, um damit gegen die Alliierten zu kämpfen, die uns zu retten versuchen. Kannst du dir das vorstellen? Wir säubern hier die Munition, mit der man sie erschießt.« Sie stößt einen tiefen Seufzer aus, und wir schweigen eine Minute. »Allerdings, wer weiß, ob das stimmt«, fügt sie schulterzuckend hinzu. Dann legt sie ihren Kopf an meine Schulter und sinkt in einen tiefen Schlaf.

Wieder werden wir vom schrillen Pfiff der SS-Frau geweckt. Wir bekommen ein wenig Kaffee und ein paar Happen von dem giftig schmeckenden Gerstenbrei, und dann werden wir wieder durch den gefrorenen Wald zur Fabrik geführt. Ich gehe an meine Station, und da liegt schon eine neue Lieferung von schmutzigen Patronenhülsen. Ich tauche die Hände in das eiskalte Wasser in dem Bottich und beginne, die Munition zu säubern. Da taucht Jecheskel neben mir auf, als ich meine Hände erneut in das kalte Wasser stecke. Er schaut zu, wie ich eine Patrone von einer Hand in die andere gebe und sauber schrubbe.

»Was machst du da, Rosi?«, fragt er.

»Oh, das ist meine Arbeit, Schatz. Ich reinige und trockne Munition für die Fabrik. Dann packe ich sie weg.«

»Und das machst du für die?«

»Habe ich eine Wahl?«

»Du hast dich doch nie an Regeln gehalten.«

Ich lächle ihn an. Dann lasse ich die Patronenhülsen langsam zum Boden des Bottichs sinken. Dort landen sie mit einem leisen, dumpfen Klang. Mein Herz klopft noch lauter. Aber niemand scheint es zu bemerken.

»Ha!«, sagt Jecheskel, und dann ist er weg.

Plötzlich fühle ich mich wagemutig und hellwach. Ich nehme einen weiteren Stapel Patronen und schaue mich um. Der Kommandoführer hat mir den Rücken zugewandt, also lasse ich die Munition weiter sacht auf den Boden des Bottichs sinken. Ich schaue auf, und mein Herz setzt aus. In der Wasseroberfläche spiegelt sich eine SS-Uniform. Jemand steht nah genug, um mich zu sehen. Ich bin wie erstarrt, habe den Kopf zum Bottich geneigt. Das Wasser ist zu tief, als dass ich die Munition jetzt noch wieder hochholen könnte. Dann zeigt die Spiegelung im Wasser mir den allerschönsten Anblick: Der alte Nazisoldat lächelt. Ich sehe dieselben traurigen Augen und hängenden feisten Backen wie immer, aber er hat ein Lächeln auf dem Gesicht, und dabei hat er mich gerade erwischt, wie ich gegen die Regeln verstoßen habe.

»Sei bitte vorsichtig«, flüstert er. Dann schlurft er davon.

»Rosi, du lässt alle Gabeln in den Bottich fallen«, sagt Mama. »Bald haben wir kein Besteck mehr.«

»O wirklich? Dann habe ich wohl zu viel vor mich hin geträumt, Mama, aber es ist gut, wir können sie später wieder rausholen.«

»Du hast Glück, dass David heute nicht hier ist und dich necken kann.«

»Aber ich«, sagt eine tiefe Stimme.

»Sejde!«, rufe ich. »Was machst du denn hier?«

»Kann ich nicht meinen liebsten Rotschopf besuchen?«

»Aber bist du nicht …?«

»Beschäftigt? Nein, ich habe nie zu viel zu tun, um nicht noch zu dir zu kommen. Nie zu viel zu tun, um dir nicht noch sagen zu können, was für tolle Arbeit du leistest. Nie zu viel zu tun, um dir nicht noch zu sagen, wie stolz ich auf dich bin, ganz gleich, wo ich auch sein mag.«

»Stolz auf mich?«

»Natürlich!« Er wuschelt mir durchs Haar. »Wie kann ich nicht stolz sein? Nur weiter so, Rosi, gib nicht auf, ja? Wir sind alle ganz nah bei dir.«

An meinen Händen fühlt sich das Wasser schön warm an, das Haus ist kuschelig warm, und eine kleine frische Brise weht zum Fenster herein. Seifenschaum steigt mir an den Ärmeln hinauf, als ich jede einzelne Gabel abreibe, aber irgendwie ist es mir ungeheuer wichtig, dass ich sie vorher alle einzeln auf den Boden des warmen Beckens fallen lasse.

»So ist's brav, mein Mädchen«, sagt Sejde bei jedem Aufprall.

»Ich habe heute wieder ein Kleid fertig genäht«, sagt Lea.

»Gut gemacht, Lea«, lobt Mama. »Hat es ihr gefallen?«

»Sehr sogar«, erwidert Lea und legt das Geld in unseren Korb.

Ich verspüre einen Stich des Hasses auf Lea. Ich bin die Ältere, ich sollte doch das Geld in den Korb legen. Aber ich könnte kein Kleid nähen, selbst wenn es um mein Leben ginge. Ich bin nicht so stark wie alle anderen. Im Haus gehen die Lichter aus, und ich merke, dass ich draußen spazieren gehe. Plötzlich bin ich wieder im Wald. Lea geht neben mir, und sie zieht mich am Arm. Ich schüttle den Kopf und blinzle. Ich schaue sie an, sie ist nichts als Haut und Knochen, aber immer noch wunderschön. Mir wird das Herz in der Brust tonnenschwer.

»Ich hab dich so lieb.« Meine Stimme ist stark, als versuchte ich, all meine Gefühle in diese wenigen Worte zu legen.

»Ich schaff das nicht mehr, Rosi.«

»Du musst. Ich bin hier. Ich kümmere mich um dich. Wir gehen bald nach Hause.« Ich ergreife Leas Hand. Wir werden wieder auf die Rübenäcker geführt. Die Sonne ist heiß, obwohl die Luft kalt ist. Mein Gehirn funktioniert nicht mehr. Ich sehe, wie meine Hände geschäftig etwas tun, aber in meinen Zellen ist nicht mehr genug Energie, um zu verarbeiten, was hier geschieht. Als die Sonne untergeht, führt man uns gleich in die Baracken.

Vor Erschöpfung wie benommen, gehen wir in unsere Unterkunft. Ich schlafe ein, sobald mein Körper irgendwie horizontal liegt.

33

Duderstadt, Dezember 1944

Die mir nach dem Leben trachten,
stellen mir nach;
und die mein Unglück suchen,
bereden, wie sie schaden wollen,
sie sinnen Arges den ganzen Tag.
Ich bin wie taub
und höre nicht,
und wie ein Stummer,
der seinen Mund nicht auftut.

Psalm 38,12–13

Viel zu bald nach dem Einschlafen hören wir einen schrillen Pfiff. Mein Körper protestiert gegen die Mühsal des Aufwachens. Ich möchte tagelang schlafen. Gierig verschlingen wir den Gerstenbrei, ehe wir zur Fabrik gehen. Schweigend nehmen wir unsere Plätze ein. Wir erledigen unsere Arbeit mechanisch. Ich schaue mich um: Hunderte von uns stehen in Reihen an den Stationen, und jede von uns verrichtet Arbeit, um den Nazis beim Siegen zu helfen. Wir sind Sklavinnen unseres Feindes.

Die Polinnen haben auch ihre Stationen, aber sie sind nicht von SS-Soldaten umringt, die sie bewachen wie gefährliche Verbrecher.

Der SS-Kommandoführer kommt zu meiner Station, sobald ich wieder begonnen habe, eine Patronenhülse zu säubern. »Bereit für den Henker?«, fragt er.

Ich beachte ihn nicht.

»Sieh mich an, wenn ich mit dir rede!«

Ich blicke ihm geradewegs ins Gesicht, das wieder ganz nah an meinem ist, und starre ihn fünf Minuten lang an, während er schwer atmet. In seinen Augen steht Hunger. Er schaut in den Bottich, in den ich gestern die Patronen habe fallen lassen, aber er kann in dem trüben Wasser nichts sehen, und er wagt es nicht, beim Überprüfen seine Uniform nass zu machen.

»Wenn auch nur ein einziges Geschoss fehlt, knüpfe ich dich heute auf«, sagt er. »Und das meine ich ernst. Ein einziger Fehltritt, und du hängst von der Decke, bis ich den Gestank deiner verrottenden Leiche nicht mehr aushalten kann.«

Ich bin eine Wand, denke ich für mich, und als er geht, lasse ich noch ein paar Patronen auf den Boden des Bottichs fallen. Mir ist ganz schlecht, wenn ich an die Munition denke, die da unten vor sich hin rostet, und an meine Leiche, die unter der Decke verrottet. Ich schlucke den Gedanken herunter und mache mich an die Arbeit. Ich versuche, nicht im Stehen einzuschlafen. Ich bin so müde, dass mir ist, als wäre ich in einem Nebel. Mamas Gesicht ist um mich herum, als sie mir bei der Arbeit über die Wange streicht. Dann bin ich wieder daheim.

»Rosi, bitte spül das Besteck«, sagt Mama.

»Gut, Mama.« Ich stehe vor dem Holzbottich, der voller Wasser ist, und ich weiche die Gabeln in der Seifenlauge ein. Im Kopf mache ich ein Spiel, das ich schon als Kind immer geliebt habe. Jedes Besteckteil ist ein Soldat in der Armee, und ich bin die Krankenschwester. Ich wasche ihnen die Wunden und lege sie sanft in das Krankenbett.

»Was murmelst du da vor dich hin?«, fragt Mama.

»Nichts.« Ich weiß, dass sie über mein Spiel lachen wird. Ich bin für dergleichen zu alt.

»Du machst das gut mit dem Geschirr«, sagt sie, als sie weggeht.

»Gute Nacht, kleiner Soldat«, flüstere ich der Gabel zu, als ich sie sanft trocken tupfe und zum Schlafen in die Schublade lege. »Gute Besserung, wir brauchen dich.« Ich nehme einen Teller zur Hand. »Du bist der Feind, tut mir leid, aber ich muss dich gehen lassen«, sage ich. Ich lasse ihn zum Boden des Bottichs gleiten.

»Was machst du mit den Tellern deiner Mama?«, fragt Sejde. Seine Stimme ist freundlich, doch dann verwandelt er sich vor meinen Augen in den alten Nazi. Ich erschrecke, als ich ihn sehe, aber er hat ein Lächeln in den Augen, obwohl er die Stirn runzelt, als die Patrone langsam zum Boden des Bottichs sinkt.

»Ich … ich«, stottere ich.

»Sei bitte vorsichtig«, sagt er. »Der Kommandoführer meint es ernst, wenn er sagt, dass er dich aufhängt. Stell ihn nicht auf die Probe. Ich finde dich mutig, aber riskiere nicht dein Leben. Die Alliierten gewinnen. Das sag ich dir jetzt. Sie kommen näher.«

»Meinst du?«

»Es kommt in allen Nachrichten. Deswegen sind die Soldaten so angespannt. Wir verlieren.« Er lächelt, und nie habe ich einen besseren Verlierer gesehen.

»Ich muss meinen Teil beitragen.«

»Aber pass auf dich auf.«

Ich nicke. »Wie heißt du?«

»Edgar.«

»Rosi.«

»Schön, dich kennenzulernen«, sagt er lächelnd zu mir.

Die jungen Soldaten kommen zurück, um ihre Runden zu drehen, und als er sie bemerkt, huscht er schnell weg, und obwohl er mich nicht sieht, lächle ich zurück.

In dieser Fabrik tief im Wald, nur von Stacheldraht und Schrecken umgeben, habe ich einen Freund gefunden.

Ich kann aber nicht auf ihn hören. Ich lasse eine weitere Patrone in das tiefe, tiefe Becken fallen, und während ich noch stehe, lege ich den Kopf auf den Tisch und schlafe ein.

»Ich sehe, dass du das wirklich für einen Witz hältst«, schnarrt mir der Kommandoführer ins Ohr. »Nickerchen? Bei der Arbeit? Du faules Schwein!«

Ich reiße den Kopf hoch und sage nichts.

»Ich warte nur auf eine Lieferung feinster Seile, die ich dir schön eng um deinen hässlichen kleinen Hals knüpfen kann.«

Ich bleibe weiter ruhig.

Er beugt den Kopf noch näher an mein Ohr, ohne mich zu berühren, und sagt: »Du glaubst wohl, nur weil du nicht antwortest, denke ich, du kannst mich nicht hören? Du bist vielleicht eine hässliche Rote, aber taub bist du nicht.«

Ich fasse mir an den Kopf.

»Ha, du meinst, ich kann nicht sehen, wie die roten Haarbüschel nachwachsen?«

Er streckt die Hand aus, um meinen Kopf zu packen, stoppt sich dann. Er darf mich nicht berühren, und das wissen wir beide.

»Wenn deine Leiche verrottet von der Stange runterfällt, an der du hängst, dann verfüttern wir deine stinkenden Überreste an die Tiere im Wald, du hässliches, taubes, rothaariges Mädchen!«

Ich starre ihn an, will nur, dass er weggeht und mich in Ruhe lässt.

»Oh, und wir zählen morgen früh, wenn du auf dem Feld arbeitest, deine bearbeiteten Patronen. Wehe, es fehlt eine einzige.«

Ich schaue bestürzt auf das Becken. Es ist größer als ich. Es gibt keine Möglichkeit, die Patronen alle wieder rauszuholen. Ich hoffe, er meint das nicht ernst.

Als ich in der nächsten Nacht in die Fabrik komme, steht der Kommandoführer an meiner Station und zählt die Patronen in der Kiste. Mein Herz pocht heftig. Ich bin verloren. Dann sehe ich schockiert, dass alle Patronen ordentlich aufgereiht da liegen, glänzend und trocken.

»Sie sind alle da«, sagt er verächtlich. »Aber wenn ich irgendwelche krummen Touren sehe, hängen wir dich heute auf.«

Ich schaffe kaum ein Nicken. Ich kann mir nicht vorstellen, wie die richtige Zahl an Patronen zustande gekommen ist. Er geht fort, und nach wenigen Minuten ist Edgar an meiner Seite. Seine Ärmel sind dunkel und nass.

»Du warst das!«, sage ich.

Er lächelt mich an. »Ich habe nichts gesagt.«

»Aber ich weiß es.«

»Vielleicht.«

»Danke, dass du das getan hast.«

»Ich habe gehofft, dass du nicht wütend wirst«, sagt er. »Aber der Kommandoführer hat allmählich Verdacht geschöpft. Es lohnt sich nicht, dafür dein Leben zu riskieren.« Er spricht nur aus dem Mundwinkel, sodass man kaum sieht, dass er mit mir redet. »Du musst deine Familie sehr vermissen. Ich weiß, wie sehr ich meine vermisse.«

Ich nicke.

»Ich habe eine Enkelin, die so alt ist wie du. Ich denke jeden Tag an sie. Ich hoffe, es geht ihr gut, weißt du? Ich liebe sie mehr als mein Leben.« Er seufzt, und die Falten in seinem Gesicht werden weicher.

»Ich hatte einen Großvater, den ich über alles geliebt habe. Ich vermisse ihn noch heute jeden Tag. Ich denke immer an ihn.«

»Ich bin sicher, er war sehr stolz, dein Großpapa zu sein.«

Ich mache den Mund auf, um ihm zu antworten, doch dann sehe ich den Kommandoführer um die Ecke kommen und erstarre. Mein alter Freund schlurft ein bisschen weg von mir. Der Kommandoführer strebt mit geraden, entschlossenen Schritten auf mich zu und bleibt nur Zentimeter vor mir stehen. Er wirft einen raschen Blick auf meine Patronen, die in den Kisten aufgereiht liegen, dann einen nicht ganz so raschen Blick auf mich. Schließlich geht er weg.

Ich gehe nach Hause zurück. Ich stehe in meiner Küche und spüle Geschirr, das mit den Überresten eines üppigen Abendessens verschmiert ist. Ich wische Streifen von Tomatensoße und Öl fort, die vom Fisch übrig sind. Sejde kommt herein.

»Nichts auf der Welt liebe ich mehr als euch Kinder«, sagt Sejde, als er mich umarmt. »Rosi, du bist so wunderschön, besonders dein golden-erdbeerrotes, von der Sonne geküsstes Haar. Oh! Schau nur deine Hände an, die müssen ja eiskalt sein. Was hast du gemacht?«

Er nimmt meine kleinen Hände in seine riesigen, starken Pranken und reibt sie so lange, bis sie wieder ein wenig durchblutet sind. Jetzt sind sie warm und mollig. Wie gut es ist, wieder zu Hause zu sein.

»Sejde? Wie kommt es, dass manche Leute so gut sind und manche so böse? Sind wir nicht alle die gleichen Leute?«

»Das ist eine gute Frage, meine kleine Philosophin. Das ist die Kraft des freien Willens. Du hast die Wahl, was du sein willst.«

»Also, jemand, der grausam ist, hat sich entschieden, so zu sein?«

»Ja, natürlich. Vielleicht nicht in einem einzigen Augenblick, aber mit all den Entscheidungen, die er jeden Tag trifft, hat er sich zu der Person gemacht, die er heute ist.«

»Manchmal macht es mir allerdings Angst, dass ich das Recht habe, mich zu entscheiden.«

»Sieh es als das größte aller Geschenke an. Du wartest nicht ab, was für ein Leben du lebst oder was für ein Mensch du wirst, du entscheidest selbst darüber, ganz gleich, was du gerade durchmachst. Du wartest nicht darauf, dass das Leben dich formt, du formst dein Leben. Bei jeder Entscheidung, die du triffst, kannst du wählen. Du kannst dich für das entscheiden, was du willst, woran du glaubst, selbst wenn es die schwierigere Entscheidung ist.«

»Sejde, manchmal ist Aufgeben einfacher.«

»Das stimmt«, sagt er und nickt. »Aber wenn ich meine wunderschöne Enkelin richtig einschätze, und ich will mal so kühn sein, das zu behaupten, dann weiß ich, welche Entscheidungen du gern triffst. Wähle das Leben, meine kleine Rosi, wähle das Leben.«

»Was glaubst du denn, was du hier machst?«, sagt eine Stimme an meinem Ohr. Ich springe auf. Ich bin auf dem Boden eingeschlafen, den Kopf auf eine umgedrehte Kiste gelegt. Die stahlblauen Augen des Kommandoführers verschwimmen, und dann wird das Bild wieder klar. Ich sehe jede Pore in seinem Gesicht.

»Versuchst wohl, schneller aufgeknüpft zu werden, was?

Hast genug von diesem elenden Leben? Mach dich sofort an die Arbeit, sonst erledigen wir das gleich heute Nacht. Ich binde dir die Arme mit dem Seil auf den Rücken und schlinge es dir dann eng um den Hals, und danach schauen wir zu, wie du unter der Decke schwebst.«

Ich stehe auf und fange an, die Patronen zu reinigen, während er mir über die Schulter schaut.

Ich habe genauso die Wahl wie du, denke ich und warte, bis er weggeht.

34

Duderstadt, Februar 1945

Herr, sei mir gnädig,
denn ich bin schwach;
heile mich, Herr,
denn meine Gebeine
sind erschrocken
und meine Seele ist sehr erschrocken.
Ach du, Herr,
wie lange!
Wende dich, Herr,
und errette meine Seele,
hilf mir um deiner Güte willen!
Denn im Tode gedenkt man deiner nicht;
wer wird dir
bei den Toten danken?

Psalm 6,2–5

Die Tage und Nächte verstreichen unendlich langsam in einem verschwommenen Nebel. Oft hören wir Flugzeuge, die über uns wegfliegen, und Bomben in der Ferne. Im Lager gehen Gerüchte um, dass es die Flugzeuge der Alliierten sind, die kommen, um uns zu retten. Mitten in der Nacht wache ich auf und spüre zwei Beulen an der Brust und eine unter dem Arm. Sie sind ein bisschen hart, fühlen sich an wie Gummi, und ich kann sie unter der Haut verschieben.

»Weißt du, was das ist?«, frage ich das Mädchen, das neben mir schläft.

Sie ist schon länger in diesem Krieg als ich. »Tumore«, antwortet sie schlicht. »Ich habe sie schon bei anderen jungen Frauen gesehen, die mit uns in Auschwitz waren. Ich glaube, das kommt daher, dass sie uns Bromid ins Essen getan haben, um unsere Periode zu stoppen, und dieses Mittel hat die Tumore hervorgerufen.«

»Was haben die anderen Mädchen gemacht?«

Sie schaut mich mit einem ehrlichen Blick an. »Denen macht jetzt nichts mehr etwas aus.«

»Was kann ich dagegen tun?«

Sie zuckt die Achseln. »Vielleicht versuchst du es mal bei der Ärztin hier im Lager?«

»Ja, das mache ich.«

Ehe die SS-Frauen mit dem Essen kommen, krieche ich aus dem Bett und gehe zur Ärztin. Ich habe gehört, dass eine Ärztin namens Ryfka in einer Hütte neben der Baracke eine kleine Untersuchungsecke hat. Ich gehe in die kahle Hütte hinein, setze mich hin und warte. Endlich kommt eine alt aussehende Frau den Pfad herunter auf mich zu.

»Ich habe ein paar Beulen am Körper«, sage ich zu ihr. »Du musst mir die wegmachen.«

Die Frau wirkt sehr müde, und sie nickt, als ich ihr von den Beulen erzähle. Als hätte sie die schon viel zu oft erblickt.

»Dann wollen wir mal sehen.« Sie macht meine Uniform auf. »Ich kann es nicht glauben. O Gott!« Polnische Worte sprudeln aus ihr hervor.

Ich mache mir Sorgen, dass sie über die Größe der Beulen entsetzt ist.

»Sieh dich nur an, in diesem Höllenloch, mit all diesen Gräueln, da achtest du tatsächlich darauf, dich sauber zu halten? Du bist ja blitzsauber! Das machst du großartig.«

Ich lächle, und sie tätschelt mir den kahlen Schädel. Doch dann sieht sie wieder traurig aus und schüttelt den Kopf. »Diese Tumore werden dich umbringen. Schau dir bloß an, was die mir an Instrumenten geben, nichts als dieses rostige, stumpfe Messer. Keine Betäubungsmittel, keine Arznei, nur dieses Messer. Aber wenn du die Tumore in Ruhe lässt, stirbst du mit Gewissheit. Wenn ich versuche, sie rauszuschneiden, überlebst du vielleicht, vielleicht stirbst du.«

»Mach sie raus«, sage ich ohne Zögern.

Sie schüttelt den Kopf. »Sieh dir dieses Messer an. Schau, was ich habe. Nur dieses Messer. Sie nennen mich Ärztin, aber das ist ein Witz. Ohne meine Instrumente bin ich nichts. Keine Medikamente, kein Alkohol, nicht einmal eine schlichte Salbe zur örtlichen Betäubung. Wie kann ich das nur mit diesem einen Messer machen?«

Ich schaue ihr direkt in die Augen. »Meine liebe Ärztin, bitte, ich will nach Hause gehen, bitte schneid sie raus.«

Sie nickt bedächtig. »Wir haben keine andere Wahl.«

»Es muss sein, also tun wir es«, sage ich. Ich habe keine Angst. Ich will nur, dass die Tumore weggemacht werden.

»Komm, setz dich auf diesen Stuhl und halte dich an den Lehnen fest.«

Ich mache, was sie sagt. Ich schließe die Augen. Sie knöpft meine Uniform auf und legt eine Hand auf meine Haut. Ihre Hand ist kalt, aber sie ist fest und ruhig, und sie zügelt das wilde Klopfen meines Herzens.

»Es tut mir so leid«, sagt sie, als sie das Messer ansetzt und quer über meine Haut schneidet.

Zuerst spüre ich gar nichts, als ich sehe, wie meine Haut aufgeschnitten wird und das Blut heraussprudelt wie ein Gefangener, der nach Jahren des Eingesperrtseins freigelassen wird. Dann keuche ich auf, als ich den brennenden Schmerz verspüre, und ich kann nicht mehr antworten. Die Ärztin öffnet die Wunde mit den Fingern weiter. Dann nimmt sie ihr Messer wieder zur Hand und dreht es in mir herum. Der Schmerz verdichtet sich so sehr, wie ich ihn noch nie zuvor gespürt habe. Es ist, als würde an allen Gefäßen in meiner Brust gezerrt. Ich lege den Arm vor den Mund, um meine Schreie zu dämpfen. Die Ärztin entfernt einen Tumor von der Größe einer Traube und legt ihn auf den Tisch. Sie drückt ein Tuch in die Wunde. Das Blut pocht wütend, weil es nun wieder am Herausfließen gehindert wird. Schließlich ebbt der Schmerz allmählich ab.

»Jetzt hebe den Arm«, sagt sie, und sie hat Tränen in den Augen.

Ich hebe den Arm über den Kopf und schließe die Augen. Ein weiterer Schmerz blitzt auf. Schnitt, Schnitt, Schnitt. Sie hackt in meiner Achsel herum. Ich spüre, wie sich mir die Augen verdrehen, mir steigt Übelkeit in den Hals, und ich falle in Ohnmacht. Die Ärztin schlägt mir ins Gesicht, und ich wache auf, als sie mich verbindet.

»Du hältst dich prächtig, mein tapferes, sauberes Mädchen«, sagt sie, und plötzlich steht meine Mutter neben mir und wischt mir mit einem kalten Waschlappen über die Stirn, wie sie das immer gemacht hat, wenn ich als kleines Mädchen krank war. »Hier, trink den Orangensaft, Mamele.«

»Ich kann nicht, Mama, es tut zu weh.«

»Trink, meine Kleine.« Sie hält mir den Becher an die Lippen.

»Aber ich werde spucken müssen. Es tut zu weh.«

»Ich weiß, meine Kleine, ich weiß, aber du musst was trinken.«

»Mir ist schlecht, ich will nicht trinken, Mama. Es tut so weh. Es tut einfach nur weh.«

»Pst. Komm, mach den Mund auf, das hilft. Ich weiß, meine Kleine, ich weiß.«

Ich sacke ihr in die Arme, und sie träufelt mir den Orangensaft auf die Zunge. Dann hält sie mich, während ich mich vorbeuge und auf den Fußboden übergebe.

»Du hast das Richtige gemacht«, sagt sie, als ich fertig bin. »Es tut mir so leid, dass du krank bist, meine Kleine. Bald geht es dir besser. Das weiß ich einfach.« Dann ist sie fort.

Die Ärztin verbindet mich mit Mullstreifen. »Du hast das großartig gemacht. Die Tumore sind raus.«

»Danke, Frau Doktor!«

»Danke mir nicht. Ich schreibe dir für die SS-Frauen eine Bitte um Schonung. Du darfst erst wieder arbeiten, wenn deine Wunden verheilt sind, ist das in Ordnung?«

»Mehr als in Ordnung.« Ich halte mich am Stuhl fest, um nicht das Gleichgewicht zu verlieren.

»Du wirst gesund«, sagt die Ärztin. »Und jetzt zurück in deine Baracke.«

Langsam schleppe ich mich über den verschneiten Pfad. Mein ganzer Körper pocht, aber das war es wert. Ich werde gesund!

Am nächsten Morgen stellt die SS-Aufseherin fest, dass ich noch im Bett liege, als sie in die Baracke kommt. »Was hast du hier noch zu suchen, du faules Schwein?«, brüllt sie mich an. »Ich bring dich um! Was hast du noch im Bett verloren?«

Ich schiebe ihr den Zettel hin, und sie nimmt ihn. Sie liest die Anweisungen der Ärztin, dass ich Schonung von der Arbeit erhalten sollte, bis meine Wunden verheilt sind.

»Also gut, du kannst hierbleiben, aber nur, bis du genesen bist. Und sei gefälligst dankbar.«

Ich bin dankbar, aber es versetzt meinem Herzen einen Stich, als ich sehe, wie Lea mit den übrigen Mädchen fortgeht. Sie hat den Kopf gesenkt, und ihre Arme hängen schlaff an der Seite. Wenn sie weiter so hart arbeitet, wird sie es hier nicht schaffen.

Als sie an diesem Abend spät zurückkommt, sieht sie grauer denn je aus und ist so mager, dass sie beinahe durchsichtig ist.

»Geht's dir gut? Wie war es heute?«, frage ich.

Sie seufzt und legt mir eine Sekunde den Kopf an die Schulter. »Ich kann nicht mehr.«

Ich will sie umarmen und festhalten, aber gerade da kommt die SS-Frau herein und wir huschen alle auseinander in unsere Betten.

Am nächsten Morgen platzt die SS-Frau durch die Tür in unsere Baracke herein und findet statt einem nun zwei Mädchen, die zurückgeblieben sind. »Du, du!« Sie deutet angewidert mit dem Finger auf mich. »Ich weiß, warum du hier bist, du hast ›Schonung‹ wegen deiner Wunden. Aber was hat sie …?« Sie zeigt mit dem Finger auf Lea, die ich bis zur Nase eng in die kratzige Decke eingemummelt habe. »Was hat die hier verloren?«

Lea sieht aus wie eine Mumie, liegt brettsteif da unter der Decke. Ihre großen braunen Augen sind das Einzige, was man von ihr sehen kann. Sie hat sie ängstlich weit aufgerissen.

Die SS-Frau schleicht sich näher zu ihr hin, hat schon die Hand hochgereckt, um ihr die Decke wegzureißen. Wenn sie keine Verbände oder Pusteln findet, werden wir beide erschossen.

»Sie ist krank«, sage ich rasch.

Leas riesige braune Augen schauen über der Decke hervor, weit aufgerissen, ohne zu zwinkern.

»Können Sie das nicht sehen?«, frage ich. Meine Stimme ist stark und klar. Ich erkenne sie kaum wieder, aber ich muss die SS-Frau überzeugen, damit sie Lea heute bei mir lässt. »Was können Sie denn da nicht sehen? Das Mädchen ist krank, sie hat Pusteln am ganzen Körper, und das ist ansteckend. Wollen Sie die Verantwortung übernehmen, wenn sie nächste Woche nicht in der Fabrik arbeiten kann, weil sie diese Woche krank war und zur Arbeit gezwungen wurde?«

»Sie hat Pusteln?«, fragt die SS-Frau und verengt die Augen.

»O ja.« Ich verschränke die Arme und schaue sie unverwandt an.

Sie blickt zurück und sagt: »Nächste Woche will ich euch beide pünktlich wieder in der Fabrik sehen!« Dann macht sie kehrt und geht weg. Ich warte, bis sie außer Hörweite ist, dann wende ich mich Lea zu und ziehe ihr mit einem Lachen die Decke weg.

»Keine einzige Pustel am ganzen Körper, aber die alte Kuh hat nicht einmal nachgeschaut und ist einfach weggegangen.« Ich breite die Decke wieder über Lea und marschiere um ihr Bett herum. »Ah, diese Pusteln sind wirklich schlimm«, sage ich und mustere Leas Arme. »So schlimm, dass du immer Schonung von der Arbeit bekommen solltest. Vielleicht, aber nur vielleicht wären sie nicht so schlimm, wenn ich nicht wie ein Pferd riechen würde. Vielleicht hättest du eine Chance auf Besserung, wenn die Warzen auf meinem Gesicht verschwänden, aber nur vielleicht. Meinst du, ich sollte gehen?«

Ich marschiere mit übertriebenen Schritten zur Tür und höre dann ein seltsames Geräusch. Ich erstarre. Es ist ein Geräusch, dass ich gefühlt seit einer Million Jahren nicht gehört habe. Ich drehe mich langsam um. Lea kichert. Ich schaue sie schockiert an, und dann strömt auch mir das Lachen aus dem Hals wie Sprudel. Ich klettere zur ihr ins Bett, und wir lachen und lachen.

»Ich weiß nicht, ob ich noch weitermachen kann, Rosi«, sagt sie unter Lachen, und ich werde sofort wieder ernst.

»Natürlich kannst du das, es ist fast vorbei. Hörst du die Flugzeuge nicht? Das sind die Alliierten, die kommen. Was meinst du, warum wir hier sind? Um Munition zu produzieren, mit der die Nazis die Alliierten bekämpfen können. Denn die Alliierten sind stark, und das wissen die Nazis.«

»Ja, und die Alliierten bombardieren uns, ehe irgendjemand uns befreien kann. Wir arbeiten in einer Fabrik, die ihren Sieg verhindern kann.«

»Die Fabrik finden sie nicht, wir sind so gut verborgen.«

»Dann verlieren wir in jedem Fall. Vielleicht bombardieren sie uns nicht, aber dann werden sie uns auch nie finden, und wir sitzen auf ewig hier fest und machen Munition, mit der sie bekämpft werden.«

»Lea! Hör auf, so zu reden! Du bist stark. Du schaffst das. Du hast keine andere Wahl. Komm jetzt mit, wir haben uns eine Weile nicht gewaschen, und wir müssen uns sauber halten, um gesund zu bleiben.«

»Ach, lass mich in Ruhe. Ich bin so müde.«

»Denk nicht mal dran. Ich hab dich von der Arbeit frei gekriegt, also kann ich dir sagen, was du tun sollst.«

»Kommandier mich nur rum«, sagt sie. Aber sie lächelt und lässt sich von mir ins Waschhaus führen.

35

Duderstadt, März–April 1945

Die hungrig
und durstig waren
und deren Seele
verschmachtete

Psalm 107,5

Meine Wunden heilen, genau wie Leas erfundene Pusteln. Wir fangen wieder mit der Arbeit in der Fabrik an, kommen jeden Tag vor Sonnenaufgang an unseren Plätzen an und werden anschließend von dort schnurstracks zu den Feldern geführt, wo wir in der eisigen Kälte Zuckerrüben ernten müssen. Ich kann nichts dagegen machen: Mein Gehirn will nicht in der Fabrik oder auf dem Feld bleiben, geht also dahin, wo es am liebsten ist: nach Hause.

Eines Tages höre ich ein Flüstern am Tisch neben meinem Arbeitsplatz. Die Frauen deuten auf etwas. Dann summen auf einmal leise Gespräche in der gesamten Fabrikhalle.

Alle scheinen aufzublicken. Ich schaue auch zum Fenster hinauf und sehe, dass eine Zeitungsseite gegen die Glasscheibe gepresst wird:

AMERIKANISCHE UND RUSSISCHE ARMEEN RÜCKEN VOR. KRIEGSENDE STEHT BEVOR lautet die Schlagzeile. Der restliche Artikel ist so klein geschrieben, dass wir ihn nicht lesen können.

»Der Krieg ist fast vorbei!«, höre ich ein Mädchen von dem Platz neben mir flüstern, aber ich bin zu müde, um mich darum zu scheren. Ich blicke noch einmal zu der Zeitung hoch, und sie raschelt und bewegt sich. Dann sehe ich dahinter Edgars Gesicht. Seine Hände bemühen sich mit aller Macht, die Seite hochzuhalten, damit wir sie sehen können. Es regnet, und der Wind drückt die Zeitung gegen das Fenster.

Plötzlich bin ich wieder zu Hause, und draußen regnet es, und große Blätter klatschen gegen das Fenster, rascheln im Wind und werden hin und her gepeitscht. Jecheskel sitzt hoch konzentriert mit seinem Buch am Tisch, schwankt hin und her und singt beim Studieren. Er sieht aus, als wäre er in eine andere Welt transportiert worden. Draußen ist es kalt und regnerisch, aber drinnen brennt ein Feuer im Kamin, und es ist mollig warm. Wir haben nichts zu tun, als auf dem Sofa zu liegen und uns auszuruhen. Wir essen Kastanien, brechen sie träge eine nach der anderen auf, stecken uns langsam die Stücke in den Mund und lassen sie über die Zunge rollen.

RUMS! Die Fabrik bebt.

»Was war das?«, schreit ein SS-Mann.

RUMS! KRACH! KRACH!

Einige junge Frauen kreischen.

»Ruhe, ihr Idiotinnen!«, brüllt ein SS-Mann. »Wir müssen nachsehen, was da los ist.«

»Es sind die gottverdammten amerikanischen Flugzeuge! Die kommen näher.«

Plötzlich ist es still.

»Die haben uns nicht gesehen«, meint ein anderer SS-Mann. »Die Idioten haben uns wieder nicht gefunden.«

»Jeden Tag könnten die uns jetzt bombardieren. Wir müssen hier raus. Wir lassen die Mädchen hier und gehen.«

Wir schauen uns alle zitternd um.

»Noch gehen wir nirgendwohin«, sagt der Kommandoführer. »Wir können jederzeit zu den Lastwagen laufen und in die Stadt fahren. Die Mädchen lassen wir hier.«

Das Dröhnen der Flugzeuge verebbt in der Ferne. Ich hoffe, dass die Amerikaner uns nicht finden und mit ihren Bomben in tausend Stücke zerfetzen.

Ein paar Stunden später, als wir noch bei der Arbeit sind, hält Edgar eine weitere Zeitungsseite ans Fenster, aber ich bin zu müde, um hochzuschauen und auszumachen, was da steht.

Täglich werden die Geräusche der Flugzeuge lauter. Die SS-Leute sind jetzt sehr aufgeregt und noch feindseliger. Bei der Arbeit hören wir Bruchstücke ihrer Gespräche mit. Die SS-Frauen stehen in ihrer eigenen Ecke. Die Männer sehen aus, als hätten sie genauso panische Angst wie die Frauen.

Über eine SS-Frau tratschen wir die ganze Nacht. Wir nennen sie Katalin Karády, denn als wir hier angekommen sind, fanden wir, dass sie aussah wie die berühmte Sängerin und Filmschauspielerin. Doch inzwischen hat sie rein gar nichts mehr von einem Filmstar an sich, sondern sieht nervös und abgerissen aus. Sie trägt keinen Lippenstift mehr, lächelt den anderen SS-Frauen nicht mehr zu. Früher waren ihre Fingernägel stets perfekt poliert, doch jetzt sind sie schartig.

Als ich eines Nachts wieder Patronen reinige, erschallt ein lautes RUMS, und die gesamte Fabrik bebt.

»Was war das?«, schreit ein SS-Mann.

»Die bombardieren uns, du Idiot!«, brüllt der Kommandoführer. »An die Türen!« Die SS-Leute rasen alle zu den Türen. Sie rennen ins Freie und schließen uns ein, ehe auch nur eine von uns aus dem Gebäude fliehen kann.

Wir laufen zusammen. Erst sind wir alle still, während wir das Pfeifen der fallenden Bomben hören.

»Die Nazis sind schon eine ganze Weile da draußen, vielleicht hat eine Bombe sie getroffen?«, vermutet schließlich ein Mädchen.

»Ich glaube nicht, dass sie das schaffen, ohne auch uns zu treffen«, meint eine andere.

Ich habe das Gefühl, dass die Wände immer näher an mich heranrücken.

Schon bald hört das Gedröhne auf, und die Soldaten kommen wieder herein. Schnee fällt von ihren Jacken wie Haare aus einem Hundefell. Ihre Gesichter sind gerötet und wirken rau vor Kälte. Sie bewegen sich steif, als wären ihre Gliedmaßen zu Eisblöcken gefroren. Sie haben wohl im Schnee gelegen, um sich vor den Bomben zu verstecken.

Wir gehen nicht wieder an unsere Arbeitsplätze zurück. Jemand fängt an, über den Anblick der Soldaten zu kichern. Sie sehen wirklich komisch aus, wie mit weißem Schnee bepuderte Eisskulpturen, die ungeschickt zu gehen versuchen. Plötzlich lachen wir alle. Die Nazis sind wie eingefroren. Uns ist auch eiskalt, uns winzigen Skelettmädchen, die jetzt mitten im Winter ohne einen einzigen Pullover sein müssen. Doch das Gelächter wärmt uns die Bäuche. Wir sind beieinander, also ist uns warm genug.

Jede Woche kommen die Flugzeuge ein paarmal sehr nah. Dann rennen die Nazis immer aus der Fabrik heraus. Während wir das Pfeifen und Dröhnen der Flugzeuge über uns hören, stelle ich mir vor, wie die Bomben fallen und eine Explosion die gesamte Fabrik in die Luft sprengt, bis wir alle im ganzen Wald zerstreut sind. Mama, Sejde, Jecheskel und manchmal sogar mein Vater kommen mich besuchen, und sie lächeln, während sie zusammen mit mir in der warmen und ruhigen Küche Geschirr spülen. Nachdem die Flugzeuge eine Stunde lang über uns gekreist sind, verebbt der Lärm, und dann kommen die SS-Leute wieder in die Fabrik zurück und spazieren herum, als wäre nichts geschehen.

Dann wird es schlimmer. RUMS! KRACH! RUMS! RUMS! Dieses Geräusch klingt anders als sonst. So, als wäre es direkt über uns.

Die SS-Leute schreien und rennen aus der Fabrik wie ängstliche kleine Jungs.

Ich zittere.

»Wir müssen was mit den Mädchen machen!«, sagt ein SS-Mann. Die Aufseherinnen sind schon draußen. Drei SS-Männer sind noch zurückgeblieben und drängen uns in einen kleinen, fensterlosen Raum. Sie haben die Gewehre auf uns gerichtet. Schnell schieben sie uns in den Raum und schließen die große Metalltür ab. Wir krabbeln alle übereinander, um auf festem Boden zu stehen. Wir sind ganz still, während wir das Knallen ihrer Stiefel in immer weiterer Ferne hören und es so klingt, als kämen die Flugzeuge noch näher. Wir sitzen in der Falle, aber ich werde auf keinen Fall hierbleiben. Ich renne zur Tür, rüttle heftig daran. Sie bewegt sich keinen Zentimeter.

»Wir müssen hier raus!«, kreische ich der jungen Frau zu, die neben mir steht.

Sie schaut mich nur an.

»Hilf mir, wir müssen die Tür aufmachen.«

Sie zerrt fest daran.

Wieder bewegt sie sich nicht. Denn sie ist aus Eisen.

»Wir stecken fest!«, sagt die junge Frau.

RUMS! Der ganze Raum bebt.

Ich höre Glas splittern.

Ein ungeheures Krachen. Diese Bomben sind anders. Diese Bomben sind hier.

Noch einmal packen wir beide die Tür und versuchen, sie aufzuziehen.

»Helft uns!«, schreie ich den anderen zu.

Zwei Frauen kommen zu uns und beginnen, mit uns an der Tür zu zerren.

»Was ist denn mit euch allen los?«, brülle ich die anderen an. »Kommt und helft uns, dass wir diese Tür aufkriegen!«

Mitten im Raum steht jetzt eine große junge Frau. Sie ist klapperdürr; ihr Kleid hängt wie ein Zelt von ihr herunter, und ihr kahl geschorener Kopf ragt daraus hervor. Sie lächelt mich heiter an. »Komm, setz dich.« Sie deutet auf den Boden neben sich. »Braucht ihr ein gutes Rezept für Kokoskuchen?«, fragt sie und wendet sich den Mädchen zu, die sie umringen.

Ich starre sie verständnislos an.

»O ja«, sagt eine kleine Frau neben ihr. »Ich kann überhaupt nicht gut backen, aber das Rezept hätte ich wirklich gern. Meinst du, ich kann meinen Challa-Teig dafür nehmen?«

»Auf keinen Fall, der ist viel zu locker. Der Teig für Kokoskuchen muss dick und feucht genug sein, damit er die geschmolzene Schokolade halten kann. Ich gebe euch ein gutes Rezept für einen süßen Teig, und danach müsst ihr nur noch Kakao und Puderzucker mischen. Den süßen Teig rollt ihr dünn aus, gebt ein bisschen Öl darauf und verteilt die Kakaomischung darüber. Dreht den Teig zu einer langen Rolle zusammen und formt dann eine Acht daraus. Er sollte sich in euren Händen weich und elastisch anfühlen. Dann backt ihr ihn fünfunddreißig Minuten. Er schmeckt himmlisch.«

»Das Rezept musst du uns unbedingt geben«, sagt ein anderes Mädchen.

Mein Herz rast, und ich fange an, noch fester an der Tür zu zerren.

»Gib auf«, sagt Lea leise und zieht mich an der Hand. Ich stoße sie weg und reiße noch stärker an der Tür.

»Die Bomben!«

»Ich weiß«, sagt sie. »Wir können nichts machen.«

»Ich habe ein wirklich gutes Rezept für eine cremige Hühnersuppe«, sagt eine andere Frau, die sich in den Kreis setzt, die Beine im Schneidersitz gefaltet, wie dünne aufeinandergestapelte Stecken.

»Wie kriegt man denn eine Hühnersuppe cremig?«, fragt ein Mädchen zu ihrer Rechten.

»Das kommt vom Wurzelgemüse. Ich ziehe es im Garten erst aus dem Boden, kurz bevor ich die Suppe koche. Für den Geschmack kocht ihr erst die Hühnerknochen mindestens eine Stunde lang in einem Topf Wasser aus. Dann gebt ihr Sellerie, Pastinaken, Petersilienwurzel, Kartoffeln und Stangensellerie dazu. Würzt mit Petersilie und Ingwer. Wenn alles gar ist, stampft ihr das Gemüse und streicht die Suppe durch ein Sieb. Sie ist dann ganz cremig und hat einen kräftigen Hühnergeschmack, und das Gemüse gibt ihr ein erdiges Aroma.«

»Mmh«, sagt ein anderes Mädchen. »Das versuche ich gleich morgen. Irgendwie schmecken meine Suppen immer nach nichts.«

»Oh, himmlisch!«

»Ich habe ein großartiges Rezept für Japtschik*«, sagt ein anderes Mädchen. Sie ist klapperdürr. Ihre Oberschenkel sind so dünn wie ihre Handgelenke. Die Augen stehen aus ihrem winzigen Gesicht hervor. »Das solltet ihr auch unbedingt ausprobieren. Dazu reibt ihr die Kartoffeln so fein, wir ihr nur könnt, beinahe zu Staub …«

Eine Riesenexplosion! Der Boden bebt, als könnte er sich nur mühsam zusammenhalten. Ich bin stocksteif vor Angst.

Ich sehe, dass Chanki ebenfalls völlig erstarrt dasteht.

»Bitte, hol mich jemand hier raus!«, kreische ich.

»Wir müssen hier weg!«, wiederholt das Mädchen neben mir.

Alle anderen ignorieren uns.

Mir kommen die Tränen. Wenn wir nicht aus diesem Raum rauskommen, sitzen wir in der Falle, und niemand sucht nach uns, bis wir hier verrotten.

»… und dann fügt ihr fünf Eier dazu«, erzählt das Mädchen weiter, als wäre nichts geschehen. »Und eine Tasse Öl. Oh, und die Zwiebel dürft ihr nicht vergessen, die müsst ihr auch ganz fein reiben. Dann kommt das Fleisch dazu, aber achtet darauf, dass es von der fetteren Sorte ist, die schön weich wird. Und das Ganze schmort ihr über Nacht bei sehr niedriger Temperatur im Ofen. Ihr werdet die ganze Nacht nicht schlafen können, weil der Japtschik so gut duftet. Aber

* Kartoffelgericht mit Fleisch, langsam gegart, aschkenasische Spezialität

nehmt ihn noch nicht heraus; wenn ihr ihn am Morgen esst, werdet ihr glauben, ihr seid im Gan Eden.«

»Das muss ich versuchen! Meinem Mann wird das hervorragend schmecken. Vielleicht mache ich das für Pessach, das ist ja bald.«

»Wer kann denn noch bis Pessach warten? Das mache ich gleich heute Abend.«

Alle lachen. Noch ein krachender Schlag. Die Wände des Zimmers rücken näher zu mir.

»Zum Nachtisch könnt ihr Baisers machen, da ist kein Mehl drin, also sind sie genau richtig für Pessach. Die schmecken wie eine Wolke. Der Trick ist, dass ihr viele Eiweiße so lange schlagen müsst, bis sie aussehen wie die Berge im Winter. Dann gebt ihr jede Menge Zucker hinein, aber ganz langsam, einfach nur einrieseln lassen. Und dann schlagt weiter, bis ihr schon glaubt, euch fällt der Arm ab. Kleine Häufchen davon setzt ihr auf ein Backblech und backt sie nicht länger als sieben Minuten.«

»Ach du liebe Güte, Mehl oder kein Mehl, das mache ich auch gleich heute Abend.«

Ein weiterer ohrenbetäubender krachender Knall. Ich will mir die paar Haare ausreißen, die ich auf dem Kopf habe.

»Ich habe neulich ein unglaubliches Brathuhn gemacht«, sagt ein Mädchen, das dünn wie eine Weide aussieht. »Ich habe mal ein Buch gelesen, und darin haben sie die wunderbarsten Fischgerichte gegessen. Ich wusste sofort, dass ich eins davon in ein Rezept für Hühnchen umwandeln musste.«

»Ha! So geht es mir auch immer!«, sagt eine kleine Frau

neben ihr. »Das ist immer das Schlimmste, wenn man Hunger hat und dann ein Buch liest, in dem Essen vorkommt. Plötzlich hast du Heißhunger auf die schwarze, verschrumpelte, zutiefst geheimnisvolle Olive, obwohl du noch nie eine gekostet hast.«

»Ja, so geht's mir immer! Bei dem Buch damals bin ich zum Kochen in die Küche gerannt, ehe ich auch nur das Kapitel zu Ende gelesen hatte.«

»Wie geht das Rezept?«, ruft jemand von der anderen Seite des Kreises.

»Es ist ein Orangenhühnchen mit Fenchel. Dazu vermischt ihr Olivenöl, den Saft von zwei Zitronen, zwei große Löffel groben Senf und Pfeffer und Salz. Würzt ein ganzes Huhn, gerupft und ausgenommen, mit Pfeffer und Salz. Schneidet eine Fenchelknolle in vier Stücke und legt die Stücke rund um das Huhn in einen Topf. Gießt das Gemisch darüber und streut zum Schluss noch Thymianblättchen drauf. So mariniert ihr es zwei Stunden, und dann röstet ihr es ohne Deckel fünfundvierzig Minuten im Ofen. Meine Güte, das Aroma, das dann aus dem Ofen kommt, wird euch völlig närrisch machen. Wenn es fertig ist, sollte das Hühnchen heiß und knusprig sein und der Fenchel butterweich. Taucht ein Stück von diesem saftigen Hühnchen in die süße, dicke Soße und nehmt ein Stück Fenchel dazu, steckt es in den Mund, schließt die Augen, und ihr werdet mir ewig danken.«

Ich sehe, dass die Frauen rings um sie herum die Augen schließen und lächeln, als schmeckten sie das Hühnchen bereits jetzt. Mein Magen rumort, aber für so etwas habe ich keine Zeit. Ich werde jetzt gleich zerquetscht oder in die Luft gesprengt. Ich muss unbedingt diese Tür aufbekommen.

»Wir sind alle völlig verrückt geworden«, sage ich zu dem Mädchen neben mir. Ich weiß ja, dass ich hier öfter Halluzinationen habe, doch das hier ist etwas anderes. »Wir sind alle verrückt, völlig wahnsinnig!«, wiederhole ich. »Ein Haufen halb verhungerter Mädchen, die in einem Raum eingesperrt sind, und gleich werden wir mit Bomben beworfen, und wir tauschen Rezepte!«

Wieder ein krachender Schlag. Mein Herz pocht wild. Die Tür bewegt sich immer noch keinen Zentimeter. Ich beginne zu weinen, setze mich zwischen die Köchinnen und warte aufs Sterben. Aber ich sterbe noch nicht. Schon bald hört das Krachen auf. Ein paar Stunden später öffnet ein SS-Mann die Tür. Als ich aus unserer winzigen Gruft steige und meine verkrampften Beine strecke, hole ich zum ersten Mal seit Stunden wieder normal Luft.

»Worauf wartet ihr noch?«, bellt uns ein SS-Mann an.

Jetzt lacht niemand.

»An die Arbeit!«

Wir gehen zu unseren Plätzen und arbeiten weiter, als wäre nichts geschehen.

36

Auf dem Weg von Deutschland nach Prag, 5.–12. April 1945

Ich bin ausgeschüttet wie Wasser,
alle meine Gebeine haben sich zertrennt,
mein Herz ist in meinem Leibe
wie zerschmolzenes Wachs.

Psalm 22,15

»Jetzt wecke ich dich zum allerletzten Mal«, sagt eine Stimme an meinem Ohr.

Ich schlage die Augen auf, und mir stockt das Herz. Wieder steht der Kommandoführer vor mir. Ich muss eingeschlafen sein. Ich kann nichts dagegen machen. Es ist mir eine Qual, die Augen offen zu halten. Jetzt zähle ich die trockenen Hautschuppen zwischen seinen Augenbrauen.

»Morgen ist die Nacht der Nächte«, sagt er und schaut zur Decke. Er mustert sie ein paar Minuten mit schief gelegtem Kopf. »Meinst du, sie kann dein Gewicht tragen? Sollte schon reichen. Es ist alles vorbereitet, ich habe sogar schon die Genehmigung von höherer Stelle. Dort hat man gemeint, es wäre eine gute Lektion für die anderen Mädchen. Der Strick ist auch da. Er ist stark, und morgen ist die perfekte Nacht dafür. Das wär's dann. Solltest du morgen nicht zur Arbeit erscheinen, dann jage ich dich – und foltere all deine Freundinnen.« Ich schaue ihm ins Gesicht und antworte ihm nicht. Edgar geht an uns vorüber und schüttelt traurig den Kopf. Ich weiß, dass dieser Mann mir nichts tun wird. Ich gehe von hier nach Hause.

In der folgenden Nacht gehe ich zur Fabrik und halte Ausschau nach meinem grausamen Drangsalierer. Doch als ich an meinem Platz ankomme, steht auf einmal Edgar bei mir, und ein Lächeln erhellt ihm das ganze Gesicht.

»Hast du's schon gehört?«, fragt er. »Der Kommandoführer ist weg! Sie haben ihn an die Front versetzt. An die Front! Der belästigt dich nie wieder!«

Mein ganzer Körper atmet erleichtert auf. An die Front. Ich strahle meinen alten Freund an. Wir wissen beide, was Menschen zustößt, die an der Front kämpfen.

»Kannst du's glauben?« Er hat Tränen in den Augen, aber er lacht. Alle Falten in seinem Gesicht scheinen sich freudig nach oben zu verziehen.

Noch nie im Leben habe ich einen so frohen Menschen gesehen.

»Er kämpft an der Front!«, sage ich und fange an zu lachen.

Edgar klatscht sich mit der Hand aufs Knie und lacht noch lauter. Ich falle ein, und wir lachen zusammen.

Andere SS-Männer kommen an uns vorbei und starren, doch niemand versucht, uns aufzuhalten.

Die Alliierten sind nah. Wir wissen es alle. Mehr und mehr SS-Männer verschwinden, werden an die Front versetzt. Immer öfter hören wir Flugzeuge über uns. Die Augen der Wachen werden unruhig. Die Männer stehen oft eng beisammen und flüstern miteinander. Manche Mädchen freuen sich, sie so ängstlich zu sehen, doch ich habe das Gefühl, hier genauso in der Falle zu sitzen wie die SS-Leute. Wenn sie bombardiert werden, erwischt es uns auch. Außerdem werden sie immer gewalttätiger, je mehr Angst sie haben. Einer jungen Frau fällt die Waffe, die sie säubert, aus der Hand, und der Soldat, der Patrouille geht, fährt bei dem Geräusch zusammen und duckt sich weg. Als er sieht, wie das Mädchen neben der heruntergefallenen Waffe in die Hocke geht, wird er rot. Er will nicht zeigen, wie peinlich ihm seine Reaktion ist, packt wütend die Waffe und lässt sie heftig auf den Kopf der jungen Frau krachen. Sie schreit auf, und er schlägt noch einmal zu, diesmal noch fester. Er ist kein Soldat mehr. Er ist ein Tier. Reglos liegt die junge Frau da. Wir anderen schauen stur geradeaus.

Endlich ist er mit ihr fertig und geht fort. Jemand hilft ihr auf. Blut strömt ihr vom Kopf. Sie geht zu ihrem Tisch, hebt die Waffe auf und wischt das Blut ab. Dann taucht sie sie ins Wasser.

»Ich kann nichts mehr sehen«, flüstert sie.

Wir sind alle starr vor Schock.

»Lass es dir nicht anmerken«, sage ich. »Die wollen dich hier nur, wenn du arbeiten kannst.«

»Ich helfe dir«, sagt eine andere und rückt näher an ihren Platz heran.

»Die sind bald besiegt«, meint eine junge Frau, damit wir uns besser fühlen. »Die Alliierten sind so nah. Die SS-Leute haben eine Heidenangst.«

»Noch haben sie uns aber nicht gefunden«, erwidert ein anderes Mädchen.

»Sie sind schon nah genug«, sagt die erste junge Frau. »Das wissen sogar die Soldaten hier. Gestern hat mich einer von denen gefragt, ob ich ein weißes Betttuch habe. Ein weißes Betttuch, könnt ihr euch das vorstellen? Ich habe nicht mal eine einzige Unterhose, und der will ein weißes Laken!« Sie schüttelt den Kopf.

»Wozu würde der denn ein weißes Laken brauchen?«, frage ich, als ich die letzte trockene Patrone in eine Holzkiste lege.

»Wahrscheinlich als weiße Fahne zum Kapitulieren.«

Sie wissen, dass sie verlieren, und sie wollen sich retten.

»Also, was hast du geantwortet?«

»Ich habe gesagt: ›Klar habe ich ein weißes Laken. Lassen Sie es mich nur rasch aus meinem Wäscheschrank holen. Dann bitte ich mein Hausmädchen noch, es zu bügeln, damit es schön adrett ist.‹«

»Das hast du wirklich gesagt?«

»Nein«, erwidert sie lächelnd. »Aber ich hätte es gern gesagt.«

Sie hebt die Holzkiste auf, die ich gerade mit Patronen gefüllt habe, und stellt sie hinter sich auf das Regal. Sie nimmt die nächste Kiste mit schmutzigen Patronen, und zusammen kippen wir sie in das Wasserbecken.

»Kannst du dir das vorstellen?«, sagt sie. »Kannst du dir vorstellen, dass die hier kapitulieren und das alles vorbei ist und wir hier wegkommen?«

Ich nicke schwach, aber ich bin zu müde, um es mir vorzustellen. Das Einzige, was ich mir vorstellen kann, schleicht sich wie immer ungebeten in meine Gedanken. Ich bin zu Hause in der Küche, und es ist warm. Mein Großvater trocknet das Geschirr ab, das ich gespült habe. Lea sitzt an der Nähmaschine. Mama arbeitet an einem neuen Läufer. Auf dem Herd köchelt eine Suppe aus karamellisierten Zwiebeln und Karotten. Sejde lächelt und trocknet einen tropfnassen Teller nach dem anderen ab, den ich ihm reiche. Cheskel singt im Hintergrund beim Studieren, seine Stimme ist noch süß und nicht vom Erwachsenenalter verdorben.

»Sehr gut, Cheskel«, sagt Sejde.

Cheskel singt lauter. Sejde nimmt weiter Geschirr von mir entgegen. Er stellt alles ordentlich in die Holzkiste.

»Meine wunderbare Familie«, sagt er, und ich will für immer in der Küche bleiben, doch nun steht Lea von der Nähmaschine auf. Sie faltet den Stoff, legt ihn zur Seite auf einen Tisch und kommt zu mir. Sie hebt meine Hände aus dem Wasserbecken. Ich versuche, dagegen zu protestieren, aber ich kann nicht reden. Sie trocknet meine Hände an ihrem Kleid ab und führt mich nach draußen, zur Baracke, zum Bett, und sie flüstert das Schma Jisrael*, als ich in den Schlaf sinke.

Als wir am nächsten Morgen bei der Fabrik eintreffen, wartet vor der Tür ein SS-Mann auf uns. Er führt uns in einen Nebenraum.

»Hier könnt ihr alle warten«, sagt er, macht kehrt und geht weg. Die Tür schließt er hinter sich ab. Wir kauern uns dort zusammen, ohne ein Wort zu sagen. Irgendwas geht hier vor, aber wir wagen nicht zu denken, was es sein könnte. Nach einem gefühlten halben Tag dreht sich der Schlüssel im Schloss, und ein Soldat öffnet die Tür. Wir folgen ihm nach draußen und sehen, dass dort zwei Lastwagen auf uns warten. Er treibt uns hin. Lea klettert als Erste hinauf, dreht sich um, nimmt meine Hand und zieht mich hoch. Ich lehne mich an sie, und sie zerrt mich ins Innere, während die übrigen Mädchen auf den Lastwagen geschoben werden. Immer mehr junge Frauen werden auf die Ladefläche gepfercht. Ein Mädchen hat seinen Kopf an meine rechte Wange gepresst, ein anderes eng an meine Schulter. Der Lastwagen ruckt an und rumpelt dann bergauf. Durch einen Schlitz in der Plane sehe ich verschwommen grüne und braune Flecken. Es scheint, als führen wir einen sehr steilen Hang hinauf. Der Wagen fährt in eine Kurve, und alle Mädchen fallen gegen

* Hebräisch: »Höre, Israel«; Beginn des jüdischen Glaubensbekenntnisses

mich. Jetzt sehe ich eine hohe graue Mauer und Häuser und Eisentore und Autos. Alles wird grau, dann schwarz, und irgendwie schlafe ich ein.

Allmählich wandelt sich das Licht in unserem beengten Raum von Rosa zu bleichem Gelb und grellem Weiß. Ich wache vollends auf, als wir weiterrumpeln. Mein Magen sehnt sich schmerzlich nach Essen, nach Kaffee, nach irgendwas. Ich bin kurz vor dem Verhungern.

Das Licht wechselt von Grau zu Dunkelblau und wieder Schwarz. Rosa und Gelb und Weiß. Grau und Dunkelblau und Schwarz. Rosa, Gelb und Weiß. Die Zeit steht still, und ich weiß nicht, wie viele Tage wir in diesem Wagen zusammengepfercht weiterrumpeln.

Mein Magen rebelliert. Meine Knie tragen mich kaum noch. Mich hält nur der Berg von Leibern aufrecht, die um mich sind. Wir sind Fracht, mehr nicht.

Plötzlich kommt der Lastwagen zum Stehen, und die Türen gehen auf. Ich sehe ein paar SS-Leute dastehen und registriere irgendwie, dass sie schreien. Ein Soldat zerrt ein schlafendes Mädchen heraus. Wie im Traum fällt sie hin, schlägt mit dem Kopf auf. Sie steht nicht wieder auf. Das schreckt uns alle auf und bringt uns in Bewegung. Wir entwirren uns, und ich beobachte, wie sich unsere spinnengleichen Gliedmaßen voneinander lösen. Mit ausdruckslosen Gesichtern wachen wir blinzelnd auf. Mein Gesicht spiegelt das der anderen wider.

»Großartig sind eure Alliierten!«, sagt der SS-Mann, der die Tür geöffnet hat. »Einen Tag nachdem ihr aus der Fabrik weg wart, sind sie gekommen und wollten euch befreien.« Er klatscht sich auf die Uniform und lacht. »Könnt ihr euch das vorstellen? Wärt ihr nur einen Tag länger dort geblieben, so wärt ihr jetzt alle frei.«

Ich steige hinter der jungen Frau vor mir vom Lastwagen. Lea hält sich dicht hinter mir. Ich sehe, dass wir an einem Bahnhof sind, wo ein roter Zug auf uns wartet.

»Pech für euch«, sagt der SS-Mann. »Ein paar Stunden zu spät, und jetzt werdet ihr alle sterben. Nun beginnt eure Todesreise! Schnell, schnell, worauf wartet ihr noch? Steigt in den Zug!«

Die Soldaten schleudern uns in die Waggons. Ich lande im zweiten, ein paar von uns im dritten und vierten. Hier ist kein Freiraum mehr, in dem sich ein Lüftchen regen könnte. Ich bin elend schwach, mir ist schwindlig, und jetzt ist zudem kaum noch Luft zu bekommen. Der Zug ruckt vorwärts, und wir rucken alle mit. Gut, dass wir hier wie die Sardinen eingequetscht sind und gar keinen Platz zum Umfallen haben. Die Körper rings um mich herum halten mich aufrecht. Ich schlafe im Stehen, ein anderes Gesicht gegen meines gedrückt, wie in einer Umarmung oder einem Duell, die Hände an die Seiten gepresst. Der Zug dampft vorwärts. Ich sinke in den Schlaf.

RUMS! Ich schrecke aus dem Schlaf auf. Mit wütendem Quietschen kommt der Zug zum Halten. Der Waggon hinter uns kracht in unseren hinein. Wir fliegen alle miteinander vorwärts. Dann ein weiterer Knall, ein berstendes Geräusch, und wir hören, wie sich ein Flugzeug entfernt. Ein

Metallteil von der Decke unseres Waggons hat sich gelockert. Einen Augenblick lang hängt es noch störrisch wie an einem Scharnier, doch dann löst es sich und fällt einer jungen Frau geradewegs auf den Kopf. Es trifft sie mit einem dumpfen Schlag. Sie blickt sich schockiert um, und dann weiten sich ihre Augen.

»Ich kann sehen! Magda, ich kann wieder sehen!«, ruft sie.

Irgendwo im Hinterkopf weiß ich, dass dies die junge Frau sein muss, der in der Fabrik die Waffe hingefallen ist und die der SS-Mann geschlagen hat. Der ganze Zug bebt, doch inmitten dieses Chaos kommen ihr die Freudentränen. Blut läuft ihr übers Gesicht und vermischt sich mit den Tränen zu einem milchigen Rosa. Sie kann wieder sehen. Unser Zug ruckelt und ruckelt.

Als er endlich nicht mehr bebt, schiebt ein SS-Mann die Türen auf. Wilde Furcht liegt in seinen Augen, die sonst so ausdruckslos waren.

»Da! Jetzt bombardieren euch eure Alliierten!«, brüllt er. »Sogar eure Alliierten wollen euch töten! Raus mit euch, damit sie sehen können, wer ihr seid, und mit dem Bombardieren aufhören! Los, raus, klettert auf den Zug. Es kommen noch mehr Flugzeuge!«

Er packt die junge Frau, die am nächsten bei der Tür steht, und schleudert sie wie eine Stoffpuppe oben auf das Dach des Zugs. Ein Flugzeug fliegt niedrig über uns, doch dann entfernt es sich. Wir klettern alle aus dem Zug.

»Diese dämlichen Amerikaner!«, sagt der SS-Mann. »Jetzt haben sie euch bombardiert!«

Ich schaue auf den Waggon vor uns. Er hat recht. An einer Seite ist der Wagen völlig flach gedrückt, und die Hinterwand ist herausgeschleudert worden, sodass nur ein Metallskelett übrig ist. Aus dem Chaos kommen ein paar Mädchen gehumpelt. Überall strömt Blut. Auf dem Boden des Waggons liegen junge Frauen, die sich nicht mehr regen. Ich sehe einen Arm, der von einer Schulter gerissen und zur Seite geschleudert wurde. Ich versuche, den Körper zu finden, zu dem er gehört, doch da ist nichts als klaffendes Fleisch. Mir dreht sich der Magen um, aber es ist nichts drin, was ich hochwürgen könnte. Übelkeit überwältigt mich. Ich drehe mich um und lehne mich gegen Lea.

»Schau nicht zurück«, sagt sie.

Ich schaue nicht zurück.

37

Der Todesmarsch, 12.–26. April 1945

Denn er hat seinen Engeln
befohlen, dass sie dich behüten
auf allen deinen Wegen,
dass sie dich auf den Händen tragen
und du deinen Fuß
nicht an einen Stein stoßest.

Psalm 91,11–12

Wir stehen mitten auf den Bahngleisen. Links ragt ein Berg auf, rechts ragt ein Berg auf. Der zerstörte Zug hinter uns sieht aus wie wir. Da ist nur noch ein Skelett, verbogen und zerbrochen. Vor uns stehen die Soldaten mit ihren kräftigen Beinen und hohen Stiefeln und ungerührten Gesichtern. Sie marschieren los, die Hände am Gewehr. Wir sind nur noch ein leises Flüstern. Wir sind dünn und weiß und krumm. Straff über Knochen gespannte Haut.

»Worauf wartet ihr noch?«, fragt der SS-Mann vorn.

»Die haben euren Zug bombardiert, also müsst ihr jetzt zu Fuß gehen!«

»Los! Marschieren!«, sagt ein anderer.

Wir starren ihn ausdruckslos an.

»Ihr habt mich gehört, ihr Idioten. Ab Marsch!«

Wir halten einander bei den Armen und finden uns in Fünferreihen zusammen. Lea geht zu meiner Rechten; eine, die ich nicht kenne, ist zu meiner Linken. Wir halten einander aufrecht, und wir marschieren.

Wir gehen und gehen und gehen. Die Berge zu meiner Rechten laufen zu einer Ebene aus, und noch immer gehen wir. In einer kleinen Stadt stehen Leute an der Straße und gaffen uns an. Die Dämmerung sinkt herab, und noch immer gehen wir. Am Wegesrand wächst Gras. Ich beobachte, wie das Mädchen vor mir hinrennt, mit ihren knochigen Fingern etwas Gras ausreißt und es sich in den Mund stopft. Ein Schuss, und sie fällt zur Seite, Blut strömt ihr aus dem Kopf. Der Soldat, der auf sie geschossen hat, nimmt das Gewehr wieder an die Seite, und wir marschieren weiter. Ein paar Reihen vor mir sackt eine Frau zu Boden. Sie ist nur noch wie ein Haufen verdrehter Zweige. Sie legt den Kopf auf die Knie und schließt die Augen. Innerhalb von Sekundenbruchteilen saust eine Kugel an uns vorbei und trifft ihren Kopf. Ihr Körper sackt nach vorn. Jetzt wissen wir alle, was uns droht, wenn wir es wagen, eine Pause zu machen.

Nichts ist schlimmer als der nagende Hunger. Ich verhungere. Der Magen dreht sich mir im Leib um, und mein Herz klopft schnell, dann wieder langsam. Wie im Traum sehe ich am Straßenrand faulige Kartoffeln liegen. Das Mädchen vor mir hat sie zuerst gesehen. Sie rennt hin, fällt auf den Bauch und stopft sich die Kartoffeln mit beiden Händen in den Mund. Ihr Mund ist so voll, dass es scheint, als würde sie alles ohne Kauen herunterschlucken. Sie steckt noch eine Kartoffel in den Mund, und sofort steht ein SS-Mann hinter ihr. Er rammt ihr sein Gewehr in Nacken und Hinterkopf. Dann dreht er sie um und zerschmettert ihr den Brustkorb. Sie zuckt und zittert, und wir marschieren weiter. Sie bleibt auf diesem Feld zurück und stirbt allein. Irgendwie erinnere ich mich in meinem Hungerwahn noch daran, dass ich nach Chanki Ausschau halten sollte. Sie ist nicht leicht zu finden, denn wir sehen jetzt alle gleich aus. Schließlich entdecke ich sie ein paar Reihen weiter vorn, wo sie sich auf ihren früher einmal so schönen Beinen dahinschleppt.

Meine Füße sind langsam, aber die SS-Leute verringern das Tempo nicht. Lea zieht mich mit. Wir gehen und gehen und gehen, und ich gleite immer weiter aus der Wirklichkeit fort. Wir marschieren und hören nichts als das stetige Klacken der Soldatenstiefel und das Dröhnen unserer Holzschuhe. Auf dem Weg liegt noch Schnee, der an den Holzsohlen unserer Schuhe festklebt, bis wir kaum noch gehen können. Ich höre Schüsse, jemand schreit, aber ich kann den Kopf nicht wenden, um zu sehen, wer hingefallen ist. Langsam ändert der Himmel seine Farbe. Er wird erst violett, dann grau, dann dunkelblau, dann schwarz. Millionen von Sternen sind um mich, ich verliere den Halt, und sie werden zu einem Kaleidoskop aus Millionen von wirbelnden Lichtern. Es gibt kein Gras mehr, keine Berge, keine kleinen Städte. Ich bin völlig verborgen und unsichtbar. Ich bin überhaupt nichts. Die Luft ist schwer, und es kostet mich schreckliche Mühe, meine Beine durch diese Luft zu bewegen. Die Sonne geht unter, und wir marschieren durch einige weitere Orte. Als die Sonne wieder hoch am Himmel steht, durchqueren wir eine neue Stadt, und ich bemerke, dass Leute an der Straße stehen. Ich blicke auf und sehe nur noch ihre Rücken, als sie sich zurückziehen. Die Rücken von Männern und Frauen und kleinen Kindern mit Schürzen und karierten Hemden und kleinen braunen Hosen. Brot wird uns vor die Füße geworfen, und dann rennen die Leute weg, weil Schüsse knallen, aber manche werfen trotzdem noch Brot über die Schulter zurück, als geschossen wird. Jede, die auf dem Boden liegt, Brot in der Hand, halbwegs zum Mund geführt, wird erschossen. Wir marschieren weiter, über das Brot und die Mädchen hinweg, immer weiter.

»Schnell! Schnell!«, kreischen die SS-Leute. Wir sind eine lange Reihe ausgemergelter Mädchen, die über verbotene Brotlaibe marschieren. Wir gehen weiter.

Obwohl ich solchen Hunger habe, spüre ich meinen Magen nicht mehr. Ich spüre den Hunger in meinem Herzen, erkenne ihn daran, wie wild es schlägt. Ich spüre ihn in allen Zellen, in jedem Zentimeter meines Körpers; jede einzelne Zelle sehnt sich nach Kraft, nach der Energie, die das Essen liefert. Meine Zellen sind völlig ausgelaugt, alles, was sie je hatten, ist verschwunden. Ich bin ausgeweidet und hohl. Ich bin so müde, ich kann keinen Schritt mehr gehen.

»Los! Los!«, brüllen die SS-Soldaten. Sie schreiten unsere Reihen ab und prügeln uns mit ihren Knüppeln. »Ihr müsst schneller gehen!«

Schneller? Ich kann es keinen Augenblick länger aushalten.

Lea spürt, dass ich hinfalle. Sie drückt mir die Hand und richtet mich auf.

Den ganzen Krieg über war ich stark, aber jetzt habe ich kein Gramm Kraft mehr im Leib. Ich will stark sein, aber ich kann die Kraft nirgends mehr finden. »Lea«, sage ich. »Ich kann nicht mehr. Keinen einzigen Schritt mehr.«

Eine andere junge Frau sackt am Straßenrand zusammen. Ein SS-Mann geht zu ihr und rammt ihr sein Gewehr in die Brust. Sie regt sich nicht mehr, und er lässt sie da liegen und langsam sterben. Aber sie kann jetzt liegen. Ich bemitleide sie nicht.

Lea packt mich mit einer Kraft, die ich bei ihr sonst nicht kannte, am Arm. »Du musst, Rosi«, sagt sie.

Seit Tagen habe ich keinen Krümel Essen zu mir genommen. Meine Knochen sind bleischwer in meinem Körper. Jedes Mal, wenn ich den Fuß aufsetze, muss ich kämpfen, um ihn wieder zu heben. Meine Muskeln sind schlaff. Übelkeit überkommt mich. Galle und Luft grollen in meinem Magen.

»Ich kann keinen Schritt mehr gehen, Lea. Ich gebe auf.«

»Rosi, das ist mir egal, du musst marschieren.«

»Ich bin so müde. Bitte lass mich, ich will mich hinlegen. Dann ist es vorbei, ehe ich mich's versehe, und ich spüre nichts mehr.«

»Die erschießen dich, oder schlimmer, die schlagen dich nur zusammen, sodass du langsam stirbst. Du legst dich nicht hin!«

»Ist mir egal. Ich will mich nur hinlegen. Lea, ich kann wirklich nicht mehr. Ich will nicht sterben, aber ich kann nicht, ich kann nicht.« Ich rutsche langsam nach vorn. Die Sterne am Himmel verschwimmen, sie rufen mich zu sich. Lea zwickt mich fest in die Hand, und die Sterne sind wieder klar und scharf zu sehen.

»Jetzt hör mir mal zu, Rosi«, sagt sie eindringlich. »Hör gut zu. Du legst dich jetzt nicht hin. Jetzt ist es beinahe vorbei. Wir werden bald frei sein. Du hast mich nicht gezwungen, diese ganze Sache durchzumachen, damit du jetzt aufgibst! Wenn du schlafen willst, hättest du mich vor all den Monaten auch schlafen lassen sollen. Jetzt schläfst du nicht. Jetzt marschierst du.«

Ich schaue auf die Straße vor mir. An den gebeugten Mädchen vorbei, die sich dahinschleppen. An den SS-Soldaten vorbei, die noch immer aufrecht und stolz marschieren. Die Straße ist endlos und schwarz. Der Gedanke an einen einzigen weiteren Schritt ist, als müsste ich einen ganzen Berg besteigen. Ich will schreien, aber ich bin zu müde, also wimmere ich nur leise. Eine Träne tritt mir in den Augenwinkel, und ich bin überrascht, dass überhaupt noch so viel Flüssigkeit in mir ist.

»Ich kann nicht mehr.«

»Doch, Rosi, du kannst das.«

»Ich kann nicht.«

»Na ja, weißt du was? Du musst.«

Ich wimmere wieder, und dann hebe ich mit einer Kraft, von der ich nicht mehr wusste, dass ich sie noch habe, den rechten Fuß. Mir ist, als höbe ich tausend Felsbrocken. Mir ist, als hielte ich das Gewicht der ganzen Welt auf meinem knochigen Knie.

Ich mache den Schritt.

Plötzlich spüre ich, dass jemand an meine rechte Seite tritt und jemand anders an meine linke. Ich schaue hin, aber da ist niemand. Doch es lässt sich nicht leugnen: Da ist etwas rings um mich. Ich spüre, wie meine rechte Seite angehoben wird, dann meine linke. Ich schaue nach rechts und nach links, aber da ist immer noch niemand zu sehen. Dies ist nicht wie eine der Halluzinationen, die ich in der Munitionsfabrik hatte. Damals wusste ich, dass ich träumte, aus der Wirklichkeit floh. Dies hier ist anders. Die Wesen zu meiner Rechten und zu meiner Linken sind stark und sicher. Sie heben mich mit einer stetigen Kraft vom Boden auf. Ich gleite mit ihnen zusammen durch die Luft. Meine Füße berühren den Boden nicht. Sie halten mich hoch, fest und sicher, und ich bin in ihre Güte eingehüllt. Ich bin ganz ruhig, und ich lasse mich von ihnen halten. Sie setzen mich erst wieder ab, als wir angekommen sind.

38

Theresienstadt, 26. April – 8. Mai 1945

Du lässest mich erfahren viel Angst und Not
und machst mich wieder lebendig
und holst mich wieder herauf
aus den Tiefen der Erde.

Psalm 71,20

Wir haben das Eingangstor zu einem weiteren Lager erreicht. Da stehen wir und warten darauf, dass wir hineingehen können. Der Erdboden bebt, aber nicht vom Aufprall der Bomben. Vielmehr erbebt er unter den stetigen Schritten von Hunderten von Gefangenen, die genau wie wir aussehen und mit ihren Holzschuhen auf den Boden treten. Rums, rums, rums, rums! Rums, rums, rums, rums! Rums, rums, rums, rums! Das sind Skelette, die einen Fuß vor den anderen setzen. Es sind jetzt Tausende. Ihre Wangen sind eingefallen, ihre Augen hohl, und ihre zerlumpten Uniformen scheinen über Haut und Knochen zu schweben.

Mit Tausenden von anderen Gefangenen gehen wir ins Lager. Man führt uns in eine Festung tief in der Erde. Die SS-Leute öffnen die schwere Holztür und stoßen uns hinab. Drinnen ist ein Bunker. Wir fallen auf die schmalen Betten. Die SS-Leute schließen die Tür, und wir sitzen im Stockfinsteren. Wir sind bei lebendigem Leib begraben.

So liegen wir tagelang. Wir bewegen uns nur von unseren Betten fort, um das Essen zu holen, das ab und zu durch die Tür geschoben wird.

Einige Mädchen reden vom Bett aus.

»Die wollen uns nur vergasen. Wisst ihr das? Die vergasen uns auch.«

»Die wollen uns umbringen.«

»Darauf warten wir hier.«

Ich habe nicht genug Kraft, um mich in das Gespräch einzumischen. Ich liege nur still da.

Eines Nachts hören wir stundenlang Bomben und Schreie.

Rums! Unser eingegrabener Bunker bebt.

»Vielleicht sind es die Russen, die uns befreien wollen.«

»Vielleicht sind es die Amerikaner.«

»Vielleicht sind es die Deutschen, und sie siegen.«

Wir verstummen. Wir sind schon begraben. Wir sind schon tot.

Wir hören Geschosse durch die Luft pfeifen, wir hören Bomben, die in der Ferne explodieren. Und immer wieder hören wir Schüsse.

In dieser Nacht dröhnt es ohne Unterlass. Dann fällt ein

schwacher Lichtschein, in dem Staub tanzt, durch einen winzigen Spalt in der Tür. Alle Geräusche verstummen.

Wir bewegen uns nicht von den Betten herunter.

Stunden später öffnet jemand die Tür. Er klettert zu uns herunter. Die Tür fällt hinter ihm zu. »Mädels!«, sagt er.

Keine regt sich.

»Wisst ihr es nicht? Ihr seid frei!«

Wir starren ihn ausdruckslos an.

»Kinder, Kinder«, sagt er. »Ihr seid frei. Die Russen haben uns befreit. Ihr seid alle frei.«

»Der ist verrückt geworden«, sagt jemand. »Was redet der da?«

Wir schauen einander von unseren harten Holzpritschen an.

»Nein, nein, Kinder, es ist wahr. Ihr seid frei«, sagt er wieder.

»Frei?«, fragt Lea. »Frei? Wir sind frei?«

»Frei?«, wiederholt eine andere junge Frau. »Wie meinst du das, wir sind frei?«

»Ja, Kinder«, wiederholt er. »Ihr seid frei.«

»Du willst sagen, wir sind frei?« Wir können es nicht glauben. Unsere Hirne können dieses Wort nicht fassen.

Um es uns zu beweisen, klettert er wieder hoch und stemmt sich gegen die schwere Tür. Sie geht ganz auf, und blendendes Sonnenlicht erfüllt unseren Bunker. Schlamm und Staub dringen auch mit ein. Ich bewege mich als Erste. Ich renne auf die Tür zu und ziehe mich nach oben. Ich klettere aus dem Bunker. Ich stehe aus meinem Grab auf und werde wieder lebendig. Wir sind frei, und ich lebe noch. Ich? Ich lebe? Beinahe muss ich lachen.

Ich helfe anderen Mädchen aus dem Bunker. Sie klettern um mich herum, bis sie wieder über der Erde sind. Ich schaue zu, wie welche sich selbst herausziehen, wie sie lebendig aus unserem Grab steigen. Ihre Haut ist straff über ihre Knochen gespannt. Sie haben kein Gramm Fleisch am Leib. Sie sind verdreckt und in Lumpen gehüllt. Aber sie leben.

Ein paar Augenblicke lang stehen wir blinzelnd im Sonnenlicht. Niemand regt sich. Dann schaue ich mich um. Der Boden ist üppig mit grünem Gras und Büschen übersät, die auf dem Bunker wachsen, in dem wir lagen. Ich zwinkere, und dann wird das Bild vor meinen Augen ganz klar. Ich kann nicht glauben, was ich da sehe: Rings um uns herum sind Blumen. Mir schießen die Tränen in die Augen. Im Gras wachsen winzige blaue Blumen. Bläulich-violette Blütenblätter um einen perfekten sonnengelben Kreis. In Miniatursträußchen von drei Stängeln springen sie aus dem Gras hervor. Neben den blauen stehen Blumen mit orangefarbenen Glöckchen. Sie hängen kopfüber in vollkommener süßer Demut. Aus einem Stängel sprießen rosa Blumen, einige noch als Knospen, andere schon ein wenig geöffnet. Weiße Blüten sind übereinanderdrapiert. Lange grüne Halme stehen kerzengerade da. Und rings um uns explodiert der strahlend gelbe Sonnenschein. Seit vielen Monaten habe ich keine Farben mehr gesehen. Ich weiß nicht, wie lange wir in diesem Bunker gelegen haben. Doch während wir dort waren, waren auch diese Blumen nur Samenkörner, die sich unter der Erde zersetzten, genau wie wir, bis etwas Neues aus ihnen entstand und sie ihre Köpfe aus der Erde schoben. Wir setzen uns zwischen die Blumen, und meine Tränen lassen sie zu einem Aquarell mit weichen, leuchtenden Farbtönen verschwimmen. Ich lebe. Die ganze Zeit, während ich unter der Erde begraben war, sind über mir diese Blumen gewachsen.

»Lea, wir leben. Schau dir nur diese Blumen an.«

Lea betrachtet sie. Ein weiches Lächeln erscheint auf ihrem Gesicht.

»Schau nur, was Gott macht«, sage ich.

Ich habe immer gesagt, ich würde nach Hause gehen. Doch als ich hier unter der Erde begraben war, da war ich mir auf einmal nicht mehr so sicher. Ich war müde und dem Zusammenbruch nah. Jetzt sitze ich hier zwischen Blumen, und ich weiß, dass es einen Gott gibt und dass es noch viel Leben zu leben gibt. Ich gehe nach Hause. Ich werde leben. Ich werde eine Familie haben. Die Blumen wiegen sich in der leichten Brise. Ich habe nicht mehr geglaubt, dass ich noch einmal im Leben so etwas sehen würde.

»Wir gehen nach Haus. Jetzt wird alles gut«, flüstere ich ehrfurchtsvoll. »Lea, so etwas wird nie wieder geschehen.«

Lea drückt mir die Hand.

Ich schaue auf die skelettmageren Mädchen neben mir, und ich weiß, dass wir noch einen langen Weg vor uns haben. Aber jetzt in diesem Augenblick sind wir von Blumen umgeben. Auf der Welt gibt es noch Schönheit, von der wir geglaubt haben, es gäbe sie nicht mehr. Wir sind wieder lebendig, und die Blumen erzählen uns, dass da noch ein Leben auf uns wartet. Wir erheben uns wie die Blumen und schieben unsere Köpfe in die Welt. Ich atme den süßen Duft von Gras und Lavendel.

»Lea«, sage ich.

»Ja, Rosi?«

»Lass uns nach Hause gehen.«

39

Der Heimweg, Mai 1945

Die gepflanzt sind im Hause des Herrn,
werden in den Vorhöfen unsres Gottes grünen.
Und wenn sie auch alt werden, werden sie dennoch
blühen, fruchtbar und frisch sein.

Psalm 92,13–14

Nach Hause gehen, das ist leichter gesagt als getan. In Theresienstadt ist Typhus ausgebrochen. Überall im Gelände liegen Kranke, die zu schwach sind, um sich zu bewegen. Sie liegen in Gruppen da, stöhnen und bibbern und ruhen schließlich ganz still. Russinnen kommen, um sauber zu machen. Ich habe noch nie Frauen so schnell Dreck beseitigen sehen.

Der Mann, der uns gesagt hat, dass wir frei sind, erscheint am Abend nach unserer Befreiung in unserem Bunker.

»Wir suchen Freiwillige«, sagt er.

»Wofür?«, fragt jemand.

»Wir brauchen Mädchen, die arbeiten.«

Ich warte nicht ab, für welche Arbeit wir gebraucht werden. In Auschwitz wusste ich, dass die Arbeit mich umbringen würde. Hier weiß ich, dass die Arbeit mich am Leben halten wird.

»Ich melde mich!«, sage ich.

Er teilt mich dem Altenheim zu.

»Wieso gibt es hier ein Altenheim?«, frage ich, als er am nächsten Morgen mit mir dort hingeht. Wir gehen an Leuten vorbei, die auf dem Boden liegen und auf den Tod warten. Er schüttelt den Kopf.

»Kranke Nazipropaganda«, antwortet er. »Die Deutschen haben das Rote Kreuz zu einem Besuch in diesem Lager eingeladen. Sie haben so getan, als wäre es ein Beispiel dafür, wie auch all die anderen Lager aussehen. Sie haben hier sogar Filme gedreht. Als das Rote Kreuz kam, musizierte hier ein Judenorchester, und es haben Leute im Publikum gesessen, haben zugehört und sich daran erfreut. Kaum waren die Besucher vom Roten Kreuz wieder fort, da haben die Nazis jeden einzelnen Juden aus dem Orchester umgebracht.«

»Das Altenheim hatten sie also nur, um es dem Roten Kreuz vorzuzeigen?«, frage ich.

»Ja, genau wie auch einige Kinder.«

Mir fehlen die Worte.

Wir erreichen das Altenheim, und er schickt mich hinein.

»Ich gehe jetzt weiter Freiwillige suchen«, sagt er. »Es ist noch so viel zu tun.«

Ich betrete das Altenheim allein. Dort stehen Reihen

von Betten, in denen uralt aussehende Menschen liegen. Es scheint, als warteten sie nur darauf, dass der Tod endlich komme und sie mitnehme.

»Wer ist da?«, fragt eine alte Dame von ihrem Bett aus. Sie setzt sich auf. Ihre Haut ist fast durchsichtig.

»Ich heiße Rosi Grünstein«, antworte ich. »Ich bin hier, um zu helfen.«

Weitere Leute richten sich in ihren Betten auf.

Ich schlucke aufgeregt, als alle mich aufmerksam anschauen.

»Rosi, danke, dass du gekommen bist«, sagt eine andere Frau. »Komm näher, damit wir dich sehen können.«

Den ganzen Tag über unterhalte ich mich mit ihnen, füttere sie, wasche sie. Dann gehe ich zum Schlafen zurück in den Bunker.

Jeden Tag besuche ich nun das Altenheim. Die alten Leute dort lieben mich. Einmal schicken sie mich auf den Dachboden, wo Koffer voller längst vergessener Kleidungsstücke lagern. Sie sagen mir, dass ich mir nehmen kann, was ich will. Abends trage ich einen Koffer voller wunderschöner Blümchenkleider in den Bunker zurück. Jede von uns sucht sich ein hübsches Kleid aus. Als ich mich am nächsten Morgen anziehe, um zur Arbeit zu gehen, fühle ich mich schon viel besser.

Jeden Abend gehe ich, wenn ich vom Altenheim zurück bin, mit meiner Cousine Fejgele spazieren. Ein Junge aus Fejgeles Heimatstadt gesellt sich zu uns. Er heißt Pinkas Herschowitz. Mir wird klar, dass Fejgele drauf und dran ist, sich in ihn zu verlieben. Sie blickt zu ihm auf, wenn er redet, und lauscht mit verzücktem Gesicht jedem seiner Worte. Aber allmählich wird mir mit schrecklich schlechtem Gewissen klar, dass er sich nicht in Fejgele verliebt, sondern in mich. Ich will mich meiner Cousine nicht in den Weg stellen. Und außerdem ist es höchste Zeit, meine Mutter zu suchen.

Als ich an jenem Abend in den Bunker zurückkehre, spreche ich mit Lea darüber, dass wir nach Hause gehen wollen.

Lea sieht allmählich besser aus. Sie trägt jetzt ein grünes Blümchenkleid, das an der Taille mit einem Band gebunden ist. Ihr Haar ist nachgewachsen und noch kurz, es sieht beinahe schick aus. Der Reis, den sie uns hier zu essen geben, hat ihre Wangen schon wieder ein wenig gerundet. »Wir müssen nach Hause«, sage ich. »Mama und Jecheskel sind vielleicht schon dort.«

Lea nickt. »Wie kommen wir nach Hause?«

»Es gibt Züge für Soldaten, die nach Ungarn fahren. Ich habe gehört, wie sich die Soldaten darüber unterhalten haben. Wir könnten da einsteigen. Einer fährt morgen früh.«

»Ich habe einen Jungen kennengelernt«, sagt Lea. »Kann der mitkommen?«

»Einen Jungen? Hier?« Ich versuche, den Ärger aus meiner Stimme zu verbannen. »Wir müssen zu Mama.« Jetzt ist wohl kaum die Zeit für Liebschaften.

Lea errötet. »Er heißt Avrumi Frankel. Er hat am Fenster gestanden und mich gesehen und ist gleich heruntergekommen, um mich kennenzulernen. Er sagt, er habe gleich gewusst, dass er mich heiraten will.«

»Lea, so macht man das nicht. Wir müssen erst Mama finden. Was wird sie sagen, wenn wir gleich mit einem Jungen nach Hause kommen? Das wird sie gar nicht freuen.«

Lea macht ein langes Gesicht. Sie weiß, dass ich recht habe.

»Dann sage ich ihm, dass er nicht mit uns mitkommen kann.«

Am nächsten Morgen stoßen wir auf eine ganze Gruppe von jungen Frauen und Männern, die auf dem Weg zum Zug sind. Chanki, Lea und ich gehen mit ihnen.

»Lea!«, ruft eine Männerstimme.

Lea errötet. Ein dunkler, gut aussehender Mann kommt auf uns zu.

»Das ist Avrumi«, sagt Lea.

»Ihr müsst Leas Schwester und Tante sein«, meint er. Er schaut Lea an, als wäre sie ein Filmstar und kein ausgemergeltes Mädchen.

»Du kannst nicht mit uns nach Hause kommen«, sage ich. »Unsere Mutter wäre darüber nicht erfreut.«

»Ich weiß«, erwidert er. Er lächelt Lea an. »Ich finde dich später wieder.«

Wir gehen auf den Bahnsteig und warten in Gruppen, als der Zug auf uns zugerollt kommt. Er ist bereits voller Soldaten, doch der freundliche Schaffner lässt uns oben auf einem der Waggons mitfahren. Die Fahrt ist aufregend. Wir dampfen mit dem Zug auf unsere Mutter und unser Zuhause zu, während wir den süßen Wind im Gesicht spüren und uns auf dem Waggondach an Stangen festhalten. Mit der Zeit kommen immer mehr Soldaten aus dem Zug herauf zu uns aufs Dach. Ein Soldat ergreift meine Hand und wirbelt mich herum. Ich bin verwirrt, aber er ist so viel stärker als ich, dass ich mich von ihm leiten lasse. Er sagt etwas auf Russisch. Er wirbelt mich noch ein bisschen weiter, und wir tanzen oben auf dem Zug. Dann kehrt er auf seinen Sitzplatz unten zurück.

»Er sagt, dass er dich heiraten wird«, erklärt ein Mädchen in gebrochenem Rumänisch. Sie fängt an zu lachen. »Er sagt, dass er zu Hause einen Bauernhof mit einem Hahn und einer Henne hat und dass er dich dorthin mitnehmen und zu seiner Frau machen wird.«

»O nein, das wird er nicht!«, protestiere ich.

Es kommen immer mehr Soldaten nach oben, doch die reden nicht von der Ehe wie die anderen vorhin. Sie fangen an, junge Frauen vor meinen Augen zu vergewaltigen. Die Mädchen wimmern und weinen wie jämmerliche Vögelchen, als die Soldaten mit ihnen machen, was sie wollen. Die Soldaten tun so, als wären die Mädchen Gegenstände, auf die sie ein Recht haben. Ich wende die Augen ab. Das erinnert mich an *Krieg und Frieden*, und es kommt mir vor, als hätte ich dieses Buch vor Millionen von Jahren gelesen und nicht erst vor einigen wenigen. Plötzlich kommt ein Soldat auf Chanki zu und fängt an, sie zu begrapschen. Sie wimmert. Ich aber weine nicht wie ein kleines Vögelchen. Ich kreische wie ein wildes Tier.

»Schluss! Lass sie los!«, schreie ich.

Der Soldat beachtet mich nicht und macht weiter. Ein anderer kommt auf mich zu.

Gott, flüstere ich vor mich hin. Du hast mich aus Auschwitz geholt, und niemand hat mich angerührt. Lass mich so nach Hause kommen, wie ich fortgegangen bin. Wir müssen unsere Würde bewahren. Jetzt, Gott, beschütze mich wieder, denn sie sollen mich oder Chanki nicht berühren.

Der Soldat kommt immer näher.

»Ahhhhh!« Ich schreie wie ein wildes Tier. Ich lege meine ganze Wut in den Schrei. Auf gar keinen Fall werde ich wieder die Kontrolle über mein Leben abgeben. Die sollen bloß alle aufhören, uns anzutun, was sie wollen, als wären wir keine Menschen. Ich kreische so laut, dass mir selbst die Ohren davon wehtun.

Eine Sekunde später hält der Zug an, und der Schaffner kommt nach oben gerannt. Der Soldat lässt von Chanki ab. Der andere, der auf mich zugekommen war, macht abrupt kehrt.

»Wer schreit da so?«, fragt der Schaffner.

Jemand deutet auf mich.

»Diese Soldaten belästigen uns«, sage ich.

Der Schaffner sieht die Verzweiflung in meinen Augen. Sein Gesicht wird wütend. Er brüllt die Soldaten an: »Runter! Sofort runter, sonst werfe ich euch alle aus dem Zug! Es ist mir egal, was ihr sagt. Kein einziger Soldat bleibt in meinem Zug, wenn ihr so weitermacht!«

Die Soldaten würdigen uns keines Blickes, als sie dem Schaffner nach unten folgen. Sie kommen nicht wieder hoch.

In Budapest klettern wir vom Zug. Überall sind russische Soldaten. Ich möchte nicht wieder das gleiche Problem wie auf dem Zug bekommen, also lege ich den Arm um den ersten armen Kerl, der an uns vorbeigeht. Er schaut mich verdattert an.

»Was soll Ihre Hand da, mein Fräulein?«, fragt er.

»Pst! Du bist mein Ehemann. Wenn die Soldaten sehen, dass ich mit einem Mann zusammen bin, belästigen sie mich nicht.«

»Na gut«, stimmt er mir zu. Und er begleitet uns den ganzen Weg zum Bahnhof am anderen Ende der Stadt.

Im nächsten Zug treffen wir Avrumi wieder. Leas Gesicht hellt sich auf. Wir klettern zusammen auf den Zug.

»Du kannst nicht mit uns nach Hause kommen«, erinnere ich ihn.

»Ich weiß«, sagt er. »Ich gehe in meine Heimatstadt, nach Dej, das ist ganz nah bei Crasna.«

Während der gesamten Zugfahrt reden Lea und Avrumi angeregt miteinander.

Plötzlich ist da neben uns ein russischer Soldat. »Komm mit«, sagt er zu Lea. Die weist ihn mit einem Achselzucken ab. Erst geht er fort, doch dann macht er kehrt und kommt zurück. Er geht zu Lea hin und beginnt, ihre Bluse aufzuknöpfen.

»Hände weg von ihr!«, ruft Avrumi.

Der Soldat beachtet ihn nicht und steckt seine Hand unter Leas Unterhemd. Ich will schon schreien, aber Avrumi ist schneller. Er reißt den Soldaten zurück, und im Nu packt er ihn hinten am Hemd und wuchtet ihn über die Seite. Wir fahren gerade durch einen Tunnel, und der Soldat verschwindet in der Dunkelheit. Seine Kameraden schauen Avrumi schockiert an. Der kann gern so lange mitreisen, wie er möchte.

Chanki ist deprimiert. Sie weint dauernd wegen David und ihres Kindes.

»Es geht ihnen gut, Chanki«, sage ich und versuche, sie zu beruhigen.

»Du verstehst das nicht«, sagt Chanki. »Du bist noch ein junges Mädchen. Du hast keinen Ehemann, kein Kind. Ich leide schreckliche Qualen.«

Am nächsten Tag erkennt jemand im Zug Chanki.

»David lebt! Ich habe David gesehen! Er ist unterwegs nach Satu Mare.«

Chanki kreischt. »Bist du sicher?«

»Ja!«, sagt der Mann. »Fahr nach Satu Mare. Er sucht dich. Er redet über nichts anderes als dich.«

Chanki ist in Ekstase. »Ich fahre nach Satu Mare. David lebt. Kommt mit!«

»Wir müssen nach Hause, Chanki«, erwidere ich. »Unsere Mutter wartet auf uns.«

Chanki umarmt uns und steigt aus dem Zug, um nach Satu Mare umzusteigen.

Avrumi verlässt uns in der Nähe von Dej und verspricht, zu Lea zu kommen, sobald er seine Familie gefunden hat.

Endlich erreichen wir Crasna. Ich halte Leas Hand, als wir aus dem Zug steigen. Wir sind erst dreizehn Monate von hier fort, aber als ich nun meine Stadt anschaue, fühlt es sich an, als wären inzwischen eine Million Jahre vergangen. Langsam gehen wir zu unserer Einzimmerwohnung. Lea und ich stehen nebeneinander und schauen an unserem kleinen Haus hinauf. Vielleicht ist unsere Mutter schon da und bereitet eine Mahlzeit für uns zu. Plötzlich kommt jemand ans Fenster. Es ist das Fenster, aus dem ich jeden Tag auf den Bach geschaut und seinem Gesang gelauscht habe. Das hier war mein Zuhause. Eine Frau macht das Fenster auf und streckt den Kopf heraus, aus meinem Fenster.

»Oh, sieh an, wer da wieder aufgetaucht ist«, sagt sie mit einem Lachen, das mir das Blut in den Adern gefrieren lässt. »Ihr kleinen Mädchen seid nach Hause gekommen, was?« Sie verzieht ihr hässliches Gesicht. Sie redet mit uns wie mit Kindern, aber in einem schlimmen, spöttischen Ton. »Oh, ihr kleinen Mädchen seid nach Hause gekommen?«

Neben dem Gebäude liegt ein großer Stein am Boden. Ich nehme ihn in die Hand. Ich bin drauf und dran, ihn auf sie zu werfen und sie damit in tausend Stücke zu zerschmettern.

»Leg den Stein weg«, zischt Lea zwischen den Zähnen hindurch. »Willst du ins Gefängnis kommen, nach allem, was wir durchgemacht haben?« Sie berührt den Stein in meiner Hand, und ich lasse ihn fallen.

Ich sehe die Spiegelung des Bachs im Fenster. Aber die

Vögel singen nicht. Die Bäume flüstern nicht. Der Bach plätschert nicht zwischen den bunten Steinen hindurch.

»Macht, dass ihr hier wegkommt!«, ruft die Frau. »Das ist nicht mehr euer Haus!«

40

Crasna, Mai 1945

Er heilt,
die zerbrochenen Herzens sind,
und verbindet
ihre Wunden.

Psalm 147,3

Resi Waldmann öffnet die Türen für uns alle, die wir zurückgekommen sind. Ihr Haus ist das größte am Ort, und es hat genug Zimmer für alle. Wir warten und warten auf Mama und Jecheskel, aber sie kommen nicht. Wochenlang warten wir. Immer mehr Leute kommen in Resis Haus getaumelt. Einer nach dem anderen bringt Gerüchte und Gräuelgeschichten mit.

Herschel Frankel ist einer von denen, die wie wir in Resis Haus wohnen. Er wartet auf Nachrichten von seiner Frau und den drei Kindern.

Eines Tages bittet Herschel darum, mit mir reden zu dürfen. »Rosi, die kommen nicht wieder«, sagt er. Seine Worte treffen mich schlimmer als die eiskalte Dusche in Auschwitz.

»Nein.« Ich schüttle den Kopf. »Sag das nicht.«

»Rosi, schau mich an.«

»Nein, nein, nein«, erwidere ich. »Ich will nicht.«

»Rosi, hör mir zu! Meine süße Frau, meine beiden Töchter, mein Sohn … Die kommen auch nicht mehr zurück. Deine Mama, Jecheskel, die sind fort. Als wir in Auschwitz angekommen sind, haben die sie sofort in die Gaskammern geschickt. Sie haben Hunderte von Leuten gleichzeitig dort hineingetrieben und giftiges Gas hineingeschüttet, das sie erstickt hat.«

»Nein, nein, nein, nein«, wiederhole ich immer wieder. Aber ich weiß, dass seine Worte wahr sind. Mir ist kalt am ganzen Leib, und dann zerreißt es mir das Herz. Es blutet in mir. Mein ganzer Körper wird von diesem Blut überschwemmt.

»Mama!«, klage ich. »Cheskel! Wo seid ihr?«

Lea wehklagt auch. Ich will sie umarmen, aber ich kann mich nicht rühren. Ich sterbe. Es fühlt sich an, als stieße ich meine Seele aus dem Leib aus. Im ersten Augenblick, wenn wir das Licht der Welt erblicken, weinen wir, und unsere Mütter trösten uns. Selbst wenn wir es nicht merken, denken wir jedes Mal, wenn wir schluchzen, an unsere Mütter. Es ist der ursprünglichste Teil in uns, der nach unseren Müttern ruft. Aber was mache ich, wenn das, wonach ich rufe, meine Mutter ist? Ich klage und weine, aber ich weiß nicht mehr, dass irgendwo da draußen meine Mutter ist, die mich halten kann, wenn ich in eine Million winzige Stücke zerfetzt werde.

»Nein, nein, nein! Kommt zurück! Jecheskel, komm, sorge für uns! Mama, wo bist du?«

Ich denke darüber nach, was die Leute in Resis Haus gesagt haben. Ich denke über die schreckliche Enthüllung nach, dass wir vergast und danach verbrannt wurden. Ich versuche, nicht darüber nachzudenken, aber das Bild von Jecheskel und Mama, die wie Fische auf dem Trockenen nach Luft schnappen, um sich schlagen, wie wild keuchen, dieses Bild brennt in meinen Gedanken weiter. Ich weiß nun, warum Idi, die Blockälteste, geweint hat, als wir aus der Gaskammer herauskamen und verwirrt waren, weil wir nicht geduscht hatten. Idi war es gewohnt, die Gaskammer zu öffnen und dabei zu helfen, die Leichen von Hunderten von toten jungen Frauen herauszuschaffen. Mädchen, deren Münder offen standen, denen die Qual des Hungers nach Luft, die nicht kommen wird, für immer aufs Gesicht geätzt ist. Man sagt mir, dass sie neben den Gaskammern Lastwagenmotoren laufen ließen, damit die Deutschen die verzweifelten Schreie der Menschen nicht mit anhören mussten, die sich nach der Luft verzehrten, die sie am Leben halten würde.

Herschel bleibt die ganze Zeit neben mir, während ich weine.

Ich weine eine ganze Woche lang. Herschel muss mich zwingen, unter Tränen zu essen. Ich fühle mich von meinen Tränen satt, aber er füttert mich trotzdem mit dem Löffel. Nach einer Woche höre ich endlich auf zu weinen.

»Sie kommen nicht zurück«, sage ich zu Lea und Herschel.

»Nein, sie kommen nicht zurück«, antwortet Herschel.

»Und Resi Waldmann ist krank«, flüstert Lea. »Sie hat TB.«

»Bringt mich zu ihr«, sage ich.

»Das ist ansteckend«, sagt Herschel. »Du darfst nicht in ihre Nähe.«

Wir ignorieren ihn, und ich folge Lea in Resis Zimmer. Schwer atmend liegt sie in ihrem Bett. Lea und ich setzen uns auf die Bettkante und gehen nicht mehr fort, außer zum Schlafen. Resi war das reichste Mädchen in unserer Stadt, und es gibt keinen großzügigeren Menschen als sie. Sie wollte immer nur ihre Freunde und ihre Familie glücklich machen. Als ich keine Schlittschuhe hatte, hat sie darauf bestanden, dass ich ihre benutze, sogar behauptet, sie schlittere viel lieber nur mit den Schuhen über das Eis. Wenn sie Essen mit in die Schule gebracht hat, hat sie es immer mit uns allen geteilt und nur das kleinste Stück für sich zurückbehalten.

»Resi, wir sind hier«, flüstere ich ihr immer und immer wieder zu. Sie ist noch immer ein Muselmann aus Auschwitz, und ihr Körper scheint gegen die Krankheit nicht ankämpfen zu können. Wir sind beide bei ihr im Bett, als sie stirbt.

Herschel Frankel sagt, dass wir beide zusammen vielleicht noch einmal ganz neu anfangen könnten. Ich sage Nein zu ihm. Ich möchte niemanden zum Ehemann, der schon eine Frau und Kinder hatte. Ich möchte niemanden, der sogar noch mehr verloren hat als ich.

Wir warten auf weitere Nachrichten von unseren Lieben. Tante Chana wurde mit ihren fünf Kindern gleich in die Gaskammer geschickt. Jakob, ihr Mann, lebt noch. Lea Mariam ist auch in die Gaskammer gegangen. Ich weiß das, weil eines Tages der Bruder ihres Ehemanns, Herr Schwarz, an die Tür von Resis Haus klopft und nach mir fragt.

»Rosi«, sagt er, als ich zur Tür komme. Er hat zwei Kinder bei sich. Es sind die schmutzigsten Kinder, die ich je gesehen habe. Das Haar hängt ihnen verfilzt im Gesicht, sie sind barfuß, und ihre Hände und Füße sind schwarz. Ein Ausschlag überzieht ihre Hälse, Gesichter und Beine.

»Herr Schwarz, wer sind diese Kinder?« Die beiden verstecken sich schüchtern hinter ihm.

»Rosi, ich weiß nicht, was ich mit ihnen machen soll. Das sind Beile und Mosche. Sie sind heute zu mir gekommen. Ich weiß einfach nicht, was ich mit ihnen machen soll. Sie sind dein Cousin und deine Cousine. Kannst du helfen?«

»Beile, Mosche, kommt ins Haus«, sage ich. Ich setze sie an den Tisch und gebe jedem eine Tasse Milch, die im Nu leer getrunken ist. Ich führe ihren Onkel ans andere Ende des Zimmers. »Wie haben sie dich gefunden?«

»Sie waren in Auschwitz. Ein Wahnsinniger, ein Dr. Mengele, hat Experimente an ihnen durchgeführt. Er hatte ein besessenes Interesse an Zwillingen. Er hat unaussprechliche Experimente mit ihnen gemacht, sie aneinandergefesselt, sie ausgehungert. Lea Mariams andere Zwillingspärchen sind bei diesen Experimenten gestorben, aber irgendwie haben diese beiden Siebenjährigen überlebt. Man hat sie gleich nach dem Krieg in ein Kinderheim gesteckt, und dort hat sie jemand erkannt und zu mir gebracht.«

»Was weißt du über diesen Ausschlag?« Ich darf nicht daran denken, dass meine so lebendigen kleinen Cousins und Cousinen bei diesen Experimenten umgebracht wurden. Ich kann mich nur darauf konzentrieren, wer hier vor mir steht: siebenjährige Zwillinge, die am Tisch sitzen, mein Fleisch und Blut, Kinder, die mit den Beinen baumeln und versuchen, den letzten Tropfen Milch aus ihrer Tasse zu bekommen.

»Sie kratzen sich andauernd. Es ist wahrscheinlich ansteckend, aber ich kann sie nicht baden. Du bist ihre Cousine, kannst du dich um sie kümmern?«

Ich weise ihn nicht darauf hin, dass er auch ihr Onkel ist. »Natürlich«, sage ich.

Als Erstes gehe ich in die Drogerie und hole eine Salbe gegen den Ausschlag. Dann mache ich Badewasser für sie warm. Ich lasse sie über eine Stunde in der Badewanne einweichen, während ich ihnen etwas vorsinge. Und dann wasche ich sie, wie ich noch nie im Leben etwas gewaschen habe. Sie sagen immer noch kein Wort. An ihren Leibern haften der Dreck, die Läuse und der Schlamm eines Jahres. Lea Mariam wird der Schlag treffen, wenn sie die beiden sieht, denke ich mir. Dann erinnere ich mich daran, dass sie die beiden nie wiedersehen wird. Ich zupfe die Läuse fort, eine nach der anderen. Ich wasche den Dreck ab. Ich schrubbe den Schlamm weg. Nach dem Bad reibe ich die beiden mit der Salbe ein und ziehe ihnen alte Kleidungsstücke an, die ich in Resis Haus finde. Ich bringe zwei völlig andere Kinder zu ihrem Onkel zurück.

Natürlich bekomme ich zwei Tage später am ganzen Körper Ausschlag, aber ich hatte vorsichtshalber etwas von der Salbe zurückbehalten.

Jeden Abend kommen mehr und mehr Leute zum Essen in Resis Haus. Männer und Jungen, Frauen und Mädchen. Wir sind wie Treibholz auf dem Ozean. Früher waren wir einmal Bäume, aber man hat uns entwurzelt und zerschlagen – und jetzt haben wir keinen Ort, an den wir gehen können, und wissen nicht, wer wir sind. Jemand spielt nach den Mahlzeiten Musik. Alle stehen auf, und es wird getanzt. Lea tanzt mit den Jungen und Mädchen, aber ich nicht. Lea ist achtzehn, und ich bin neunzehn. Noch vor einem Jahr haben wir nicht alle so beieinandergelebt. Vor einem Jahr waren wir alle zu Hause, in Sicherheit, jeder an seinem eigenen Platz. Ich schaue auf die tanzenden Männer. Sie fordern mich auf, aber ich weigere mich, mit ihnen zu tanzen. Hier ist niemand, den ich heiraten möchte, und ich möchte heiraten – ich möchte eine Familie gründen. In dieser Stadt gibt es nichts mehr für mich. Jeder Platz, an den ich in diesem Ort gehe, alles, was ich sehe, bringt meinem Herzen nur weiteren stechenden Schmerz. Wenn ich zum Markt gehe, sehe ich meine Mutter. Wenn ich am Haus meines Großvaters vorübergehe, sehe ich seine große Gestalt in der Haustür lehnen. Wenn ich an der alten Jeschiwa vorbeikomme, sehe ich Jecheskel, der dort hineinrennt. An unserer alten

Wohnung kann ich nicht vorübergehen, denn es würde mich umbringen, wenn mir klar würde, dass meine Mutter nie wieder dort sein wird. Keinen Augenblick länger kann ich hierbleiben. Die Stadt, die ich von ganzem Herzen geliebt habe, reißt mich nun entzwei.

»Lass uns nach Satu Mare zu Onkel David und Chanki gehen«, sage ich zu Lea.

»Ich kann jetzt hier nicht weg. Ich warte auf Avrumi.«

Ich überlege, ob ich bei ihr bleiben soll, aber ich habe ja niemanden mehr, auf den ich warte. Es bricht mir das Herz, aber ich gehe ohne Lea fort.

41

Satu Mare, Juni 1945

Sie werden satt
von den reichen Gütern deines Hauses,
und du tränkst sie mit Wonne
wie mit einem Strom.
Denn bei dir
ist die Quelle des Lebens,
und in deinem Lichte
sehen wir das Licht.

Psalm 36,8–9

In Satu Mare steige ich aus dem Zug und erkundige mich sofort nach David. Gleich die erste Person, die ich frage, weist mir den Weg zu einem Restaurant in der Stadtmitte. David freut sich sehr, mich zu sehen. Chanki und er haben dieses Restaurant eröffnet. Alle, die nach Hause zurückkehren, sind hungrig, nur wartet zu Hause niemand, der ihnen Essen kocht. David und Chanki hatten ein wenig

Geld versteckt, und zudem geben einige Organisationen den Überlebenden Geld, mit dem sie Lebensmittel kaufen und sogar kleine Unternehmen gründen können. Mitten in der Stadt haben die beiden einen Raum mit einer Küche angemietet. Chanki ist eine Meisterköchin. Alle, die nach Satu Mare kommen, um dort nach ihrer Familie zu suchen, strömen in ihr Restaurant. Chankis Essen nährt ihre Körper und ihre gebrochenen Herzen.

Chanki und David nehmen mich in ihrer Einzimmerwohnung auf. Chanki bringt mir bei, wie man Nudeln macht. Ich häufe einen kleinen Berg aus Mehl auf dem Tisch auf, drücke eine Mulde in die Mitte und gebe die Eier hinein, streue ein wenig Salz darüber und füge noch ein paar Tropfen Öl hinzu. Dann vermische ich alles, knete den Teig und rolle ihn so dünn aus, wie es nur geht.

Nach einiger Zeit bemerke ich, dass Chanki wieder ein Kind bekommt. Die Schwangerschaft erinnert sie an den Sohn, den sie verloren hat. Wenn sie nicht im Restaurant kocht, verbringt sie also den größten Teil des Tages im Bett.

Nach ein paar Wochen gibt Lea doch auf und wartet nicht mehr auf Avrumi. Sie kommt nach Satu Mare und gesellt sich in der Einzimmerwohnung zu uns.

David bekommt immer wieder Besuch von einem Cousin, der mit ihm gemeinsame Geschäfte bespricht. Er heißt Jitzchak Heilbrunn, und ich erfahre, dass er mit Rivke verlobt war. Er sagt, dass auch sie nicht mehr nach Hause gekommen ist. Jitzchak sieht sehr gut aus. Sein Haar ist blond, und seine Augen sind blau. Er strahlt Selbstvertrauen aus und tritt sicher und geschäftsmäßig auf. Ich kann nicht anders, mein Herz schlägt immer schneller, wenn ich ihn sehe. Er ist so voller Leben.

»Warst du auch in Auschwitz?«, frage ich ihn einmal, als wir alle zusammen beim Abendessen im Restaurant sitzen.

»Ich hatte die Papiere eines anderen«, erklärt er. »Eines Tages lag da am Bahnhof ein Betrunkener auf dem Bahnsteig. Der sah aus wie ich, und ehe ich mich bremsen konnte, habe ich ihn in offiziellem Tonfall nach seinen Papieren gefragt, und er hat sie mir gegeben.«

»Du bist also allem entgangen?«

Er schüttelt den Kopf. »Ich habe zugesehen, wie alle, die ich liebte, ins Ghetto gingen. Vor meinen Augen hat man sie ausgehungert. Ich wusste, wohin sie unterwegs waren, ich hatte von Auschwitz gehört. Ich habe versucht, sie dazu zu bringen, mit mir zu fliehen, aber sie erwiderten mir, ich solle kein solcher Unruhestifter sein, mich unauffällig benehmen und die Regeln befolgen. Also habe ich sie dort im Ghetto zurückgelassen. Ich habe sie sterben lassen. Und ich, mit meinen gestohlenen Papieren, bin fortgegangen.«

Er sieht gequält aus, als er das sagt, als wünschte er sich, er wäre mit ihnen gegangen.

»Hat irgendjemand rausbekommen, wer du warst?«

»Ich bin alle paar Wochen an einen anderen Ort gegangen. Aber einmal wurde mein Mitbewohner erschossen, während ich bei der Arbeit war. Als ich nach Hause kam, hat mir die Vermieterin erzählt, er sei in Wirklichkeit Jude gewesen. Und das hat sie mit einer solchen Abscheu gesagt …«

»Reden wir von was anderem«, sagt David, denn Chanki hat schon wieder diesen hohlen Blick bekommen.

Also erzählt Jitzchak uns von seinem Vater, dem Bruder meines Sejde. Er erzählt uns, wie gern er lernt. Er erzählt uns von seiner Familie. Die hört sich genauso an wie meine.

»Ich habe ein Haus in Csenger«, sagt er nach dem Essen. »Ein paar von unseren Cousins und Cousinen wohnen dort. Kommt ihr mit dahin?«

»Natürlich solltet ihr gehen«, sagen David und Chanki. Es ist klar, dass sie ihr Privatleben zurückwollen. Es ist sicher auch nicht einfach, sich als Ehepaar mit zwei Nichten eine Einzimmerwohnung zu teilen.

Ich schaue zu Lea.

Sie nickt.

»Natürlich kommen wir mit«, antworte ich.

Als wir in Csenger in Jitzchaks Haus kommen, fällt mir als Erstes auf, wie unordentlich es dort ist. Mitten im Zimmer sitzen vier Mädchen auf dem Sofa. Jitzchak stellt uns unseren entfernten Verwandten vor. Überall ist Staub, schmutzige Wäsche liegt auf dem Boden, und es steht kein Topf auf dem Herd. Aus irgendeinem Grund erfüllt mich dieses Durcheinander mit wilder Entschlossenheit. Ich hole einen Besen und fange gleich mit dem Saubermachen an. Dann trage ich die Schmutzwäsche zur Waschfrau.

Jitzchak geht zur Arbeit, er hat einen Salzimport. Als er am Abend nach Hause kommt, ist es sauber, und der Tisch ist gedeckt.

Sein Haus steht in Ungarn an der rumänischen Grenze.

Alle Überlebenden, die hier vorbeitaumeln und verzweifelt nach ihren Lieben suchen, kommen zuerst hierher. Sie sehen alle halb verhungert aus, und ich möchte für sie kochen, weiß aber nicht, wie ich das bewerkstelligen kann. Meine Mutter hat mich nie in die Küche gelassen. Sie hat immer blitzschnell gearbeitet, und ich wäre ihr nur im Weg herumgestanden und hätte sie gebremst. Jetzt wünsche ich mir, sie hätte mir zumindest die Grundlagen beigebracht, denn ich habe keine Ahnung, was ich machen soll. Jocheved, eine der Cousinen im Haus, erzählt mir von einer Nichtjüdin, die früher einmal in einem jüdischen Haushalt gearbeitet hat, also kochen kann und weiß, wie man alles koscher macht. Sie nimmt mich zu der Frau mit. Ihr Name ist Nani Wiig, und sie umarmt mich freundlich, als ich sie bitte, mir das Kochen beizubringen, damit ich all die Überlebenden verköstigen kann, die in Jitzchaks Haus auftauchen.

»Natürlich, du schönes Mädchen«, sagt sie zu mir. Sie legt mir ihren festen Arm um die Schulter, und ich kann nur mit Mühe die Tränen zurückhalten. »Komm«, sagt sie, »wir gehen auf den Markt.«

Jitzchak verdient mit seinem Salzhandel gut, also kann ich ein Huhn, Gemüse, eine Ente und ein paar Eier kaufen. Meine Kochlehrerin zeigt mir, wie man das Huhn koscher macht, wie man Cholent zubereitet, wie man Letscho* kocht und wie man Kugel macht. Jeden Tag gehe ich zu ihr und lerne. Schon bald koche ich riesige Töpfe mit Essen für all

* Eintopf aus Paprika und Tomaten

die Leute, die zu uns kommen. Ich schaue ihnen zu, wie sie alles voller Dankbarkeit herunterschlingen.

Eines Tages ist in der Post ein langer Brief von Onkel David. Er schreibt, ich solle Jitzchak heiraten. Onkel David schreibt, Jitzchak komme aus einer guten Familie, er sei gescheit und gebildet, und er, David, glaube, er würde mir ein guter Ehemann sein. Ich finde, dass er recht hat. Jitzchak ist selbstsicher und so männlich. Er ist den ganzen Tag bei der Arbeit, aber abends gehen wir zusammen spazieren, wir schrubben gemeinsam die großen Töpfe, und manchmal singt er, wenn er das Geschirr abtrocknet. Er erinnert mich an meine Familie. Ich hätte nie gedacht, dass ich je wieder so empfinden würde, doch dann wird mir klar, dass ich dabei bin, mich (ziemlich schnell) in ihn zu verlieben. Ein paar Wochen später fragt er mich, ob ich ihn heiraten will. Zum ersten Mal seit meiner Heimkehr verspüre ich echte Freude. Ich sage Ja.

Eines Abends schaut Jitzchak bei unserem Spaziergang auf das ausgeblichene Blümchenkleid, das ich trage. »Meine Braut sollte wunderschöne Kleider tragen. Du magst doch schöne Kleider, ja? Würde dich das glücklich machen?« Er erinnert mich an Jecheskel, weil er so für mich sorgen will. Weil er möchte, dass ich schöne Dinge habe.

»Ich glaube nicht, dass das im Augenblick auf dem Plan steht«, sage ich. Schließlich haben wir gerade einen Krieg überstanden. Im Augenblick denkt niemand an wunderschöne neue Kleider. Doch am nächsten Tag bringt Jitzchak Ballen über Ballen von verschiedenen Stoffen mit. Er versucht, seinen Stolz nicht zu zeigen, als er alles wortlos auf den Tisch fallen lässt.

Beim Anblick der Stoffe leuchten Leas Augen auf. »Oh, Rosi«, sagt sie und streicht darüber. »Ich nähe dir die Kleider.«

Tag und Nacht sitzt sie nun an einer alten Nähmaschine. Sie zaubert die schönsten Kostüme und Kleider für mich.

Es wärmt mir das Herz, meine kleine Schwester bei der Arbeit zu sehen, wie sie Kleider für mich näht und nichts dafür haben will.

Dann bekommt Lea einen Brief. »Er ist von David!«, sagt sie. »Avrumi ist bei ihnen. Er fragt nach mir. Komm mit hin, Rosi!«

»Lass uns erst morgen fahren«, antworte ich. »Ich muss warten, bis Jitzchak nach Hause kommt, damit ich ihm Bescheid sagen kann.«

Bei unserer Ankunft in Satu Mare wartet Avrumi am Bahnhof schon auf uns. Lea fällt ihm gleich in die Arme.

Nur ein paar Tage später schreitet Lea bei der Hochzeit auf Avrumi zu. Sie sieht wunderschön aus. Ihr Haar ist wieder so lang, dass sie es im Nacken zu einem Knoten zusammenfassen kann. Sie hat ein weißes Seidenkleid an und trägt einen kleinen Blumenstrauß in der Hand. Chanki und David haben ein herrliches Festmahl gekocht, und wir essen es nach der Hochzeitszeremonie. Leas Augen strahlen heller, als ich es je gesehen habe. Sie beugt sich zu Avrumi und flüstert den ganzen Abend mit ihm. Es ist ihre Hochzeit, und ich freue mich so sehr für sie, aber ich kann nichts dagegen machen, dass mein Herz auch ein wenig schmerzt, weil ich weiß, dass meine Schwester nun nicht mehr allein zu mir gehört.

»Wir gehen nach Rumänien«, sagt Avrumi ein paar Tage nach der Hochzeit.

»Wir müssen herausfinden, ob Avrumis Großmutter noch lebt«, sagt Lea.

»In einige Gegenden von Rumänien ist der Krieg nämlich nicht vorgedrungen«, erklärt Avrumi.

Ich schlucke meine Tränen herunter. Wie Säure rinnen sie mir durch den Hals. »Natürlich solltet ihr gehen«, sage ich.

Ich weiß nicht, was ich mir dabei gedacht habe, als ich ihr zugestimmt habe. Wenn sie erst einmal in Rumänien sind, habe ich keine Möglichkeit mehr, mich mit ihr in Verbindung zu setzen. Doch Lea verspricht, mir zu schreiben. Wir brechen jetzt das Versprechen, das wir unserer Mutter gegeben haben, als wir sie zum allerletzten Mal sahen. Nach allem, was wir gemeinsam durchgemacht haben, lassen wir zu, dass wir uns aus den Augen verlieren.

Nachdem Lea und Avrumi fort sind, fahre ich nach Csenger zu Jitzchak zurück. Wir wohnen dort noch ein paar Monate. Ich koche weiter für all die auf der Durchreise bei uns Station machenden Überlebenden. Dann übernehmen die Russen in Rumänien das Regiment. Sie bringen ihren Kommunismus mit, und Jitzchaks Unternehmen wird verboten. Ohne Einkommen und in einer zunehmend feindlichen Umgebung begreifen wir, dass wir unser Zuhause verlassen müssen. Das Schlimmste am Fortgehen ist für mich, zu wissen, dass Lea mir nun nicht mehr schreiben kann. In diesem Chaos habe ich jedoch keine andere Wahl.

Wir ziehen in ein Lager für Displaced Persons*, das Agudah genannt wird. Jüdische Organisationen haben diese Lager für Menschen wie uns eingerichtet. Für Menschen ohne Zuhause, ohne Land, die nichts mehr ihr Eigen nennen können. Wir ziehen dorthin, bemühen uns aber gleichzeitig darum, dauerhaftere Pläne für unser Leben zu schmieden, das wieder einmal völlig aus den Fugen geraten ist.

Seltsamerweise finde ich ausgerechnet an diesem Ort nach und nach wieder meinen Platz im Leben. Die Leute hier sind nett und werden für mich rasch wie eine Familie. Die Organisation versorgt uns mit allem, was wir zum Leben brauchen, also können wir unsere Kraft darauf verwenden, voranzukommen und nicht nur zu überleben. Den Schabbes begehen wir zusammen mit den Leuten aus dem Lager, und manchmal singen wir bis spät in die Nacht die Schabbes-Lieder, genau wie früher.

Unsere neue Familie bietet uns an, für Jitzchak und mich die Hochzeit auszurichten.

Ich leihe mir in einem Laden ein Brautkleid. Es ist nicht das elegante Gewand, von dem ich immer geträumt habe, aber es ist wunderschön. Ich habe nicht genug Geld, um mir einen Schleier zu kaufen, also nähe ich mir aus einem Rest Spitze selbst einen.

* Englisch: vertriebene Menschen; Bezeichnung für Vertriebene und Überlebende des Holocaust nach dem Zweiten Weltkrieg

Alle aus dem Lager kommen zu unserer Hochzeit. Mein Herz sehnt sich schmerzlich nach Lea. Wir haben so lange nichts von ihr gehört. Als wir einmal Briefmarken ergattern können, schreibe ich an David, aber er hat auch nichts von ihr gehört. Ich kann nur hoffen, dass es den beiden gut geht.

Jitzchak wartet unter der Chuppa auf mich. Während ein Junge Flöte spielt, geleitet mich ein freundliches älteres Paar zu ihm. Jitzchak wirkt aufgeregt. Ich glaube, es fällt ihm schwer, sich das Glücklichsein zu gestatten. Er hat das Gefühl, er sei daran schuld, dass seine Eltern gestorben sind. Ich weiß, dass er sich wünscht, sie stünden mit ihm unter der Chuppa. Doch als ich jetzt auf ihn und unser gemeinsames Leben zuschreite, verspüre ich in meinem Herzen nichts als reine Freude. Nachdem wir getraut sind, blicke ich mich um, sehe diese Gruppe von fremden Leuten, die ich lieben gelernt habe, und ich schaue zu, wie sie für uns tanzen.

Mein Sejde nimmt mich nicht bei der Hand und wirbelt mich herum, wie er es mir versprochen hat. Meine Mutter richtet mir nicht das Haar und bringt mir etwas zu trinken, wenn ich es brauche. Jecheskel ermahnt meinen Mann nicht, er solle mich gut behandeln. Ich schaue mich auf meiner Hochzeitsfeier um, und plötzlich überkommt mich eine Traurigkeit, die mich in die Leere hinabzuziehen droht, die all die hinterlassen haben, die heute nicht hier sind. Doch dann öffnet jemand ein Fenster, und es strömen mehr Gäste ins Zimmer. Ich höre den leisen Gesang von Vögeln draußen, ich höre das Plätschern eines Bachs, der über bunte Steine fließt. Ich höre Frösche im Chor quaken. Ich bin zu Hause. Ich lebe. Und langsam, sehr langsam spüre ich, wie mir das Herz aufgeht und die Musik hereinströmt, und ich nehme meinen frisch angetrauten Ehemann bei der Hand, und wir tanzen.

Epilog

Er bittet dich
um Leben;
du gibst es ihm,
langes Leben,
immer und ewiglich.
Psalm 21,4

In den ersten Wochen ihres Ehelebens war meine Großmutter Rosi krank vor Sorge um ihre Schwester Lea. Sie fragte jeden, den sie traf, ob er irgendetwas über ihren Aufenthaltsort wusste. Sie konnte nicht fassen, dass sie das Versprechen gebrochen hatte, das sie ihrer Mutter gegeben hatte: Lea nicht aus den Augen zu lassen. Wie die anderen Überlebenden hatten die beiden Schwestern ihren Halt verloren, wollten verzweifelt irgendwo Wurzeln schlagen, um wenigstens wieder ein kleines bisschen Beständigkeit zu haben. Doch im allgemeinen Chaos hatten sie einander verloren. Dann kam eines Tages, als meine Großeltern im DP-Lager zusammen draußen saßen, ein charmantes Ehepaar (das auch im Lager lebte) zu ihnen, um sich mit ihnen zu unterhalten.

»Ich bin aus Dej«, sagte der Ehemann.

»Mein Schwager ist auch aus Dej«, erwiderte meine Großmutter rasch. »Kennt ihr ihn? Er hat meine Schwester geheiratet, und ich weiß nicht, wo die beiden sind. Er heißt Avrumi. Avrumi Frankel.«

»Avrumi Frankel!«, rief der Mann. »Das ist mein bester Freund! Ich schreibe ihm gleich morgen!«

Meine Großmutter dachte, sie würde gleich ohnmächtig zu Boden sinken. Der Mann schrieb an Avrumi, um ihm mitzuteilen, wo seine Schwägerin sich aufhielt. Lea schrieb zurück, und sie und Rosi waren wieder miteinander verbunden. In ihrem Brief erklärte Lea, sie hätten die Erlaubnis erhalten, nach Israel zu gehen. Sie bereiteten sich gerade auf die Schiffspassage vor. Meine Großeltern beantragten ebenfalls Visa für Israel, um nah bei Lea und Avrumi wohnen zu können. Sehr zu ihrer Bestürzung ergab die Blutuntersuchung meiner Großmutter, dass sie eine latente Tuberkulose hatte. Jahre später vermutete sie, dass die Bakterien aus dem schimmeligen Käse, den sie in Auschwitz gegessen hatte, möglicherweise verhindert hatten, dass die Tuberkulose ausbrach.

Die meisten Leute aus dem Agudah-Lager stellten Anträge auf Ausreise nach Amerika. Nun, da Rosi die Reise an den Wohnort ihrer Schwester verwehrt war, entschieden sich meine Großeltern für das Reiseziel Amerika. Meine Großmutter hatte sich immer gefragt, ob ihr rotes Haar ihr dort vielleicht freundlichere Aufmerksamkeit einbringen würde. Da die ganze Welt sich gerade noch vom Krieg erholte, mussten die beiden erst eine anstrengende Wartezeit durchleben, ehe sie alle nötigen Papiere hatten. Inzwischen wurden sie in ein weiteres DP-Lager in Italien verlegt, wo ihr erstes Kind, meine Tante Necha, zur Welt kam. Necha war bereits zwei Jahre alt, als die Familie endlich die Genehmigung zur Reise nach Amerika erhielt. Sie reisten mit dem Schiff und landeten schließlich in St. Paul, Minnesota. Dort wohnten sie einige Jahre, ehe sie nach Brooklyn, New York, zogen (wo meine Großmutter noch heute lebt).

Viele Jahre vergingen, bis meine Großmutter ihre Schwester wiedersehen konnte. Doch nach diesem Treffen besuchte sie Lea jedes Jahr in Israel, sogar noch mit beinahe neunzig Jahren. Die beiden telefonierten jeden Tag und sprachen dann von Angesicht zu Angesicht über Skype, was ihnen das Gefühl vermittelte, einander sehr nah zu sein, obwohl Tausende Kilometer zwischen ihnen lagen. Lea und Avrumi hatten eine wunderbare Ehe und drei wunderbare Kinder. Lea starb am letzten Tag von Chanukka 2014 im Alter von siebenundachtzig Jahren. Todtraurig verbannte meine Großmutter den Computer aus ihrem Wohnzimmer, weil sie es nicht ertragen konnte, ihn ohne Leas Gesicht zu sehen.

Als sie einundvierzig Jahre alt war und bereits vier Kinder hatte, war meine Großmutter unerwartet noch einmal schwanger geworden. Da es Komplikationen gab, erklärte ihr der Arzt, diese Schwangerschaft würde wohl nicht erfolgreich verlaufen.

»Wenn Sie dieses Kind bekommen, esse ich meinen Hut«, sagte er.

»Herr Doktor«, antwortete Rosi mit charakteristischer Sturheit, »dann fangen Sie besser mal an zu kauen.« Sie legte sich ins Bett, und ein paar Monate später brachte sie ein wunderschönes rothaariges Mädchen zur Welt. Diese Tochter wuchs heran und bekam neun Kinder, von denen ich das dritte bin.

Während ich dies hier schreibe, hat die Rothaarige, die sich immer wieder das Versprechen gab, sie würde nach Hause gehen, fünf Kinder, achtundzwanzig Enkel, hundertzwanzig Urenkel und sieben Urgroßenkel. Jedes dieser Kinder ist eine Welt für sich. Jedes lacht, liebt und hat eigene Erkenntnisse. Für jedes von ihnen ist es so, als wäre die Welt nur für dieses Kind allein geschaffen worden. Wenn Sie dies nun lesen, sind Sie lebendig, und auch für Sie wurde die Welt nur für Sie allein geschaffen. All die Schönheit dieser Welt wurde nur für Sie erschaffen, und für jeden und jede von uns anderen.

Wenn ich meine beiden eigenen Mädchen betrachte, so sehe ich in ihnen den Lebensfunken meiner Großmutter, die sich stets versprochen hat: »Ich gehe nach Hause.« Wenn sie tanzen, wenn sie etwas Neues lernen, wenn sie die blühenden Blumen betrachten, wenn sie am Strand spielen und aufgeregt lachen, wenn der Sand unter ihren Füßen nachgibt und die Wellen sie an den Zehen kitzeln, dann denke ich an ein rothaariges Mädchen, das sich mit all seiner Energie ins Leben kämpfte. Ich bin so glücklich und so dankbar, dass sie es getan hat. Vor allem bin ich Gott dankbar, dass er uns dieses wunderbare Leben leben lässt. Denn obwohl es Elend, Schmerz und Trauer gibt, gibt es auch Schönheit, Glück und Liebe. Wir können das Böse nicht immer verhindern, aber wir dürfen auch nicht zulassen, dass es das Gute überschattet.

Während ich die letzten Zeilen dieses Buchs schreibe, ist meine Großmutter fünfundneunzig Jahre alt. Sie hatte kein leichtes Leben, auch kein Märchenende, obwohl sie es geschafft hat, nach Hause zu kommen. Der Holocaust hat viel mehr Jahre für sie ruiniert als nur dieses eine Jahr, das sie in den Lagern durchleben musste. Da waren Albträume und Traumata und unwiderruflich zerstörte Menschen. Als Einwanderer konnten sich die beiden nur mit großer Mühe zurechtfinden, ihre Kultur wieder aufleben lassen und ihren Lebensunterhalt verdienen. Ihr ganzes Leben lang hatte meine Großmutter gegen Verfolgungswahn anzukämpfen, und meinen Großvater quälten Schuldgefühle, weil er überlebt hatte, seine Familie dagegen nicht. Meine Mutter hat erzählt, dass sie immer wieder beobachtet hat, wie ihr Vater das Gesicht in den Händen barg und vor und zurück schwankte, weil er die Verantwortung für so viel Leid auf seinen Schultern trug. Heute ist der Vortag seines zehnten Todestages. Ich weiß, dass seine Seele in Frieden ruht, und ich hoffe, dass er weiß, wie sehr ich ihn liebe. Meine Großmutter hat ein schweres Leben gehabt, genau wie König

David. An keinem Tag ihres Lebens hat sie vergessen, was ihr zugestoßen ist. Aber irgendwie schafft es das elfjährige Mädchen, das sie einmal war, trotzdem noch immer, das Fenster aufzustoßen und zu singen. Und die Welt singt zu ihr zurück und versichert ihr, dass alles gut wird.

Und meine Großmutter singt noch immer. Sie singt, während sie Geschirr spült, den Boden fegt, ihre Bluse perfekt bügelt (sie bleibt dabei, dass keine Reinigung es so gut hinbekommt) und während sie ihr Make-up auflegt. Sie ist eine kleine fünfundneunzigjährige Frau mit einer roten Perücke, blauen Augen, aus denen Liebe strahlt, und mit dem ansteckendsten Lachen, das man je hören wird. Sie ist der Mensch, der mich am allerbesten kennt. Sie erwärmt mir das Herz mit Sonnenschein und erhellt meine Welt.

Aber in letzter Zeit hat sich Traurigkeit in ihr Lied geschlichen. Sie hat Angst. Sie weiß, dass es auf der Welt nicht mehr lange lebendiges Zeugnis für das geben wird, was geschehen ist. Sie ist traurig über den Antisemitismus – besonders über die aktuelle extreme Zunahme des Antisemitismus. Sie ist verblüfft über die große Zahl von Menschen, die keine Vorstellung davon haben, was der Holocaust war. Und es schmerzt sie zutiefst, wie Menschen miteinander umgehen.

Die Menschen sprechen von Vergebung, aber es ist nicht an uns zu vergeben. Die Vergebung gehört allein den sechs Millionen Juden, die nach Luft gerungen haben, die am Rand von Massengräbern erschossen wurden, die an Flüssen erschossen wurden, die misshandelt, geschunden und gedemütigt wurden – an ihnen wäre es, zu vergeben, doch sie wurden für immer zum Schweigen gebracht. Sie können zwar nicht sprechen, aber wir können für sie sprechen. Anstatt von Vergebung zu reden, können wir von Erinnerung und Vergeltung reden. Und die beste Vergeltung ist es, ALLEN Menschen mit Toleranz und Freundlichkeit gegenüberzutreten, auch all denen, deren erbitterter Gegner Hitler war. Hitler hat nicht persönlich sechs Millionen Juden umgebracht. Das Böse geschieht nicht nur, weil eine Person ungeheuer böse ist. Das Böse geschieht, weil gute Menschen das Gute in anderen Menschen nicht sehen. Das Böse geschieht, weil wir einander aburteilen. Das Böse geschieht, weil wir uns über die anderen stellen. Das Böse geschieht, weil wir sehen, wie jemand anders Böses tut, und nicht dagegen eintreten.

Ich wollte dieses Buch nicht schreiben. Es war schmerzlich, von den Gräueln zu hören, die meine Großmutter durchlitten hat. Es war schwer, mich mit der größten aller Fragen zu beschäftigen: »Warum hat Gott dies zugelassen?« Ich hätte gern die Vergangenheit die Vergangenheit begraben lassen. Aber ich weiß, dass Wissen Macht ist. Meine Großmutter hat immer zu mir gesagt: »Alles können sie dir wegnehmen, nur nicht das, was du im Kopf hast.«

Ich weiß, dass die Vergangenheit die Zukunft prägt. Ich weiß auch: »Wer sich nicht an die Vergangenheit erinnert, ist dazu verurteilt, sie zu wiederholen.«

Meine Großmutter möchte, dass Sie wissen, was sie durchgemacht hat, damit Sie darauf einwirken können, dass unsere Zukunft anders aussieht. Es ist ihr bewusst, dass Sie es wissen: Sie dürfen nicht zulassen, dass dies je wieder geschieht. Sie möchte, dass Sie wissen, dass es gleichgültig ist, welcher Rasse Sie angehören, welche Hautfarbe Sie haben oder welche Religion Sie ausüben. Wir sind alle eins. Sie wünscht sich, dass Sie andere mit Respekt behandeln, und sie wünscht sich, dass Sie sich für diejenigen einsetzen, die ungerecht behandelt werden, ganz gleich, wer sie sind. Sie möchte, dass Sie sich erinnern, damit Sie sich für den Frieden einsetzen können.

Also: Erinnern Sie sich. Erinnern Sie sich an die Rothaarige, die nur noch Haut und Knochen war und trotzig sagte, sie würde leben. Erinnern Sie sich, und machen Sie die Welt lebenswert.

Danksagungen

Zuallererst möchte ich meinem Schwager Dani Machlis danken. Ich habe immer davon geträumt, dieses Buch zu schreiben, aber er war es dann, der das Wirklichkeit werden ließ. Er hat sich für dieses Projekt eingesetzt und viele Stunden damit verbracht, Videoaufnahmen von meiner Großmutter zu machen, die ihre ganze Geschichte erzählte. Ohne ihn gäbe es dieses Buch nicht.

Liesbeth Heenk von Amsterdam Publishers, Sie sind umwerfend! Wenn es nur auf der Welt mehr Menschen wie Sie gäbe, bräuchten wir dieses Buch überhaupt nicht. Allein Ihnen ist zu verdanken, dass aus der Geschichte meiner Großmutter dieses Buch wurde, das ich nun mit der ganzen Welt teilen kann. Jedes Mal, wenn ich daran arbeite, erschüttert mich das Leiden, das meine Großmutter durchleben musste, aufs Neue. Sie will nur eines: ihrem Leiden zumindest ein wenig Sinn geben und die Welt ein bisschen besser machen, indem sie ihre Geschichte erzählt. Sie haben ihr eine Stimme und eine Plattform gegeben. Sie haben unserer ganzen Familie Trost gebracht. Ich kann mir keine sinnvollere Arbeit als die Ihre vorstellen. Ich kann Ihnen nie genug danken.

Danke an Shawn Richardson dafür, dass Sie die großartigste Lektorin gewesen sind, die sich eine Schriftstellerin nur erträumen kann. Sie haben dieses Buch besser ausgebügelt, als meine Großmutter ein Kleid hätte bügeln können.

Gideon Summerfield, Sie sind nicht nur ein begabter Künstler, Sie sind ein wunderbarer Mensch. Sie haben sich an mich gewandt und sich in dieses Projekt eingebracht, ohne um irgendeine Gegenleistung für Ihre Arbeit zu bitten. Ihre Seele leuchtet aus Ihrer Arbeit. Ganz gleich, ob wir das tun sollten oder nicht, wir beurteilen ein Buch doch nach seinem Umschlag, und ich danke Ihnen dafür, dass Sie diesem Buch einen so perfekten Umschlag gegeben haben.

Eli Tabak, danke dafür, dass Sie sich dieses Projekts angenommen und es so vielen Menschen vorgestellt haben. Ohne Sie wäre es nicht das gleiche Buch geworden.

Danke an all meine ersten Leserinnen und Leser: Bube Bodner, Babi Birnbaum, Babi Friedman, Mom Birnbaum, Rena Baldinger, Shira Perl, Tate Bodner, Ita Bodner, Michal Tabak und Nechama Tendler. Ihr habt euch nicht nur die Zeit genommen, das Buch zu lesen und zu kommentieren, ihr habt mich auch ständig ermutigt. Ihr habt mehr für mich getan, als ihr je wissen könnt.

Danke an Rena Baldinger dafür, dass Sie das gesamte Buch selbstlos redigiert haben, ehe es überhaupt ein Buch war.

Danke an meine Eltern, Meyer und Fagie Bodner, für eure Ermutigung und Inspiration, meinen Träumen zu folgen.

Danke an meine Schwiegereltern, Moshe und Alisa Birnbaum. Danke für eure Hilfe, die mir die Zeit zum Schreiben verschafft hat. Ein ganz besonderes Dankeschön an meine Schwiegermama dafür, dass sie voller Stolz über das Buch gesprochen hat, denn so ist der Kontakt zum Verlag überhaupt erst zustande gekommen.

Und in diesem Zusammenhang auch danke an Penina (Kallus) Fischer, die an mich gedacht hat und mich mit ihrem Cousin in Verbindung gebracht hat, der auch ein Holocaust-Buch geschrieben hat. Danke an Zvi Wiesenfeld dafür, dass er sich die Zeit genommen hat, mit mir zu reden und mich mit Amsterdam Publishers in Kontakt zu bringen.

Danke an meine Töchter Ita und Rivkal. Ihr habt es mir wirklich schwer gemacht, dieses Buch zu schreiben, aber ihr habt es mir auch wirklich leicht gemacht, einen Grund zum Schreiben zu finden. Ihr seid meine größte Freude.

Danke, Benny, für alles. Danke, dass du mich genauso unterstützt, wie ich es brauche, und dass du mich lauter lachen lässt als je im Leben. Du machst alles besser. Es ist eine Ehre, deine Lebenspartnerin zu sein, und es ist wunderbar, dich als meinen Lebenspartner zu haben.

Dank dir, Bube, dass du deine Geschichte erzählt hast, obwohl es sicher schmerzlich war, sie erneut zu durchleben. Danke, dass du meine beste Freundin und mein größter Fan bist.

Am meisten Dank an Dich, Gott. Jedes Mal, wenn ich mich zum Schreiben hingesetzt habe, habe ich Dich darum gebeten, mich bitte zu einem Instrument zu machen, um diese Geschichte zu erzählen. Ich hoffe nur, dass ich Dir gerecht geworden bin.

Nachwort

Wir haben Rosi (die die meisten heute als Rachel kennen) im Laufe von über zwei Jahren interviewt, zwischen März 2016 und Juni 2018. Es verlief nicht immer nach demselben Muster. Manchmal befragten wir sie einmal in der Woche, und manchmal vergingen Monate ohne ein einziges Gespräch. Ich fuhr dann stets von meinem Zuhause in Queens zu ihr nach Brooklyn, um meine Kamera und die Beleuchtung aufzubauen. Gelegentlich war eine von Rosis Töchtern dabei, doch manchmal war ich allein da und hatte nur meine Fragenliste, die Nechama (die Autorin dieses Buchs, die zu dieser Zeit im Ausland lebte) zusammengestellt hatte. In klassischer Rosi-Art wollte sie immer im Voraus Bescheid wissen, damit sie sich für die Kamera hübsch machen konnte. Wenn ich dann ankam, war sie so elegant gekleidet, als würde sie gleich zu einer Hochzeitsfeier aufbrechen. Manchmal bin ich den ganzen weiten Weg gefahren, nur um zu hören, heute sei »kein guter Tag«. Es ist schwer, über den Holocaust zu reden. Oft schweifte Rosi zu Diskussionen über zeitgenössische Politik ab. Sie hatte wunderbare Gedanken dazu zu äußern, und ich hatte große Mühe, sie wieder auf das Thema zu bringen, das Gespräch über die Erfahrungen in ihrer Jugend. Sie war immer stolz auf dieses Buchprojekt, da sie das Gefühl hatte, es sei ihre Pflicht, der Welt ihre Geschichte zu erzählen.

Meine Frau Sara ist Rosis Enkelin und die ältere Schwester der Autorin dieses Buchs. Sie ist das älteste von neun Kindern. In letzter Zeit haben Sara und ich mit unseren kleinen Kindern Rosi in einem Rehazentrum besucht, weil sie seit einer Weile gesundheitliche Probleme hat. Ich hatte manchmal ein schlechtes Gewissen wegen meiner Kinder, weil ich mir ziemlich sicher war, dass sie am Sonntag lieber irgendwo auf einer Hüpfburg herumgesprungen wären, als einen Besuch in einem langweiligen Altenheim zu machen. Aber ich weiß, es wird für immer eine positive Auswirkung auf ihr Leben haben, dass sie eine so starke Überlebende des Holocaust so gut kennenlernen durften. Und zwar nicht irgendeine, sondern den Rotschopf.

Daniel Machlis, Schwager der Autorin

Herzlichen Dank an Dr. Michael Löffelsender von der Gedenkstätte Buchenwald für wertvolle Informationen zum Außenlager Duderstadt und an Leibl Rosenberg für seine wichtige Hilfe bei den jiddischen Vornamen.

Ulrike Seeberger, Übersetzerin

Bildanhang

Nechama Birnbaum mit ihrer Großmutter Rosi Grünstein (96 Jahre alt)

Rosi Grünstein

EXIT
FORMANS
new arrivals

Die Schwestern Rosi und Lea Grünstein

Rosis Mutter und ihr kleiner Bruder Jecheskel

Rosis Bruder Jecheskel Grünstein

Rosis Mutter Chaja Necha Grünstein

Rosi und ihr Mann Jitzchak Heilbrunn

Jitzchak Heilbrunn, Rosis Ehemann und Nechamas Großvater

Rosi Grünsteins Onkel David, der jüngste Bruder ihrer Mutter

Rosi Grünstein mit ihrer Tochter